대한민국 부당거래

대한민국 부당거래

지은이 김요한 · 김정필
펴낸이 임상진
펴낸곳 (주)넥서스

초판 1쇄 발행 2019년 4월 10일
초판 2쇄 발행 2019년 4월 12일

출판신고 1992년 4월 3일 제311-2002-2호
10880 경기도 파주시 지목로 5 (신촌동)
Tel (02)330-5500 Fax (02)330-5555

ISBN 979-11-6165-621-2 03340

가격은 뒤표지에 있습니다.
잘못 만들어진 책은 구입처에서 바꾸어 드립니다.

이 도서의 국립중앙도서관 출판예정도서목록(CIP)은
서지정보유통지원시스템 홈페이지(http://seoji.nl.go.kr)와
국가자료공동목록시스템(http://www.nl.go.kr/kolisnet)에서
이용하실 수 있습니다. (CIP제어번호 : CIP2019013120)
www.nexusbook.com

권력, 검찰 그리고 언론

대한민국 부당거래

김요한 · 김정필 지음

지식의숲

///// 검찰 조직과 직무는 공개되어 있지만 그 안에서 펼쳐지는 이해관계의 충돌과 세력 간의 힘겨루기를 살피기란 어렵다. 그것을 간파하고 알리는 것이 취재기자의 직무인데 저자는 그 책임을 성실히 다하고 있다. 이 책은 검찰을 중심으로 전개되는 사법 권력의 시스템과 메커니즘을 현장감 있게 촘촘히 설명한다. 특히 검찰 조직과 정치권력, 언론이 얽혀 들어가는 비하인드 스토리는 지금의 사법농단과 검찰 적폐를 이해하는 데 크게 도움이 될 것이다.

변상욱 대기자

///// 세상이 달라졌다고? 민주주의가 완성됐다고? 웃기지 마라. 권력이 던져주는 고깃덩어리에 권력기관들이 달려든다. 국정원과 검찰이 던져주는 더러운 특종을 언론이 앉아서 뜯고 있다. 아직 갈 길이 멀다. 세상이 어떻게 돌아가는지 이 책은 신랄하게 보여준다. 나와 우리 사회를 돌아보게 만든다. 다시 신발끈을 묶게 만든다.

주진우 기자

///// 이 책은 이명박, 박근혜 정부가 우리 사회 민주주의 질서들을 어떻게 파괴해 왔는지 생생하게 기록한 증언록이다. 이 책에서 다루는 사건들은 모두 알고 있지만 가히 충격적인 사건들이다. 세월호 참사는 현대 국가에서 발생하기 힘든 비극적인 사건이고, 간첩조작 사건도 유신시대의 망령 정도로만 인식하고 있던 사건이다. 다른 사건들 역시 현대 민주주의 국가에서 접하기 쉽지 않은 것들인데, 이 모든 일이 9년 동안 집중적으로 발생했다. 저자는 이러한 사건들을 가까이서 취재하고 목격하여 생생하게 서술하는데, 그 무게감과 아픔 역시 충분히 이해하고 있다.

김용민 변호사(법무부 검찰 과거사 진상위원)

///// 어릴 적 잠시 기자를 꿈꾸었다. "펜은 칼보다 강하다"는 말이 왠지 멋져 보였다. 그런데 이 말이 멋져 보였던 건 나뿐이 아니었나 보다. 지난 10년간 칼 대신 펜을 장악한 누군가들로 인해 우리는 너무나 많은 것을 눈뜨고 빼앗겨야만 했다. 그러나 김프로와 김정필 기자는 그동안에도 여전히 펜을 놓지 않고 있었다. 덕분에 그간 무엇을 빼앗겼는지 알 수 있게 됐다. 되찾는 것은 어려울지 모르나 그 책임에 대해선 물어볼 수 있겠지. 역시, 펜은 칼보다 강하다.

지난 10년간 나름 세상을 직시했다고 생각했다. 하지만 책을 읽고 나니 눈만 뜨고 있었을 뿐 뭐 하나 제대로 보질 못했다는 걸 깨달

왔다. 내가 어리석은 탓도 있겠지만, 너무나 많은 사람들이 명확한 의도를 가지고 감추려고 애쓴 결과였다. 이제야 그 내막을 알 수 있게 되어 다행이면서도, 대표적 주도자들이 감옥에 가 있는 이제야 이야기된다는 점에서 안타깝다.

감히 이해하기 힘든 악의로 뭉친 등장인물들이 끊임없이 악행을 저지르는 스릴 넘치는 범죄 드라마라고 생각하고 읽으면 재미있는 책이다. 그러나 지난 10년간 내가 살아왔던 사회에서 벌어졌던 실화라는 걸 알고 있기에 원통한 책이다. 그렇기에 더욱 읽어야 한다. 다시는 같은 일이 벌어져선 안 되는 것은 물론이거니와, 제대로 마무리 짓기 위해서라도 모두가 직시해야 한다. 그간 누가 우리의 눈을 가렸고, 왜 그랬는지, 그래서 어떤 결말을 맞이하게 될지에 대해 이제부터라도 똑바로 지켜봐야 한다.

김보통 웹툰작가·수필가

///// 하루가 멀다 하고 이슈가 쏟아져 나오지만 가만히 따져보면 반복되는 느낌이다. 매번 주인공이 바뀌고 사건은 제각각 차이가 있지만 그럼에도 불구하고 대부분의 충격적인 사건은 일정하게 구조화되는 경향이 있다. 정치가, 사법부, 검찰과 같이 문제를 해결해야 할 권력 기관은 문제의 근원이 되고, 공정하고 객관적으로 사건을 보도해야만 하는 언론은 오히려 적극적으로 여론을 호도하고 왜곡한다.

여기 지난 9년, 정확히 말해 이명박-박근혜 정권 당시에 있었던 주요 사건을 꼼꼼히 검토하고 복기하려는 노력의 성과물이 있다. 공영 방송사 사장을 몰아내거나 전직 대통령을 모욕하고 민간인도 필요에 따라 사찰하고 때에 따라 간첩을 만들기도 하고 나아가 국가 정보기관이 대선에 개입하기도 했던, 가히 1970년대에나 있을 법한 이야기들이 민주공화국의 심장부에서 벌어진 것이다.

오늘의 문제를 해결하고 싶은가. 그리고 미래를 진단하고 우리의 의지대로 이끌고 싶은가. 과거를 돌아보는 것만이 정답이다. 이 책은 과거로 들어가는 중요한 열쇠임이 분명하다. 더구나 이 책은 상당히 흥미롭다. 챕터마다 관련 이야기를 QR코드를 통해 방송으로도 들을 수 있기 때문이다. 저자가 팟캐스트 〈김프로쇼〉라는 히트작을 만들었던 탁월한 입담의 소유자이기 때문에 가능한 성과이리라. 읽고 생각하고, 다시 듣고 생각하는 새로운 방식의 책읽기가 가슴을 두근거리게 한다.

심용환 역사작가

///// 곁에서 본 김프로는 매우 간결하다. 빈말을 하거나 책임지지 못할 행동을 하지 않는 정확하고 정직한 친구다. 그런 그가 과거 기자 시절, 수년간 법조계를 취재한 암울했던 시대의 민낯을 가감 없이 이 책에 담았다. 역시나 그답게 간결하고, 정확하게.

김치호 《볼드저널》 발행인

////// 10년쯤 경력을 쌓으면 세상 모든 것을 달관한 양 민중의 머리 위에 올라가는 자, 기자이다. 흔히 정자와 함께 누가 먼저 사람이 되느냐, 수억대 1의 경쟁을 벌이는 직업 또한 기자이다. 그런데 전직 기자 김요한은 애매하다. 그는 자유인의 기질, 성직자적 풍모, 학자적 탐구열 등 다양한 스펙트럼이 내재돼 있다. 그런 의미에서 모든 인간의 욕망이 집산되는 서초동 바닥의 본질을 헤집을 수 있었겠지. 각설하고 이 말만은 자신 있게 해본다. 서초동에서 사람으로서 탈출한 김프로의 이야기는 경청할 가치가 있다.

김용민 시사평론가

////// 내 기억 속 김요한 기자는 집요한 프로였다. 아마도 법조기자로 잔뼈가 굵은 탓이리라. 그랬던 그가 〈김프로쇼〉로 팟캐스트계의 판도를 뒤집더니 이번엔 책을 썼다. 영화평부터 시사평까지 술술 쏟아내던 김프로답게 이명박부터 박근혜 시절, 굵직한 사건의 취재 뒷이야기를 막힘없이 들려준다. 정권에 맞춰진 언론의 프레임이라거나, 검찰이 불리한 발표를 할 때 취하는 요일 선택의 방정식 등 우리가 몰랐던 권력의 실루엣이 적나라하게 드러난다. 아, 책을 덮고 나니 그가 만들 영화가 벌써 궁금해진다. 또 한 가지, 검찰과 법관의 양심을 무게로 잴 수 있다면 몇 그램일까?

우지경 여행작가

///// 팟캐스트 〈김프로쇼〉 애청자이자 상담코너 패널로서 3년간 김 프로를 지켜보았다. 그에게 '성실맨'이라는 수식어를 붙이고 싶다. 이 책의 근간이 되는 내용을 김정필 기자와 함께 '그때 그 사건'이라는 제목으로 전달하면서 사법농단에 대해서도 설명해주었는데, 그동안 너무 무관심하고 무지했던 내 뒤통수를 사정없이 내리치되 기분 나쁘긴커녕 입가에 미소를 짓게 만들어주었다. 가능성과 희망을 주기 때문이다. 나처럼 뒤통수 한 방에 눈물 찔끔 그러나 입은 배시시, 형언할 수 없는 묘한 표정을 짓고 싶은 분이라면 이 책을 적극 추천한다. 모쪼록 나의 희망이 당신과 우리의 희망이 되길 바라며.

최의헌 정신과 전문의

기자 그리고 기록

원래 나는 기자를 싫어했다. 거만하고 재수 없어서. 대학교 2학년 수업 때 만난 강사 때문이다. 외신 기자 출신이었는데 시종일관 학생들을 하대했다. 너무 불쾌했다. 그래서 수업이 끝나자마자 수강신청을 취소해버렸다. 기자를 직접 본 건 그때가 처음이었다. 기자 그거 뭐 대단한 특권이라고. 절대로 나는 당신네처럼 무례하게 살지 않겠다 다짐했다. 그리고 대학생활 내내, 뉴스도 신문도 안 쳐다봤다.

대학을 졸업하고 회사에 들어갔다. 기자들을 상대하는 홍보 대행사. 딱히 이유가 있었던 건 아니었다. 계속 백수로 있을 수는 없었으니까. 보도자료를 보내고, 전화를 돌리고, 하대를 당하고, 무시를 당했다. 약속시간에 늦는 기자들, 기자 간담회에 와서 선물만 챙겨가는 기자들, 보도자료 오타를 그대로 내는 기자들. 갖가지 군상들을 보고 겪었다. 어느 날 문득 사무실 저편에 앉아 있는 부장님을 보고 생각했다. '이렇게 20년쯤 지나면 저 자리에 있겠구나.' 그리고 며칠 후, 회사를 그만뒀다.

몇 년 후 기자가 됐다. 거창한 꿈이 있었던 건 아니었다. 월급이 필요했고 기왕이면 방송국에 다니고 싶었다. 운이 좋았다. 들뜬 기분도 잠깐, 수습기자 발령을 받고 곧바로 경찰서로 보내졌다. 거지 같은 몰골로 경찰서 기자실에서 6개월간 숙식을 했다. 회사에서는 수습이라고 사람대접을 못 받았다. 진작 알았다면 PD 시험을 봤을 텐데. 지방대 출신이라 선배도 없고 물어볼 사람도 딱히 없었다. 어쩌랴 이미 시작한 일, 인정받는 방법은 한 가지뿐이었다. 특종. 선택의 여지가 없었다. 그래서 무작정 열심히 했다. 일주일에 서너 번씩 새벽까지 술을 마셨다. 마실 때마다 토했고 응급실도 서너 번쯤 갔다.

기자가 싫어서 신문도 안 보고, 기자가 싫어서 회사도 그만뒀는데. 어쩌다 보니 기자로 살았다. 인생 참. 솔직히 나는 기자를 할 깜냥이 아니었다. 소명도 의식도 딱히 없는. 그저 회사에서 인정받으려고 뛰어다닌 생계형 기자에 지나지 않았다. 그런 내가 경찰, 검찰, 법원을 담당했으니 무슨 수로 그들을 견제하고 감시했겠나. 그저 취재원 늘리는 일에, 사건과 내부 정보를 알아내는 일에만 열을 올렸다. 솔직히 그러기에도 벅찼다.

뭔가 이상하단 생각을 하기 시작한 것은 시간이 한참 흐른 뒤였다. 법을 지켜야 할 사람들이 법을 어기고, 힘 가진 사람들이 모여 앉아 꼼수를 부리고, 감시해야 할 사람들이 외려 현혹에 앞장서는. 이건 아니다 싶었다. 10년 동안이나 기자로 살았는데, 그런 고민을 제대로 한 시간은 얼마 되지 않았다. 부끄럽지만 사실이다. 그래서 언젠가 기회가 되면 보고 겪은 상황을 기록하겠다 마음먹었다. 그게 자격 없었던 기자생활을 마무리하는 최소한의 도리인 것 같아서.

실행에 옮기기까지 몇 년이 더 필요했다. 한참 팟캐스트를 하던 때였다. 더 미루면 영영 못하겠구나 싶었다. 그래서 오랜 시간 법조를 함께 출입했던 김정필 기자를 불렀다. 우리가 함께 봤던 10년을 녹음하자고. 책으로 남기자고. 여기저기 넘쳐나는 진영 논리 말고, 사실을 있는 그대로 담담히 기록하는 것. 분절된 기억의 편린들을 잘 꿰어 맥락을 찾을 수 있게 하는 것. 그것이 우리가 해야 할 일, 할 수 있는 일이라 생각했다. 최대한 쉽게. 그리고 지루하지 않게. 그렇게 이야기하고 기록하려고 애썼다.

대한민국의 망가진 10년을 복기하는데, 그리고 다시 이런 어처구니없는 일에 놀아나지 않는데 이 책이 조금이나마 도움이 되길 바란다. 대단한 의협심이나 공명심 따위는 없다. 이 책은 얼결에 시작했던 내 기자생활, 얼치기 기자로 살았던 인생 1막을 정리하는 일종의 마침표 같은 거다. 정론·직필 언론인의 삶은 김정필 기자가 감당해주리라 믿는다. 사실 이 사람이 진짜 기자다. 마음속 해묵은 숙제가 가능하게 만들어준 정필이 형과 오래 기다려주신 출판사 관계자들께 진심으로 감사드린다.

인생 2막은 영화에 매진하며 살고 싶다. 다른 사람 지적하고 혼내고 훈수 두는 일 말고. 이제는 좀 밝고 유쾌하고 기분 좋은 이야기에 매달리련다. 늘 남들보다 몇 발짝씩 늦은 지각 인생을 살아왔다. 그런데 인생 2막은 그보다 훨씬 더 뒤처졌다. 그래서 외려 차분하지만, 피곤하고 힘든 건 어쩔 수 없다. 그래도 별수 있나. 내 선택이고 내 삶인데. 묵묵히 걷다보면 좋은 날도 오겠지. 차곡차곡 그걸 만들어 가는 것에도 그 나름의 매력이 있는 법. 하루하루 자족하며 성실하게 오늘을 산다. 그것이 내가 할 수 있는 최선이므로.

흠 많고 부족한 나를 품어주고 지지해주는, 사랑하는 아내 나연과 지유, 지온에게 이 책을 바친다.

2019년 3월 목동에서

김프로

1부

이명박 시절

2008~2013

1

언론장악의 서막

KBS 정연주 사건

방송 바로듣기

불길한 징후

이명박 정부를 거쳐 박근혜 정부에 이르기까지, 우리 언론은 순치와 퇴보를 거듭했다. 이명박 정부가 출범한 2008년은 그 퇴보의 시발점이었다. 이명박 대통령은 실용과 효율이라는 기치 아래 원칙과 정의, 소통과 협치 같은 가치들을 무참히 짓밟았다. 전면에 내세운 가치들은 오만과 독선을 포장하기 위한 수사에 지나지 않았다. 민주적인 정부가 들어서고 정치, 경제, 문화, 외교, 안보 등 사회 전 분야에서 힘들게 일군 성과들이 몇 년 만에 속수무책으로 무너져 내렸다.

이명박 정부의 드러내지 않은 철학 중 하나는 **"언론을 손에 쥐어야 나라를 다스릴 수 있다"**는 것이었다. 그때만 해도 스마트폰이 보급되기 전이었다. 인터넷 포털의 영향력이 급속히 향상되긴 했지만 방송과 신문의 영향력 역시 상당했다. 이명박 정부는 일단 규모가 큰 방송부터 장악을 시도했다. 치밀하고 조직적으로, 그리고 제법 세련된 방식으로.

나는 김영삼 정부 말기 고등학교를 졸업해 김대중 정부에서 대학생활을 하고, 노무현 정부 때 사회생활의 첫발을 내디뎠다. 정부를 비판하고 대통령을 욕하는 것이 매우 당연하게 여겨지던 시절이었다. 언론의 자유란 교과서에서 보고 배웠던 단어이자 공기나 물 같은 당연한 것이었다. 소중하다고 되새길 필요조차 없는 천부적인 권리쯤 됐을까.

MB가 취임하고 얼마 지나지 않아 언론인 선배들의 해고 소식이 잇따랐다. 그에 대한 우려와 경고가 사회 곳곳에서 이어졌다. 그러나 초년병 기자였던 나는 그 사건들을 그렇게까지 위협적으로 받아들이지 않았다. 상식을 뛰어넘은 무법적인 처사는, 제도와 시스템으로 반드시 원상복구할 수 있다고 믿었기 때문이다. 내가 몸담고 있는 일터에서 벌어진 일이 아니어서 그랬을 수도 있다. 이유가 무엇이든 이제 와 생각해보면 매우 철없고 안일한 생각이었다.

마린보이와 정연주

2008년 여름은 박태환의 계절이었다. 사실 그때까지 박태환이 국민적인 스타는 아니었다. 2006년 도하 아시안게임에서 좋은 성적을 거두긴 했지만, 올림픽 스타가 되리라 기대한 사람은 많지 않았으니까. 수영, 그중에서도 자유형은 육상으로 치면 100m에 해당하는 종목이다. 동양인의 메달을 기대하는 사람이 없는 종목. 그래서 그때까지 한국 수영은 올림픽 메달은 고사하고, 대중적으로 이름이 알려진 선수조차 없었다. 잘해야 아시아의 인어라 불렸던 최윤정 정도 떠올리는 사람이 있을까.

그런 한국 수영에 기적이 일어났다. 2008년 8월 10일, 박태환이 베이징 올림픽에서 금메달을 딴 것이다. 남자 수영 400m 자유형에서 그것도 아시아 신기록으로. 이틀 뒤에는 200m 자유형에서 수영 황제라 불리던 미국의 마이크 펠프스에 이어 은메달을 차지했다. 역시 아시아 신기록. 아무도 기대하지 않았던 엄청난 결과였다. 2004년 아테네 올림픽에서 실격을 당했던 꼬맹이가 4년 만에 거인이 되어 나타나다니.

전국이 들썩였다. 그 어떤 금메달보다 격한 반응이었다. 모든 언론이 마린보이를 주목했고, 박태환의 일거수일투족은 뉴스가 됐다. 당시 나는 올림픽 취재팀에 파견되어 베이징에 머물고 있었다. 현지 분위기는 생각보다 훨씬 더 고조되어 있었다. 국제방송센터(IBC)에 머물던 한국인들은 남녀 불문하고 박태환 이야기에 시간 가는 줄 몰랐다.

박태환의 두 번째 시합이 열리기 하루 전인 2008년 8월 11일 저녁, 한국에서 한 통의 전화가 걸려왔다. 마침 뉴스를 끝내고 숙소로 돌아가려던 참이었다. 발신번호를 보니 한국. KBS에 다니는 친구였다.

"무슨 일이냐?"
"올림픽 재밌냐? 우리 사장 해임됐다."
"어, 그래?"
"이건 좀 아니지 않냐?"
"사장이 가족도 아닌데. 오지랖은."
"올림픽이 문제가 아니야, 지금."
"미안한데 내가 내용을 잘 몰라. 박태환 때문에 정신 없어서."

퇴근을 앞둔 시간, 눅눅한 대화가 30분 가까이 이어졌다. 친구는 자세한 내막을 설명하진 않았지만, 대화 내내 깊은 한숨을 쉬어댔다. 나는 친구의 푸념을 들어주면서도 마음 한구석 불편함을 느꼈다. 물론 입 밖으로 꺼내 논쟁하지는 않았지만. 속으로 되뇐 질문들은 뭐 그런 거다.

'뭔가 문제가 있으니까 쫓겨난 거 아닌가?'
'정권이 바뀌었는데, 사장 자리를 저렇게까지 지킬 일인가?'
'KBS 내에서도 물러나라고 난리던데.'

나의 찝찝함은 아마도 수개월간 이어진 뉴스 탓이었을 거다. 정연주 사장의 부실 경영과 방만 경영을 지적하는 보도들, 정연주의 결단을 촉구하는 조중동 칼럼들, 사장 퇴진을 요구하는 KBS 노조의 주장들. 그리고 누군가의 고발로 시작된 검찰 수사, 완강하게 소환에 응하지 않던 정연주 사장. 내가 아는 정보는 그 정도의 인상평이 전부였다. 나는 사건을 공기업 내부의 밥그릇 싸움 정도로 여겼다.

기자인 내가 그 정도였으니, 뉴스에 관심 없는 사람들은 오죽했겠나. 박태환의 낭보 앞에 정연주의 거취는 쥐 죽은 듯 묻히고 말았다. 그리고 전국민의 무관심 속에 이명박 정부는 집요한 공세를 퍼부어 결국 정연주 사장을 몰아냈다. 자각하지 못했지만, **언론장악의 첫 번째 신호탄이 터진 셈이었다.** 그 결과는 수치로 입증됐다. 2006년 세계 180개 국가 중 31위를 기록했던 우리나라 언론 자유 지수는, 정확히 2년 만에 69위로 곤두박질쳤다.

두 번의 해고

정연주 사장은 1946년 경상북도 경주 출생이다. 경주 고등학교와 서울대 경제학과를 졸업하고 1970년 〈동아일보〉 기자가 됐다. 정연주 사장은 평생 두 번 해직을 당했다. 햇병아리 시절 〈동아일보〉에서 한 번, 사장 신분으로 KBS에서 한 번. 사회 초년병 정연주가 〈동아일보〉에서 해직된 배경을 들여다보면, 그의 인생 궤적이 어렴풋이 이해된다. 그가 왜 〈한겨레〉에 몸담았었는지, 자신을 몰아내려는 세력에 왜 그렇게 격렬히 저항했는지. 시계를 잠깐 1970년대로 되돌려보자.

1972년 10월 17일, 박정희 대통령은 비상조치를 선포했다. 국회를 강제로 해산하고 이를 정당화하는 유신 헌법을 발표했다. 박정희가 입법, 행정, 사법 3권을 모두 거머쥔 채 영구 집권을 할 수 있게 된 것이다. 집회와 시위는 무조건 금하고, 언론 출판 방송은 반드시 사전 검열을 받게 했다. 영장 없는 구속은 물론이요, 항의하는 이들은 지휘 고하를 막론하고 감금하고 고문했다. 엄혹한 시절이었다. 각 언론사에는 중앙정보부 직원들이 상주하며 기자들이 작성한 기사의 토씨 하나까지 꼼꼼히 검사했다. 서슬 퍼런 조치에 대다수 언론은 고개를 들지 못하고 순응했다.

시간이 흐르자 시민들의 분노가 터져 나오기 시작했다. 침묵하는 언론에 분개한 학생들은 신문사 앞에 모여 신문을 불태우며 항의했다. 이를 보다 못한 〈동아일보〉 기자들은 1974년 10월 24일, 결의문을 발표했다.

- 어떠한 외부 간섭도 강력히 배제한다.
- 기관원의 출입을 거부한다.
- 언론인의 불법 연행을 거부한다.

〈동아일보〉는 이 내용을 다음 날 신문에 내보냈다. 박정희 정권에 대놓고 저항한 것이다. 〈동아일보〉는 그동안 싣지 않던 인권운동가나 야당 인사들의 기사를 내보내기 시작했다. 〈동아일보〉의 패기에 독자들이 환호했다.

박정희 정권이 가만있었을 리 없다. 그러나 정면으로 찍어 누르기엔 분위기가 심상치 않았다. 그래서 돈줄을 틀어막았다. **1974년 12월 20일, 〈동아일보〉에 광고를 내던 회사들이 일제히 광고를 거둬들였다. 하루아침에 광고주를 모두 잃은 〈동아일보〉는 어쩔 수 없이 광고면을 백지로 내보냈다. 이것이 그 유명한 '동아일보 백지광고 사태'다.** 며칠이 흘러도 돈줄이 풀리지 않자 다급해진 〈동아일보〉는 12월 30일, 개인 광고를 모집한다는 기사를 내보냈다. 그러자 예상치 못했던 일이 벌어졌다. 전국 각지에서 일반인 독자들의 소액 광고가 줄을 이은 것이다. 그해 겨울부터 이듬해 봄인 1975년 5월까지, 무려 10352건의 광고가 〈동아일보〉에 몰려들었다.

국민의 지지와 성원이 이어지는 동안, 〈동아일보〉는 극심한 내분에 휩싸였다. 독자들의 환호에 더욱 결기를 모으자는 기자들과, 정부의 압력에 버티기 힘들어진 경영진이 맞붙은 것이다. 결국 〈동아일보〉 경영진은 39명의 기자를 해고했다. 부당 해고에 맞서 기자들이 사내에서 농성을 벌였지만, 경영진은 깡패들을 동원해 농성 중인 기자 130여 명을 쫓아냈다. 그리고 "업무에 복귀하지 않는 기자들은 전원 해고하겠다"고 엄포를 놨다. 결국 1975년 7월, 동아일보 백지광고 사태가 막을 내렸다. 5년차 기자 정연주는 이때 해고됐다.

해직 후 미국으로 건너간 정연주는 언론에 대한 관심을 놓지 않았다. 함석헌 선생이 창간한 《씨알의 소리》 편집장을 맡기도 하고, 1988년에는 〈동아일보〉 해직기자들과 함께 〈한겨레〉 창간에도 참여했다. 그리고 워싱턴 특파원과 논설위원을 거치며 2003년까지 〈한겨레〉에서 일했다. 정연주에게 '언론의 자유'는 본인의 평생을 바쳐 싸운 화두였던 셈이다.

2003년 3월, 정연주는 예상치 못하게 KBS 사장이 됐다. 노무현 대통령이 자신의 캠프 언론정책 고문이던 서동구를 KBS 사장에 임명했는데, 극심한 반발에 부딪히자 서동구 사장이 임명 9일 만에 사퇴했다. 이후 KBS 노조와 시민단체가 정연주를 추천했고 그렇게 KBS 사장이 됐다.

취임 직후 낙하산 논란으로 홍역을 치른 노무현 대통령은 청와대 행사에서 정연주를 만났다. 이 자리에서 노무현 대통령은 덤덤히 약속 한마디를 건넸다.

"제가 퇴임할 때까지 검찰과 청와대에서 전화하는 일은 절대로 없을 겁니다. 잘 부탁합니다."

정연주 사장은 노무현 대통령이 약속을 지켰다고 회고했다. 정연주 사장에 대한 KBS 내부 구성원들의 평가는 다양하다. 추앙하는 이들부터 혐오하는 이들까지. 그러나 모두가 동의하는 부분이 하나 있다. "경영 능력과 상관없이, 정연주 사장이 언론 자유 하나만큼은 철저히 보장했다"는 것. 일례로 정연주 사장은 보도국에서 매일 작성하는 9시 뉴스의 큐시트를 보고받지도 참견하지도 않았다. 어느 언론사에서도 전례를 찾기 힘든 일이다. 정연주 사장의 확고한 신념이 있었기에 가능했던 일이다. 정연주 사장이 해고되자, KBS 기자와 PD들이 결사적으로 저항했던 이유이기도 하다. 국제전화로 30분이나 하소연을 할 만큼.

KBS가 불편했던 MB

KBS는 국내에서 가장 큰 방송사다. 기자와 PD 인력이 가장 많은 곳. 그런 거대한 조직의 수장이 '누가 뭐래도 할 말은 한다'는 태도를 견지한다면? 언론을 장악하겠다 생각했던 입장에서 심경이 어땠겠는가. 아마 불편함을 넘어 공포에 가깝지 않았을까.

KBS 사장 임기는 3년이다. 노무현 정부 말 연임된 정연주 사장은 2009년 6월에 퇴임할 예정이었다. 그러니까 이명박 대통령과 1년 반을 함께해야 한다는 뜻이다. MB는 정연주를 용납할 수 없었다. 이명박 대통령은 취임 전부터 대놓고 KBS에 대한 불쾌함을 표시하고 다녔다. 2007년 8월 말, 한나라당 대선후보가 된 이명박이 KBS를 방문했을 때의 일이다. MB는 이 자리에서 정연주 사장에게 이렇게 쏘아붙였다.

MB 야당은 피해의식이 있어요. 2002년 대선, 탄핵 때도 그렇고…. 피해를 본 사람 입장에선 그래요. 정 사장도 유명하잖아요?

정연주 KBS가 많이 바뀌었는데 밖에선 잘 모르고 있습니다.

MB 제가 보기에는 특정 프로그램의 기획이나 성향에 문제가 있어요.

이명박 정권의 언론장악 징조는 인수위 때 이미 감지됐다. 대통령 당선인 인수위원회가 한창 가동 중이던 2008년 1월, 인수위는 정부 각 부처에 언론사 사장들과 편집국장 등 간부들 성향을 조사해 보고하라는 문서를 내려 보냈다. 조사대상에는 언론사뿐 아니라 영향력을 행사할 수 있는 광고주나 산하기관 단체장들까지 포함됐다. 〈경향신문〉이 이 내용을 보도했다. 그러자 인수위는 "개인적인 돌출 행동"이었다면서 문건을 작성한 실무자를 면직 처리했다. 하지만 파문이 가라앉지 않았다. 그러자 이명박 대통령이 직접 나섰다. "차기 정부에서 그런 일을 용납해서는 안 된다. 나는 이번 사건이 인수위의 옥에 티라고 생각한다"는 강한 질책과 함께. 덕분에 사건은 시들해졌지만, 이후에도 정부 차원의 물밑 작업은 이어졌다.

2008년 2월 25일, 이명박 대통령 취임식이 열렸다. 이날 KBS 9시 뉴스에는 이명박 정부 장관 후보자들의 목에 칼을 겨누는 기사들이 줄을 이었다. 다른 날도 아닌 새로 뽑힌 대통령이 정권의 청사진을 발표하는 날. 대상은 MB와 각별하다 알려졌던 유인촌 문화체육관광부 장관 후보자, 그리고 남주홍 통일부 장관 후보자였다. 이튿날에는 박은경 환경부 장관 후보자의 부동산 투기와 세금 체납 의혹도 보도했다.

KBS의 검증 기사들은 누군가가 제기한 의혹은 '받아 쓴' 게 아니었다. KBS 탐사보도팀이 꽤 오랜 시간 공을 들여 '발굴한' 기사들이었다. 보도국에 대한 자율권을 최대한 보장해준 정연주 사장 덕분에 가능한 일이었다. 당시 KBS는 매우 출중한 탐사보도팀을 보유하고 있었다. 이 팀의 주축을 이뤘던 멤버들은 이후 〈뉴스타파〉라는 탐사보도 매체를 만들기도 했다.

이명박 대통령 취임 이틀 만에, 남주홍 통일부 장관 후보자와 박은경 환경부 장관 후보자가 물러났다. 이미 MB 취임 전날 이춘호 여성부 장관이 사퇴한 상황이었다. KBS 보도로 정권 시작부터 내각이 너덜너덜해진 셈이다. 이명박 대통령이 KBS를 상대로, 특히 정연주 사장을 상대로 이를 갈았을 것은 안 봐도 뻔한 일이었다.

해결사 최시중

언론을 장악하려면 언론을 정확히 아는 사람이 필요했다. 그가 바로 최시중이다. 1937년생으로 MB의 큰 형 이상득과 서울대 입학동기인 최시중. 서울대를 졸업한 최시중은 1964년 〈동아일보〉에 기자로 입사했다. 기자 시절 대부분은 정치부에서 보냈다. 2년차 때 정치부 출입을 시작해 정치부 편집위원과 차장, 부장을 거쳐 논설위원과 편집부국장으로 30년간 〈동아일보〉에 몸담았다. MB와 최시중은 1970년대 후반 이상득의 소개로 연을 맺었다.

최시중은 정치판과 여론을 읽는 능력이 상당히 탁월했다. 1994년 〈동아일보〉를 퇴직한 후 여론조사 회사인 한국갤럽의 회장을 지냈다. MB를 위한 여론조사팀을 별도로 만들어 관리하기도 했다. 박빙이던 박근혜와의 경선 결과를 거의 정확하게 맞힐 정도의 수준을 갖춘 팀이었다. 최시중은 MB 선거 조직에 한 번도 공식적으로 참여한 적은 없다. 하지만 MB 캠프의 모든 전략과 홍보를 사실상 좌지우지했다. 그래서 언론은 그를 주저 없이 'MB의 멘토'라 불렀다.

이명박 정권 출범 직후, 최시중이 방송통신위원장에 임명됐다. MB는 방송위원회와 정보통신부 일부를 합쳐 방송통신위원회를 만들었다. 1981년 생긴 방송위원회(이하 방통위)는 원래 입법부와 사법부, 행정부 어디에도 속하지 않는 독립기관이었다. 그런데 이명박 정부는 방통위를 대통령 직속기구로 바꿨다. 권한은 막강해졌지만 중립성은 없어진 셈이다. 방통위를 만드느라 정통부를 없앤 MB는 과학기술부도 함께 해체했는데, 이는 두고두고 MB의 실책으로 평가된다.

최시중은 막강해진 방통위원장의 권한으로 KBS, YTN, MBC 등 주요 언론사를 차례로 장악하기 시작했다. 첫 타깃은 KBS였다. 하지만 정연주 사장이 이에 동의할 리 만무했다. 이명박 정부는 방송통신위원회뿐 아니라 감사원, 국세청, 검찰, 국정원, 대학교, 시민단체, 언론 등 동원할 수 있는 모든 기관을 총동원해 정연주 사장을 압박할 계획을 짰다.

각 기관의 협공은 2008년 5월 중순을 기점으로 이뤄졌다. 참여정부 시절에 임명된 전윤철 감사원장이 갑작스럽게 물러난 직후였다. 이명박 정권이 정연주 사장을 KBS에서 쫓아낸 과정은 크게 세 줄기로 요약된다.

졸렬한 그 과정을 하나씩 살펴보자.

1. KBS 이사회 장악

가장 먼저 손을 본 것은 KBS 이사회였다. 이를 이해하려면 우선 KBS의 구조를 알아야 한다. KBS는 해방 이후 1973년까지 '서울중앙방송'이라는 이름의 국영방송이었다. 그러다 1973년 정부 조직에서 독립해 지금의 한국방송공사, 공영방송이 됐다. 방송법에 따라 자본금 3천만 원은 전액 정부가 출자했지만, 법적으로 정부는 KBS의 경영에 개입할 수 없게 되어 있다. 독립성과 공공성을 보장하기 위해서였다.

KBS의 사장은 KBS 이사회가 뽑는다. 이사회는 11명의 이사로 구성된다. 그럼 KBS 이사 11명은 누가 뽑을까? 방통위(구 방송위) 추천이다. 이명박 정권이 독립기관인 방송위원회를 대통령 직속으로 바꾼 이유가 짐작되는 대목이다. 지금까지의 관행은 KBS 이사 11명 중 7명은 여당이, 4명은 야당이 추천하는 것이었다. MB가 취임할 당시 정연주 사장은 이미 연임된 상태였으니, KBS 이사 7명이 참여정부 쪽 인사들이었다.

법으로 보장된 KBS 이사 임기는 3년. 그러나 최시중이 이를 보장할 리 만무했다. 최시중은 방송통신위원장 취임한 다음 날인 2008년 3월 27일, 바로 김금수 KBS 이사장과 저녁을 먹었다. 두 사람은 서울대 동기다. 최시중은 이 자리에서 김금수 이사장에게 "정연주 때문에 나라를 못 다스리겠다. 정치를 못하겠다. 정 사장 좀 내보내라"고 종용했다. 그러나 김금수 이사장은 "불가능하다"며 최시중의 부탁을 완곡히 거절했다.

김금수의 거절은 다름 아닌 방송법 때문이었다. 방송법 제50조에는 "KBS 사장은 이사회가 제청하고 대통령이 임명한다"고 되어 있다. 임면이 아니라 임명이다. 제52조에 "사장은 직원을 임면한다"고 되어 있는 것과는 대조적이다. 쉽게 설명하면 KBS 사장은 직원을 뽑을 수도(임명) 자를 수도(면직) 있지만, 대통령은 KBS 사장을 뽑는 권한(임명권)만 있다. 이것이 '임명권'과 '임면권'의 차이다.

사실 2000년 이전에는 방송법 제50조가 '임면권'으로 되어 있었다. 대통령이 KBS 사장을 자를 수 있었던 거다. 그런데 이 조항을 김대중 대통령이 '임명권'으로 바꿨다. 김영삼 정부 때까지만 해도 KBS 보도국 기자와 간부들은 청와대 공보수석실로 파견을 나갔다. 자연스레 KBS 뉴스 내용을 좌지우지했다. 대통령을 상대로 날 선 비판을 절대 할 수 없었던 거다.

김대중 대통령은 취임 직후 공보처를 없앴다. 그리고 공보처의 방송 관련 권한을 독립기구인 방송위원회로 전부 넘겨버렸다. 대단한 결심이다. 여기서 한 발 더 나가 대통령이 KBS 사장을 자를 수 있는 권한 자체를 없애버리기로 결심한 것이다. 야당이던 한나라당은 쌍수를 들어 환영했다. 정부 스스로 방송 장악 수단을 포기하겠다는데 반대할 이유가 있겠는가. 당시 상임위 회의록을 보면, 임면권이 임명권으로 바뀌는 대목에 대해서는 언급 자체를 하지 않는다.

2명만 바꾸면

정연주 사장을 해임하려면 KBS 이사 과반수가 해임에 찬성해야 했다. 당시로서는 해임안이 올라온다 해도 찬성할 이사가 4명뿐이었다. 그래서 이명박 정권은 이사 2명을 몰아낼 작전을 세웠다. 5월 12일 최시중 위원장은 김금수 이사장을 다시 만났다. 또 한 번 "정연주 사장이 물러나도록 이사회가 사퇴 권고 결의안을 내라"고 종용했다. 당시는 미국산 쇠고기 수입 문제로 촛불 집회가 이어지던 때였다. 최시중 위원장은 "최근 미국산 쇠고기 파문 확산과 이명박 정부 지지율 하락이 방송 때문이고, 그 원인 중 하나가 정연주 사장"이라고 목소리를 높였다. 김금수 이사장은 이날도 거절했다.

두 사람의 회동 소식이 언론을 통해 알려졌다. 김금수 이사장은 "30년 친구라 만났을 뿐, 정연주 사장 거취 문제는 이야기하지 않았다"며 의혹을 공식 부인했다. 하지만 김금수 이사장은 정연주 사장에게 최시중과 나눈 대화 내용을 모두 전했다.

최시중의 계속된 압박에 결국 김금수는 5월 21일 결국 KBS 이사장에서 사퇴한다. 이날은 KBS 정기 이사회가 열리는 날이었는데, 러시아 출장에서 귀국하던 김금수는 돌연 전화로 사퇴를 통보하고는 잠적해 버렸다. 방통위는 기다렸다는 듯 김금수 자리에 보궐 이사를 추천했다. 이로써 여당 5, 야당 6의 구도가 만들어졌다.

다음 타깃은 동의대학교 광고홍보학교 교수 신태섭 이사. 김금수 이사장 사퇴 며칠 후인 2008년 5월 말, 동의대학교가 갑자기 신태섭 교수에 대한 징계위원회를 열었다. 그리고 한 달 만에 신태섭 교수를 해임했다. 해고 이유는 "신 교수가 사전에 총장 동의를 구하지 않았고, 출장 승인도 없이 KBS 이사회에 참석하느라 수업을 정상적으로 하지 않았다"는 것이었다.

신태섭 교수는 펄쩍 뛰며 사실이 아니라고 반박했다. 학교를 상대로 소송도 냈다. 하지만 동의대는 굽히지 않았다. 정부의 압력을 이길 수 없었던 것이다. 신 교수는 동의대와 1년 반 가까이 소송을 벌인 끝에 결국 소송에서 이겼다. 동의대는 모두의 관심이 사라지자 신 교수를 조용히 복직시켰다.

방통위는 동의대가 신태섭 이사를 해고하자, 기다렸다는 듯 신태섭의 자격을 문제 삼아 해임했다. 대학교수여서 KBS 이사로 뽑은 것인데, 대학교수가 아니니 KBS 이사 자격이 없다는 논리였다. 거짓말을 만들어 잘라놓고는 '교수 잘렸으니 그만두라'는 희한한 논리였다. 결국 방통위는 신태섭의 빈자리를 강성철 교수로 채웠다. 여당 6명에 야당 5명. 정연주 사장 해고에 도장을 찍기 위한 KBS 이사회 구조는 그렇게 완성됐다.

2. 기관 동원 하기

정연주 사장 해임안 KBS 이사회에 올리려면 이유가 필요했다. 그래서 동원한 기관이 감사원이다. KBS가 공기업이니 감사원을 동원해 정연주의 비리를 찾아내려 했다. 물론 감사원이 처음부터 협조적이었던 것은 아니었다. 당시 감사원장 전윤철은 노무현 대통령 시절 임명된 인사였다.

전윤철 감사원장은 KBS에 대한 특별감사를 완강히 반대했다. 그런데 2008년 5월 13일, 전윤철이 연임 6개월 만에 갑자기 자진 사퇴했다. 이명박 정부 전까지는 정권이 바뀌더라도 감사원장과 감사위원의 임기는 보장하는 불문율이 있었다. 하지만 그런 걸 지킬 MB가 아니다. MB는 후임 감사원장에 김황식 전 대법관을 임명하고는 자신의 측근을 감사위원에 심기도 했다.

전윤철 원장이 사퇴한 다음 날, 누군가 기다렸다는 듯 감사원에 '국민감사'를 청구했다. 감사를 청구한 시민단체는 '뉴라이트 전국연합', '국민행동본부' 그리고 'KBS MBC 정상화 운동본부'. 이름조차 생소한 이들은 정연주 사장이 취임한 후 KBS의 누적 적자가 1500억 원에 이르고, 정 사장이 인사권 남용과 편파 방송을 일삼았다고 주장하며 특별감사를 청구했다.

감사원 감사는 속전속결로 진행됐다. 감사 착수부터 발표까지 딱 55일밖에 걸리지 않았다. 통상적으로 감사는 아무리 빨라도 시작부터 결과 발표까지 4개월은 족히 걸린다. 2003년 11월에 진행된 KBS 특별감사는 예비감사를 포함해 모두 6개월이 걸렸다. 하지만 이번에는 감사하는 직원들에게 특별지시가 떨어졌다. '감사 일정을 최대한 단축하라.' 짜고 치는 고스톱이었다.

감사의 초점은 당연히 공금횡령이나 뇌물수수 같은 정연주 사장의 개인 비리에 맞춰졌다. 감사원 직원들은 정연주 사장의 집 주변 슈퍼마켓부터 운전기사까지 샅샅이 뒤지기 시작했다. 하지만 아무리 훑어도 비리 흔적을 찾을 수가 없었다. 정연주 사장이 워낙 철저히 관리했기 때문이다. 정 사장은 자신의 임기를

1년 반이나 남겨두고 정권이 교체되는 상황에서, 본인이 표적이 될 것이라 여겼다. 정연주 사장은 어지간하면 법인카드도 사용하지 않았다.

개인 비리를 찾아내는 데 실패한 감사원은 할 수 없이 감사 방향을 KBS 경영으로 틀었다. 그리고 정연주 사장이 재임 후 1172억 원의 적자를 기록했다며, 29가지 이유를 만들어냈다. 과도한 임금인상, 자격 미달자 승진 같은 것들이었다. KBS는 곧바로 반박 기자회견을 열었다. "정연주 사장 재임 5년 동안 189억의 흑자를 기록했고, 내부 규정을 지킨 거라 문제없다"면서. 하지만 정해진 결론을 뒤집기에는 역부족이었다.

2008년 8월 5일, 감사원은 방만 경영과 인사 전횡을 이유로 들어 정연주 KBS 사장의 해임을 요구했다. 이를 지켜본 법조인들은 감사원 발표 내용이 감사원법상 해임 사유에 해당하지 않는다고 지적했다. 감사원법은 '현격한 비위'에 해당해야만 해고할 수 있게 되어 있는데, 경영 문제는 이 현격한 비위에 포함되지 않는다는 것이었다. 하지만 사실 따위는 중요하지 않았다. '공식적인 절차'를 거쳤다는 명분이 필요했던 것이니까.

감사원이 본 감사에 뛰어들던 2008년 6월, 국세청이 합류했다. 국세청은 KBS에 프로그램을 공급하던 외주제작사를 뒤지기 시작했다. 6월 5일 오전 국세청 직원 예닐곱 명이 드라마 제작사인 김종학 프로덕션 사무실에 들이닥쳤다. 그러고는 자료처럼 생긴 것은 닥치는 대로 쓸어 담았다. 검찰의 압수수색과 달리 국세청은 영장 없이 자료를 다 가져갈 수 있기 때문에, 기업이나 업체 입장에서는 국세청이 훨씬 두렵다. 김종학 프로덕션은 그때까지 세무조사를 한 번도 받은 적이 없었다.

국세청은 이 무렵 드라마 공급업체 2곳, 교양 프로그램 공급업체 5곳을 탈탈 털었다. 당시 국세청장은 정치적인 표적 세무조사로 정평이 나 있던 한상률이었다. 한상률 국세청장은 KBS 외주업체에 대한 세무조사를 시작한 지 한 달 후인 2008년 7월에는, 고 노무현 전 대통령의 후원자였던 박연차 회장의 태광실업에 대한 특별 세무조사에 착수했다. 그때 싹쓸이한 자료들은 검찰 칼춤의 재료로 사용됐다.

3. 범죄자 만들기

정권 입장에서 생각해보면, 검찰은 여러모로 매력적인 기관이다. 일단 감사원이나 국세청이 못하는 '구속'이 가능하다. 범죄혐의가 없거나 미미해서 구속할 수 없다면, 피의자 신분으로 포토라인에 세울 수 있다. 검찰은 포토라인을 무기로 써먹는 경우가 많다. 그곳에 서서 플래시 세례를 받는 장면만으로도, 범죄자 이미지가 씌워지기 때문이다. 정연주를 KBS에서 최대한 불명예스럽게 몰아내는 데 이보다 더 좋은 카드는 없었다. 만약 시간이 한참 지나서 무죄라는 사실이 밝혀지면? 그런 게 무슨 상관인가. 원하는 목적을 충분히 달성했는데.

검찰 수사 역시 감사원 감사와 비슷한 시기에 시작됐다. 뉴라이트 전국연합이 국민감사를 청구하기 하루 전인 5월 14일, KBS 전직 간부였던 조모 씨가 정연주 사장을 배임 혐의로 검찰에 고발했다. KBS에 2875억 원의 손해를 끼쳤다는 내용이었다. "KBS가 이길 수 있는 소송이었는데, 정연주 사장이 끝내라고 해서 받을 돈을 못 받았으니 배임"이라는 말이었다. 사건은 서울중앙지검 조사부에 배당됐다. 조사부는 고소고발 사건 중에서도 범죄 금액이 5억 원이 넘는 사기, 횡령, 배임 사건이 많은 곳이다.

검찰은 사건이 접수된 지 한 달 만인 6월 17일 정연주 사장에게 소환을 요청했다. 통상 고발 사건은 고발 당사자인 고발인을 불러 조사하는 데만도 오랜 시간이 걸린다. 검찰이 고발한 지 한 달도 안 된 상태에서 피고발인을 부르는 경우는 거의 없다. 정권 차원의 압박, MB의 관심 사안이라 가능한 일이었다. 검찰은 이후 7월 16일까지 한 달 가까운 시간에 모두 5차례 소환을 통보했다. 소환 통보가 이뤄질 때마다 그 내용은 언론에 공개됐다. 정연주 사장은 검찰 소환에 응하지 않았다.

당시 검찰을 출입하는 KBS 기자들은 패닉 상태였다. 검찰에 출근하면 박은석 조사부장을 만나는 게 일이었다. 기자들을 사건 당사자로 여기는 조사부장이 수사 진행 상황을 이야기할 리 만무했다. 하지만 사장이 표적 수사를 당하는데, 앉아서 보고만 있을 수는 없는 법. 기자들은 백방으로 뛰며 수사 상황을 체크했다. KBS를 제외한 다른 기자들의 입장은 매체별로 갈렸다. 진보 성향의 언론들은 내심 안타까워했지만, 보수 언론들은 떨떠름한 반응이었다. 물론 관심 없는 기자들이 더 많았다. 정권이 KBS 사장을 이렇게까지 치밀하고 치졸하게 내쫓을 거라고는 상상하지 못했기 때문이다. 이때까지만 해도 상당수의 기자가 틈날 때마다 '프레스 프렌들리'를 외치는 MB의 속내를 제대로 간파하지 못하고 있었다.

군불 지피기, 정보보고

검찰 수사가 시작되기 몇 달 전, 정연주 사장에 대한 정보보고 내용을 받은 적이 있다. 경찰, 국세청, 검찰, 국정원 같은 사정 기관들은 정보를 수집하는 정보관(Intelligence Officer)들을 가지고 있다. 이들은 인연이 있는 사람들끼리는 은밀한 모임을 만들어 각자 생산한 정보를 서로 교환하기도 한다. 이들이 생산하는 정보는 '증권가 지라시'보다는 훨씬 믿을 만한 수준이지만, 지나고 보면 엉터리인 경우가 있다. 엉터리를 넘어 아예 특정한 의도를 가진 역정보나, 표적으로 삼은 누군가를 공격하기 위한 군불 지피기용 정보도 포함되어 있다. 정연주 사장의 정보가 대표적이다. 전방위적인 협공을 앞두고 정연주 사장의 의혹을 부추기기 위해 기획된 작품이었을 가능성이 크다. 당시 돌았던 정보 내용은 이렇다.

청와대 민정수석실에서 KBS 정연주 사장에 대한 강도 높은 뒷조사를 벌이는 중.

1. 차남 비자 관련
미국 시민권자인 정연주 차남이 국내에 들어와 홍대 앞 카페에서 알바하고 있다고.
정 사장 차남은 입국비자를 받을 때 KBS 국악관현악단장을 이용했다고. 현 국악관현악단장은 정 사장이 영입한 케이스로 '정연주 맨'으로 불리고 있음. 국악관현악단장이 자신이 알고 지내는 국악업체를 통해 정 사장 차남의 취업 확인서를 발급해줬고, 이 확인서로 입국비자를 받았으나 실제로는 단 하루도 근무한 적이 없다고.

2. 북한 로비자금 전달 관련

정연주가 대북사업을 추진하면서 북한 고위 관리에게 100만 달러를 전
달했다고. 정 사장이 평양의 호텔에 묵을 때 새벽 2시쯤 북한측 관리가
전화하면 정 사장이 내려가서 돈을 줬다고. 노무현 정권 당시 한나라당
통외통위 위원들이 통일부에 정 사장 대북 지원 내역을 요구했으나 자
료를 받지 못했는데, 정권이 바뀌면서 청와대가 직접 통일부로부터 자
료를 받았다고.

3. KBS 경영 관련

청와대 민정수석실이 정연주 사장을 몰아내기 위해 강도 높은 뒷조사
를 벌였으나 도덕성에 흠집을 낼 만한 결정적인 내용은 아직 찾지 못했
다고. 현재 청와대와 감사원에는 정 사장과 본부장 등을 조사해달라는
민원이 잇따르고 있다고.

정연주 사장은 자신의 책에서 저 정보보고 내용이 전부 소
설이라고 설명했다. 저 내용이 사실이었다면 감사원과 검찰, 국
세청, 국정원이 그런 삽질을 했을 리 없다. 특히나 북한 로비자금
부분은 중죄로 처벌할 수 있는 혐의다. 국정원, 국세청, 검찰이

손잡으면 흔적을 찾아내는 건 일도 아니다. 하지만 그런 일은 벌어지지 않았다. 애초에 사실이 아니었기 때문이다. 저따위 소설을 받아보고 정연주 사장에게 뭔가 문제가 있지 않을까 여겼던 사람들. 나도 예외는 아니었다.

황당한 말장난

정연주 사장 배임 사건 내용을 들여다보면, 소송 건수도 많고 용어도 어렵다. 하지만 핵심은 간단하다. KBS가 국세청을 상대로 소송하다 국세청과 합의를 했다. 소송 금액이 2300억 원, 합의 금액은 500억 원이었다. 법원 말을 듣고 합의해서 500억 원을 번 셈이었다.

그러나 검찰은 "소송에서 이기면 2300억 원을 받을 수 있었는데, 일부러 안 받았으니 배임"이라고 주장했다. 정연주 사장 입장에서는 팔짝 뛸 일이었다. "법원이 조정해준 거다. 소송에서 질 수도 있지 않나. 소송에서 이겨도 국세청이 이름만 바꿔서 세금을 또 때리는 경우도 있다. 여러 곳에서 조언도 받았다…" 수많은 이유를 댔지만, 먹히지 않았다.

조중동은 이런 사실을 알아보려 하지도 않았다. 그저 검찰이 수사하고 있다는 내용만 앵무새처럼 반복했을 뿐.

"법원이 조정을 중재했는데, 판사 말 듣고 합의한 것이 배임이라고?"

이를 지켜본 판사들은 혀를 찼다. 하나같이 검찰 논리가 해괴망측하다는 반응이었다. 법률적으로 따져보자. 당시 KBS와 국세청 간 소송은 행정소송으로 '국가를 당사자로 하는 소송에 관한 법률'에 따라 진행됐다. 국가측 대표는 법무부 장관이다. 그러니까 국세청장은 법무부 장관의 지휘를 받아야 했다. 국세청은 법원 조정을 받아들이기 전에 '서울고등검찰청'과 '김앤장'의 자문을 구했고, 두 곳으로부터 "조정안 내용이 합리적이다"라는 의견을 받았다. 검찰 의견대로 정연주 사장의 배임 혐의가 인정된다면, 법무부 장관은 물론 서울고검장, 김앤장, 국세청 모두 정연주와 공범이 된다.

검찰이 이를 모를 리 없었다. 당시 대검찰청은 사건을 기소하기 힘들다고 판단했다. 대검 공안부장, 중수부장 모두가 기소를 반대했다. 임채진 검찰총장은 당시 사건을 담당하는 박은석 조사부장에게 이렇게 물었다. "이 사건을 기소해서 유죄가 나올 확률이 얼마나 된다고 보나?"

박은석 부장검사가 대답했다. "50.01%요."

50.01%라니. 동전 던져서 앞면 나올 확률 아닌가? 법리적으

로도 상식적으로도 안 되는 사건이었지만, 그래도 검찰은 청와대 뜻대로 밀어붙였다. 해당 사건을 조사한 검사, 그 검사를 지휘한 부장검사, 영장을 결재한 차장 검사, 이들을 지휘하는 중앙지검장, 그리고 그 위에서 보고를 받는 서울고검장, 여러 명의 대검 간부들과 검찰총장. 수많은 단계에 있던 검사 중 누구도 법리를 이유로 들어 이의를 제기한 사람이 없었다. 정치적인 입장을 따지기 전에, 법률가로서 양심이 있다면 절대 할 수 없는 일이었다.

올림픽 전에 끝내라

2008년 8월 8일 베이징 올림픽 개막식이 열렸다. 204개국 1만 1천 명이 참가했다. 아시아에서는 도쿄, 서울에 이어 3번째로 개최된 하계올림픽이었다. 100년의 꿈을 이루었다는 중국은 사상 첫 올림픽을 성대하게 치렀다. 정연주 사장은 올림픽 개막식에 참석하지 못했다. 법무부가 정 사장의 출국을 금지했기 때문이다. 8월 11일, 이명박 대통령은 개막식에서 돌아오자마자 정연주 사장을 해임했다. MB는 정연주 사장 해임안에 서명하면서 "KBS도 이제 거듭나야 한다"고 말했다.

8월 12일 오후 4시 40분, 검찰이 정연주 사장을 방배동 자택에서 긴급체포했다. 현직 KBS 사장을 체포하긴 부담스러웠을 것이다. 이명박 대통령이 해임안에 서명하자마자, 검찰은 체포영장을 청구했다. 비난 조짐이 보이자 검찰은 "정연주 해임과 체포영장은 관계가 없으며, 그저 시기적으로 일치된 것일 뿐"이라고 해명했다. 누가 물어봤나? 도둑이 제 발 저린 꼴이다. 검찰에 긴급체포된 정연주 사장은 조사받는 내내 묵비권을 행사했다. 8월 20일, 검찰은 정연주 사장이 KBS에 1890억 원의 손해를 끼쳤다며, 배임 혐의를 적용해 재판에 넘겼다.

감사원과 검찰의 이런 전광석화 같은 움직임은, 어떻게든 올림픽 전에 사건을 끝내겠다는 발버둥이었다. 이명박 정부에 대한 비판과 잡음들을 올림픽 소식으로 묻어버릴 작정이었다. 전략은 적중했다. MB를 규탄하는 촛불집회가 한창 이어지면서 10%대까지 추락했던 이명박 정부 국정 지지율은, 박태환을 필두로 금메달 소식이 이어지자 금세 30%대를 회복했다. 청와대에서는 "금메달 1개 딸 때마다 대통령 지지율이 1~2% 포인트씩 오른다"는 농담이 돌기도 했다.

4년 만의 무죄

정연주 사장 사건은 서울중앙지법 형사22부 이규진 부장판사에게 배당됐다. 수년 후 법원행정처에서 후배 판사에게 '판사 블랙리스트'를 은밀히 지시했던 그 사람이다. 2008년 8월에 시작된 재판은 1년 동안 계속됐다. 법원 출입기자들마저 큰 관심이 없는 상황에서, 백승헌 변호사를 비롯한 여러 변호사의 도움으로 지난한 재판이 이어졌다. 그리고 1년이 지난 2009년 8월 18일, 정연주 사장에게 무죄가 선고됐다.

재판부는 검찰의 기소 내용을 모두 10가지 쟁점으로 나눠 조목조목 반박했다. 대부분 정연주 사장과 KBS 측이 주장한 내용 그대로였다. 사건의 정치적 의미가 부각되는 게 부담스러웠던지, 재판부는 이례적으로 "정치적 의미는 전혀 고려하지 않았고 순전히 법리적으로만 판단했다"고 여러 차례 강조했다. 그런데 선고가 진행되던 날, 선고를 30분 앞두고 김대중 전 대통령이 서거했다. 정연주 사장의 무죄 판결은 큰 의미를 가진 소식이었지만, 김 전 대통령 서거에 묻히고 말았다.

1심 선고 직후 검찰은 항소했다. 그리고 또 1년이 훌쩍 지나갔다. 2010년 10월 29일, 서울고법 형사5부 안영진 부장판사는 정연주 사장에게 1심과 마찬가지의 이유로 무죄를 선고했다. 감사원 감사 발표, 검찰의 체포와 기소 때 그렇게 목청을 높였던 보수매체들은 일제히 침묵했다. 〈조선일보〉와 〈중앙일보〉는 정연주 항소심 무죄 기사를 아예 언급조차 하지 않았고, 〈동아일보〉

는 14면 구석에 한 문장짜리 기사를 빼꼼히 실은 것이 전부였다.

항소심 직후 검찰은 또 상고했다. 그러나 그로부터 1년 3개월
이 지난 2012년 1월 12일, 대법원 2부(양창수 대법관)가 무죄를
확정했다. 다음 달인 2월 23일에는 대법원 3부(신영철 대법관)가
정연주 사장이 이명박 대통령을 상대로 낸 해임 무효 소송 승소
를 확정했다. 부당한 해고, 부당한 수사와 기소였다는 사실이 역
사에 기록되는 순간이었다. KBS에서 해임된 지 4년 가까이 지
난 뒤였다.

미안하다 축하한다

4년 만에 내려진 무죄 판결. 기자들의 관심은 정연주 해임의
배후로 알려진 최시중 방송통신위원장에게 쏠렸다. 최시중은 그
동안 "정연주 사장의 무죄가 확정되면 책임질 거냐?"는 기자들
의 질문을 받을 때마다 "책임지겠다"고 호언장담해왔기 때문이
다. 확정판결이 나오던 날 마침 최시중 위원장이 국회 법제사법
위원회 전체회의에 출석했다. 소식을 전해 들은 이춘석 민주통
합당 의원이 최시중에게 질문했다.

이춘석 지금 KBS 사장 대법원 무죄 판결 났지요?

정연주와 최시중

최시중 예.

이춘석 저는 최시중 위원장이 이 결과에 대해서 책임지겠다고 했기 때문에 책임을 져야 한다고 생각합니다. 이것은 국민 앞의 약속이라고 생각합니다. 거취를 어떻게 하실 겁니까?

최시중 정치적으로나 인간적으로 참 죄송하게 생각한다는 점은 시인합니다. 그리고 그동안에 정연주 씨가 겪었을 여러 가지 심리적 고통에 대해서 미안하게 생각하고 결론이 난 것에 대해서 정말 축하를 보냅니다.

사법부에서 결론 난 문제를 과연 행정부의 제 입장에서 거기에 어떤 법률적인 책임을 져야 할지 그리고 행정적으로 어떤 데가 관계가 있는지는 검토를 해봐야겠습니다.

그로부터 몇 주 후, 최시중은 방통위 위원장 자리에서 물러났다. 정연주 전 사장에 대한 정치적 책임 때문이 아니었다. 본인과 관련된 비리 의혹 때문이었다. 자신의 최측근이 뒷돈을 받은 혐의로 검찰 수사를 받게 된 사실이 알려진 것이다. 최시중은 대뜸 '조직의 부담을 덜어주겠다'며 자진해서 사퇴했다. 그리고 매우 당당하게 "보도된 내용은 사실이 아니라 오해"라고 거듭 해명했다.

하지만 얼마 지나지 않아 의혹은 모두 사실로 드러났다. 그리고 최시중은 2012년 4월 30일 구속됐다. 파이시티 인허가 과정에서 8억 원을 받아 챙긴 혐의 때문이었다. 이후 재판에서 유죄가 선고됐다. 하지만 최시중은 법원 허가도 없이 구치소에서 풀려나 수술을 받고, 징역 2년 6월에 추징금 6억 원을 선고받고도 이명박 정부 마지막 특별사면 대상에 포함돼 수감 9개월 만에 풀려났다.

이따금 언론에 모습을 드러낸 최시중에게서 일말의 부끄러움도 찾아볼 수 없었다. 언론인 출신 킹메이커, 이명박 정권의 실세 '방통대군'의 말년은 그렇게 지저분하고 잡스러웠다. 〈동아일보〉 5년차 선후배인 최시중과 정연주는 그렇게 극과 극의 인생을 살았다. 정치부 출입을 발판 삼아 권력에 기생한 선배, 언론 탄압에 저항하며 평생을 싸운 후배. 두 언론인에 대한 평가는,

당신 몫이다.

정연주 전 사장 해고 사건은 절대 개인의 수모 정도로 치부되어서는 안 된다. 이는 명백한 '언론장악' 사건이다. 언론에 재갈을 물리기 위해 기획된 이 사건은, 아이러니하게도 정권의 의도에 격렬히 맞장구친 언론 때문에 가능했다. 모사꾼들이 군불을 지피면 격하게 반응하며 호들갑을 떨어댄 언론. 결론을 정해놓고 이에 부합하는 사실들만 크게 키우고, 불리하다 싶으면 못 본 척 사건을 다루지 않은 언론. 그래도 덮이지 않으면 사건으로 사건을 덮는 초식을 사용한 언론. 만약 언론이 이 사건을 합리적인 기준과 잣대로 공정히 다루었더라면, 정연주 사건은 절대 이런 식으로 진행되지 못했을 것이다. 받아쓰기에 정신없는 기자들이 많아지고 폐부를 찌를 기사를 찾아 뛰는 이들이 사라질 때, 사회가 어떻게 불행해질 수 있는지를 여실히 보여준 사건이다.

자신의 인생을 걸고 '언론 자유'를 위해 고초를 겪은 기자 정연주. 늦었지만 그에게 진심으로 존경과 감사를 표한다.

김요한

2

비열한 보복

노무현 전 대통령 사건

방송 바로듣기

마산에서 봉하로

징, 징, 징…

끊임없이 울리는 전화벨 소리에 힘겹게 눈꺼풀을 들어 올렸다. 흔들리는 고속버스 차창 사이로 스며드는 5월의 눈부신 햇살이 숙취에 찌든 동공을 파고들었다. 여기가 어디지? 기자에게 휴대폰에 쌓인 부재중 전화는 항상 예감이 좋지 않다. 깨질 듯한 머리, 따가운 햇볕, 토요일 아침의 고속버스, 휴대폰 진동소리, 의식의 끝자락에서 무엇 하나 현실의 감각을 가져볼 만한 소재라고는 찾아보기 힘들다.

다시 눈을 감으려는 순간 대검찰청 포토라인에 선 노무현 전 대통령이 눈에 들어왔다. 고속버스 앞에 설치된 텔레비전 화면 자막에는 '노 전 대통령 투신 사망'이란 글자가 새겨져 있었다. 현실이었다.

2009년 5월 23일. 나는 당시 검찰 출입 1년도 채 안 된 법조팀 막내기자였다. '노 전 대통령 투신 사망'이란 자막을 맞닥뜨린 순간은, 전날 마산의료원 장례식장에서 후배 기자의 부친상을 조문한 뒤 밤새 빈소를 지키다 마산시외버스터미널에서 서울행 첫차를 타고 판교를 지나고 있을 무렵이었다. 노 전 대통령은 앞선 4월 30일 대검찰청 중앙수사부 조사를 받았고, 검찰은 구속영장 청구를 고심하고 있었다.

휴대폰에 찍힌 발신자는 법조팀 선배였다. "봉하마을로 가야겠다. 서울 도착하면 다시 내려가라."

강남 고속버스터미널에 내린 나는 집에 들러 옷가지를 주섬주섬 챙긴 뒤 KTX를 타러 서울역으로 갔다. 매일 하숙집처럼 눈만 잠깐 붙이고 사라지는 법조기자 아들에 익숙해졌는지 어머니는 어디를 가는지, 언제 돌아오는지 묻지도 않았다. 노 전 대통령 타계 소식을 듣고 으레 며칠 못 보겠다는 생각을 했을지 모른다. 서울역 앞 광장은 노 전 대통령 서거 소식을 다룬 호외들이 널려 있었다. 무심코 내려다본 5월의 서울역 광장은 겨울의 한기가 내려앉은 듯 차가워 보였다.

봉하마을에서 가장 가까운 KTX 정차역은 진영역이었다. 가장 빠른 차편 티켓을 구매한 뒤, 열차에 올랐다. 의자에 몸을 깊이 누였다. 몸은 피곤했지만, 정신은 그 어느 때보다 맑았다. 차창 밖 풍경을 배경으로 온갖 상념이 스쳐 갔다. '왜 그런 극단적 선택을 했을까, 유서가 말하고 싶은 진실은 무엇일까, 검찰의 운명은 어떻게 될까, 전직 대통령 서거라는 책임의 무게를 이명박 정부와 검찰은 어떻게 짊어질까…' 진영역에 내려 택시로 3~4km를 타고 간 뒤 봉하마을 진입로부터 다시 2km가량을 걸어 노 전 대통령 사저에 도착했다.

봉하마을은 추모 행렬로 가득했다. 노 전 대통령 지지자와 일반 추모객, 빈소를 찾은 정·관계 인사, 기자로 발 디딜 곳이 없었다. 노 전 대통령과 정치적으로 반대편에 섰던 정치인과 보수 언론 기자는 거센 항의를 받으며 빈소에서 쫓겨났다. 어둠이 내려앉고 봉하마을을 밝히는 등에 불이 들어왔다. 마치 꿈속에서 헤매는 기분으로 봉하마을을 거닐었다. 슬픔과 분노, 절망, 체념이 담긴 공기가 온몸을 짓눌렀다.

서거 그리고 검찰의 침묵

목소리를 무게로 잴 수 있다면 1g이나 될까. 노 전 대통령의 형 노건평 씨 부인 민미영 씨 목소리는 힘이 없었다. 의식은 멈춘 채 입에서 나오는 관성으로 민씨는 겨우 말을 이어갔다. "남편(노

건평 씨)이 구속된 뒤 (노 전 대통령이) 더 자주 찾아주셨다. 서거 사흘 전 마지막으로 뵀다. 식사를 거의 못하신 탓인지 상당히 초췌해보였다. 그날따라 이상하게 한마디도 하지 않으셨다." 서거 이틀 뒤인 2009년 5월 25일 밤 9시 어렵게 전화 통화가 연결된 민씨는 노 전 대통령의 마지막 모습을 담담하게 털어놨다. 가늘게 흘러나오는 울음소리에 더는 질문을 할 수 없었다.

칠흑 같은 어둠 속에서 빈소 한구석에 앉아 노트북 타자를 두들기며 민씨 인터뷰 기사를 마감하고 있자니 갑자기 몸과 마음이 바닥으로 추락하는 느낌이었다. 조간 보도 확인과 낙종(특종을 놓침), 취재, 브리핑, 기사 마감, 야근, 음주로 마무리되는 일과가 벌써 7개월째였다. 2008년 11월 세종증권 수사부터 시작된 노 전 대통령 수사의 종결을 봉하마을에서 맞이하는 나는 피로감의 한계를 절감하고 있었다. 어쩌면 수사대상이던 전직 대통령의 서거를 감당하기에는 기자로서의 역량이 부족했기 때문이라는 생각도 들었다. 기사를 쓰는 일이 두려워졌다. 판단력이 떨어진 내 기사를 눈치챘는지 데스크는 2009년 5월 27일 다시 서울로 불러들였다.

2009년 5월 29일, 노 전 대통령 영결식이 경복궁 앞뜰에서 열렸다. 서울시청 앞 광장에 모인 50만 인파 속에서 흘러나오는

고 노무현 전 대통령
국민장 영결식에서
권양숙 여사와 마주한
김대중 전 대통령

통곡과 오열은 하늘의 노란 종이비행기를 잿빛으로 물들였다.

그 시각 초상집은 한 곳 더 있었다. 노 전 대통령 추모와는 조금 다른 맥락의 슬픔을 지닌 곳이었다. 바로 노 전 대통령 수사 책임론에 직면한 검찰이었다. 대검찰청과 서울중앙지검은 쥐 죽은 듯 조용했다. 회색빛 건물색이 한층 더 싸늘했다. 대검찰청 별관 1층 기자실 자리가 부족해 기자들이 바닥에 앉아 홍만표 대검 수사기획관 브리핑을 받아 적던 모습은 온데간데없었다.

대검은 노 전 대통령 서거 다음 날인 2009년 5월 24일 대변인실 명의로 짤막한 메시지를 내어 내부 분위기를 전했다. "임채진 검찰총장과 주요 간부회의, 공안부장이 장례 진행 상황 보고, 중수부(대검찰청 중앙수사부, 검찰총장의 명령을 직접 받아 수사하는 대검찰청의 부서) 수사는 장례 끝난 이후 미루기로 확정."

임채진 검찰총장은 노 전 대통령 서거 당일 법무부에 사표를 제출했다. 김경한 법무부 장관은 임 총장의 사직서에 자신의 사표를 얹어 함께 청와대에 전달하려 했다. 청와대 쪽에서 김 장관에게 연락이 왔다. 사표를 수리하기 어렵다는 얘기였다. 2002년 조사 중 조직폭력배인 피의자를 때려 숨지게 한 사건과 관련해 지휘·감독 책임을 지고 김정길 법무부 장관과 이명재 검찰총장이 동반 사퇴한 전례가 있다. 전직 대통령이 수사 중 스스로 목숨을 끊었지만, 법무부 장관과 검찰총장의 동반 사퇴는 청와대 만류로 없던 일이 됐다. 법무부와 검찰은 노 전 대통령 서거 직후 유감 표명을 담은 입장을 한 줄도 내지 않았다.

비극의 씨앗

시간이 흐르면 모든 것이 잊히게 마련이다. 사건이 돌고 돌아 다른 사건과 연결되는 법조 역시 예외는 아니다. 그런데 여기서 예외가 있다면 노 전 대통령 사건이 아닐까 싶다. 어느 쪽이 됐든 이 사건은 모두에게 트라우마로 자리 잡았다. 노 전 대통령 서거 당시 그 누구도 이 사건과 관련해 입을 열지 않았다. '못했다'는 표현이 더 정확할 것이다. 봉인된 기밀문서의 해제 시효가 풀리듯 이 사건을 둘러싼 인물들의 입도 시간과 함께 조금씩 열렸다. 그렇게 꿰맞춘 진실의 파편들은 이 사건을 다시 조명하는 데 열쇠가 될 수 있다.

어쩌면 비극의 씨앗은 3개의 시점에서 싹 텄을지 모른다. 잠시 시간을 되돌려 '그때'의 이야기를 다시 들춰보려 한다.

첫째, 2007년 11월 임채진 검찰총장 임명이다. 임채진은 사실 총장이 될 운명이 아니었다. 그는 경쟁자였던 안영욱 서울중앙지검장이 인사검증과 관련된 언론 보도 탓에 낙마하면서 대구·경북 출신으로 참여정부에서 막차를 탄 검찰총장이 됐다. 당시 유력한 총장 후보는 임채진보다는 안영욱 쪽에 무게를 두는 시각이 많았다. 임채진은 평검사 때부터 결단력이 부족하다는 약점을 꼬리표처럼 달고 다녔다. 그를 법무부에서 데리고 일한 한 검찰 출신 변호사의 얘기다.

"임채진은 정말 걱정이 많았다. 일을 시키면 '이게 이런 문제가 있는데 이렇게 하라는 말씀인가요?'라며 몇 번 물어본다. 그래서 내가 항상 '그걸 검토하라는 거야'라고 하곤 했다. 덩

치는 산만 한데 글씨도 깨알같이 썼다."

노 전 대통령을 수사했던 이인규 전 대검 중수부장과 임채진을 잘 아는 한 검사는 이렇게 말했다.

"한 명(임채진)은 너무 생각이 많고, 한 명(이인규)은 너무 생각이 없어 문제야."

검찰청법상 검찰에는 총장과 검사만 있다. 모든 결정 권한은 총장이 갖는다. 총장이 결정하지 못하면 검사는 움직일 수 없다. 노 전 대통령 서거의 가장 큰 원인 중 하나는 구속영장 청구 문제를 중수부가 빨리 결정하지 못한 데 있다. 이는 임채진이 최종 결단을 못 내렸다는 말과 같다.

검찰 고위직 출신의 한 변호사는 "수사 당시 새벽에 임 총장이 전화해 구속, 불구속 의견을 물어왔다. '전직 대통령 문제는 검찰 혼자 결정할 게 아니다. 수사팀 의견 받아 구속한다고 하면 청와대와 정치권이 알아서 불구속하라고 할 거다. 더는 끌지 말고 빨리 결정하라'고 조언했다"고 말했다. 역시 임채진의 전화를 받았던 검사 고위직 출신 한 변호사는 "사실 조금 황당했다. 나는 당시 수사내용을 알 만한 지위에 있지 않았다. 임 총장이 의견을 묻기에 '노 전 대통령이 부인 권양숙 씨가 돈 받은 사실을 알고 있었냐'고 되물었다. 임 총장은 수사내용을 알려줄 수 없다고 했다. 그래서 나도 내용을 모르면 내가 말할 수 있는 것이 없다고 했다"고 말했다.

역사를 다시 조합할 수 있다면, 결단력이 부족했던 임채진이 아니라 다른 총장이었다면, 그가 노 전 대통령 구속영장 청구 문제를 처리했더라면 상황은 조금이라도 달라졌을까.

둘째, 2009년 1월 19일 고위간부 인사다. 많이 간과하고 있지만, 이 인사는 노 전 대통령 수사에서 중요한 의미를 지닌다. 노 전 대통령 수사는 사실 2008년 12월 밑그림이 완성됐다. 당시 대검 중수부 라인업은 대구·경북이었다. 박용석 대검 중수부장, 최재경 대검 수사기획관, 박경호 중수1과장, 박정식 중수2과장이다. 최재경은 노 전 대통령 수사의 발단이 된 세종증권 김형진 사장을 구치소까지 찾아가 직접 조사했다. 전국 검찰청의 수사를 조율하고 총장에게 주요 사건의 신병 처리와 수사 진행상황을 보고하는 수사기획관은 원래 직접 피의자 조사를 하지 않는다. 최재경은 과거 사건 수사와 관련한 인연으로 김형진과 구면이기도 했다. 김형진은 진술에 협조했다. 2008년 12월 노 전 대통령의 형 노건평 씨가 구속됐다.

해가 바뀐 2009년 1월 임채진 검찰총장에게 일방 통보가 떨어졌다. 발신자는 김경한 법무부 장관이었다. 검사장 자릿수를 직접 찍어 교체하라는 지시였다. 임채진은 그 인사 배경을 여전히 알 수 없다고 회고했다. 이와 관련해 당시 청와대 사정을 잘 아는 한 검찰 고위간부의 분석은 이렇다.

"2008년 초 이명박 정부 초기만 해도 인물만 뜯어놓고 보면 청와대 인사가 괜찮았다. 중도, 진보 성향의 인물들을 포용하려는 제스처도 눈에 띄었다.

그런데 잘 봐라. MB 취임 6개월여 만에 촛불집회로 정권이 흔들흔들했다. 그때 이상득이 MB 초기 인사를 아주 싫어했다. 그러고는 그해 4대 권력 기관장이 싹 바뀐다.

검찰로 프레임을 좁혀 보면, 2008년 7월부터 한상률 국세청장이 작업해온 박연차 문건이 검찰로 넘어왔는데 검찰이 바로 손을 안 대고 조심스러워했다. 어떻게 보면 박용석-최재경이니까, 그리고 둘 다 대구·경북이니까 역설적으로 수사를 안 하고 그렇게 버틸 수 있었다. 그러자 당시 여권에서 불만이 이만저만 아니었다. 결국 인사로 검찰 세팅을 다시 해버린 거다.

결과론적으로 생각해보면 그 인사가 노 전 대통령 수사로 검

찰이 쌓은 업보의 시작이었다. 불행의 씨앗이었던 거다. 임채
진 총장 사표 뒤 엉뚱하게 천성관이 총장 후보로 지명됐다가
청문회에서 낙마하면서 검사 40여 명이 그만뒀으니 더는 쓸
자원이 없었던 거다. 그게 어부지리로 김준규가 검찰총장이
되고 그 뒤는 굳이 설명 안 해도 알지 않나."

임채진 검찰총장은 김경한 법무부 장관의 검사장 인사 요구
에 사표를 쓰겠다며 버텼지만 김경한의 의지는 확고했다. 이 정
도면 법무부보다는 청와대의 뜻에 가까웠다. 이때 중수부 라인
업도 전원 교체된다. 주목할 대목은 대구·경북을 물갈이한 점이
다. 대검 중수부장 이인규, 수사기획관 홍만표, 중수1과장 우병
우, 중수2과장 이석환. 우병우를 빼면 비'대구·경북'으로 지휘 라
인을 바꿨다.

이 인사를 두고 검찰 안에서는 여러 해석이 나왔다. 가장 유
력한 배경 설명은, 기존 중수부의 대구·경북 라인업은 노 전 대
통령 수사를 부담스러워했다는 이야기였다. 박용석 중수부장과
최재경 수사기획관 모두 무리하기보다는 신중하게 수사하는 스
타일이다. 사실 노 전 대통령 관련 의혹은 박용석-최재경 중수
부 라인업에서 대부분 파악이 된 상태였다. 그런데도 박용석과
최재경은 불과 한 달 뒤인 2009년 1월 검찰 정기 인사에서 대

검 중수부를 떠난다. 박용석은 2011년 8월 대검 차장을 끝으로 퇴임하며 기자와 만나 "내가 수사했을 경우 달라졌을 거라고 장담은 못하지만 (노 전 대통령 수사가) 그렇게 됐을지는 의문"이라고 했다.

최재경은 사법연수원 3기수 선배인 이인규가 후임 중수부장으로 온다는 말을 전해 듣고 중수부를 나왔다는 관측이 정설처럼 돌았다. 한 검사는 최재경과 이인규가 서로 맞지 않는 인물이라는 표현을 이렇게 한 적이 있다.

"최재경은 선비 같은 생각을 지니고 사는 사람이다.
본인 자신을 이인규와 아예 다른 사람이라고 생각할 것이다."

어쩌면 최재경은, 수사가 거칠다는 평가가 많았던 이인규가 중수부장에 올라 노 전 대통령 사건 수사를 지휘했을 때 어떤 결과로 귀결될지 어렴풋하게나마 짐작했을지 모른다.

그렇다면 이명박 정권은 왜 비'대구·경북'으로 중수부 라인업을 꾸린 걸까. 당시 사정을 잘 아는 한 검사는 "정치적 논란을 피하려고 외형상 티케이 라인업을 깼을 수도 있다. 하지만 그것보다 더 중요한 것은 수사하겠다는 검사 본인의 의지 아니었나 싶다. 수사는 검사가 얼마나 의지를 갖고 있느냐가 가장 중요하다. 하물며 전직 대통령을 수사하는데 검사 본인의 의지를 묻지 않았을까 싶다"고 말했다.

셋째, 2009년 5월 4일 대검의 구속영장 회의다. 노 전 대통령은 2009년 4월 30일 대검 중수부 조사를 받았다. 이후 대검은 연구관 이상 검사들이 모여 구속영장을 청구할지 매일 회의를 열어 논의했다. 당시 우병우 대검 중수1과장은 구속영장 청구를 가장 강하게 주장했다. 사실 내부적으로 불구속기소가 결정된 시기는 대검 검사장급 간부와 기획관, 수사라인 등이 대검에서 전체회의를 연 5월 4일이었다. 당시 대검 내부 회의에서는 고성이 오가는 격론이 오갔을 정도로 의견이 첨예하게 갈렸지만, 불구속기소라는 최종 의견 수렴은 노 전 대통령 소환 조사 후 일주일 안에 결정됐다.

그런데 검찰은 왜 노 전 대통령이 스스로 목숨을 거두기까지 20일 남짓 시간을 끌었을까. 통상적인 피의자 신병 처리 절차와는 동떨어진 과정이었다. 당시 대검의 한 핵심 관계자는 이와 관련해 "내부 회의에서 불구속기소로 가닥을 잡았는데, 중수부 수사팀이 노 전 대통령 쪽에 건너간 돈 중 100만 달러의 행방을 찾게 시간을 더 달라고 요청했다. 즉, 불구속기소를 하더라도 100만 달러 부분은 규명하고 가겠다는 뜻을 임채진 총장에게 전한 거다. 이 돈은 노 전 대통령 딸 노정연 씨 쪽에, 미국에서 전달된 의혹과 관련된 돈"이라고 말했다. 대검 중수부가 추가 수사 필요성이 있다고 해 어쩔 수 없이 구속영장 결정이 늦어졌다는 논리다.

검찰이 구속영장 청구 여부를 대외적으로 결정하지 못하는 사이 문제가 된 논두렁 시계 보도가 등장한다. 노 전 대통령 부인 권양숙 여사가 박연차 태광실업 회장한테 받은 시계를 검찰 수사가 조여 오자 논두렁에 버렸다는 SBS 보도였다. 권양숙 여사가 시계를 생일선물로 받은 것은 부인할 수 없는 사실이지만, 논두렁에 버렸다는 대목은 사실 여부도 확인이 안 되고 설령 그렇다고 해도 외부에 알려져서는 안 될 욕보이기용 피의사실 공표였다. 홍만표 대검 수사기획관은 이 보도 다음 날 브리핑에서 "나쁜 빨대를 색출해야 한다"고 했지만, 그의 표정에서는 진지함도, 그리 불편한 표정도 엿볼 수 없었다.

동아일보 특종의 실루엣

2009년 1월 19일자로 노 전 대통령 수사팀을 꾸린 대검 중수부는 2009년 3월 20일 두 개의 도구를 이용해 사정 작업을 대외에 공표한다. 하나는 언론이고, 다른 하나는 이인규 대검 중수부장의 입이었다.

검찰 출입기자에게 조간신문 보도 확인은 하루 업무의 시작이다. 빈손으로 타사의 단독기사를 맞닥뜨리면 아침부터 스트레스가 이만저만 아니다. 검찰 기자실의 독특한 풍경이 있는데, 한 언론사가 쓴 단독기사의 임팩트가 크면 클수록 기자실 공기의 침묵은 더욱 깊어진다. 서로 표정관리를 하는 것일 뿐 마음마저 고요하지는 않다.

美거주 盧지인 계좌에 달러로 송금
_〈동아일보〉 2009년 3월 20일 조간 1면

〈동아일보〉가 쓴 이 보도는 대검 기자실을 발칵 뒤집어 놨다. 여느 단독기사 물먹은 듯 점잔을 뗄 기사가 아니었다. 박연차 태광실업 회장으로부터 노 전 대통령 쪽에 전달된 금품 규모와 전달 방식, 시기가 구체적으로 쓰여 있었다. 검찰 출입기자들은 낙종할 때 기사의 품질을 따진다. 이 정도는 A++급이었다. 수사팀 검사에게 듣지 않고는 쓰기 힘든 내용이었다. 당시 홍만표 대검 수사기획관은 보도의 사실 여부를 묻는 말에 "500만 달러 미국 계좌가 나오지도 않았고, 관련 진술도 전혀 없었다"며 부인했다.

〈동아일보〉는 노 전 대통령 특종 보도를 주요 국면마다 이끌고 있었다. 그리고 검찰은 곧장 사실과 다르다는 해명을 내는 패턴이 반복됐다. 짜고 치는 느낌이 들 정도였다. '盧 전 대통령, 박연차 씨에 15억 차용증'(2008년 12월 30일 〈동아일보〉 1면) 보도에 최재경 대검 수사기획관은 "정치인에게 돈 건너간 것은 아무것도 확인되지 않았다"고 말했다. 또 '盧 前 대통령, 박연차에 50억 받은 정황'(2009년 3월 19일 〈동아일보〉 1면) 보도에 홍만표 대검 수사기획관은 "지라시 보고 쓴 거 같다. 명백한 오보다"고 말했다.

하지만 검찰 해명을 곧이곧대로 믿는 출입기자는 하나도 없었다. 설령 보도 내용이 맞더라도 검찰이 "맞다"고 손바닥을 쳐주기에는 너무 큰 사안이기도 했다. 통상 검찰은 특정 수사와 관련해 언론에 일부 내용을 미리 흘려 수사 분위기를 조성하는 편법을 쓰기도 한다. 정치인, 기업인 등 수사 때는 언론 보도를 통해 여론을 등에 업고, 검찰이 수사하지 않을 수 없는 환경을 만드는 것이다.

노 전 대통령에게 500만 달러가 전달된 구체적 정황이 보도된 2009년 3월 20일. 수사결과 발표 시점에나 나올 법한 노 전 대통령의 수뢰 액수가 조간신문 1면 톱으로 나온 여파에 대검 출입기자들이 오전부터 한바탕 소동을 치르고 숨을 고를 때쯤인 오전 11시, 이인규 대검 중수부장이 대검 기자실에 오찬을 제안해왔다. 장소는 서래마을 인근 함지박이란 중식당이었다. 이인규의 태도는 노 전 대통령에게 선전 포고를 하는 듯했다. 그는 자리에 앉자마자 "'차라리 겨울이 더 따뜻했네'라는 글귀가 생각난다. 4월은 잔인한 달"이라고 말했다. 당시 그의 주요 이야기를 옮기면 이렇다.

"(검찰) 내부 인사가 걸려 수사가 멈칫한다는 보도가 있지만 정말 기분 나쁘다. 나는 그런 사람이 아니다. 나는 독하게 수사한다. 두고 봐라. 수사하다 뭐가 나올지 모른다. 누가 나를 흔들든 나는 무소의 뿔처럼 혼자 간다. 나는 다 수사해서 가져오면 죽이라고 말한다."

그는 자신의 발언을 오프로 할 것이냐는 기자들의 질문에도 "사설로 쓰라"며 내빼지 않았다.

당시 함지박에서 이인규 대검 중수부장과 출입기자들의 오찬 자리가 있던 옆방에는 17대 국회의원 20~30여 명이 친목 모임을 갖고 있었다. 대검 중수부장이 〈황무지〉라는 시를 읊으며 칼을 다듬던 장소에서 열리는 국회의원 모임으로는 꽤 어울리지 않는 자리였다.

대검 중수부장 시절 YS 아들 김현철 씨를 구속했던 심재륜 전 부산고검장은 검찰동우회 소식지 《검찰동우》에 실은 '수사십결'이란 글에서 바둑을 둘 때 새겨야 할 10가지 교훈이라는 뜻 '위기십결'을 빗대어 '수사 십계명'을 제안한 바 있다.

수사십계명 _심재륜

01. 칼은, 찌르되 비틀지는 마라

02. 피의자의 굴복 대신 승복을 받아내라

03. 끈질긴 수사도 좋지만 외통수는 금물이다

04. 상사를 결코 적으로 만들지 마라

05. 수사하다 곁가지를 치지 마라

06. 독이 든 범죄정보는 피하라

07. 실패하는 수사는 하지 마라

08. 수사는 종합예술이다. 절차탁마하라

09. 언론과의 관계는 불가근불가원하라

10. 칼에는 눈이 없다. 잘못 쓰면 자신도 다친다

이인규의 '함지박 발언'에서는 이런 수사의 예법 따위는 찾아볼 수 없었다. 전직 대통령 수사를 '4월의 잔인한 달'로 희화화한 경박함 이상도 이하도 아니었다. 칼로 상대의 목을 베면 그 업보가 언젠가 그대로 돌아온다. 훗날 이인규는 노 전 대통령 수사로 눈 없는 칼을 잘못 쓰다 자신의 목을 베게 된다.

이인규는 노 전 대통령 서거 여파로 사표를 낸 뒤 변호사 시절 언론 인터뷰와 사석에서 신중치 못한 발언으로 논란을 일으키기도 했다. "평생을 검사로만 살고 싶었는데 그 꿈을 이루지 못하게 됐다. 저승에 가서 노 전 대통령을 만나면 왜 그랬냐 따지고 싶은 심정이다. 빚을 갚으라고 말할 것이다."

2009년 3월 20일 〈동아일보〉 보도는 결과적으로 많은 것을 바꿔놓았다. 대검 중수부는 애초 이명박 전 대통령 측근 천신일 세중나모 회장을 먼저 수사하려고 했다. 천신일로 시작해 마지막에 노 전 대통령을 수사할 계획표를 짰었다. 그런데 〈동아일보〉 보도로 노 전 대통령을 우선 수사하는 방향으로 타임테이블을 고친다. 당시 사정을 잘 아는 대검 핵심 관계자는 "임채진 총장은 당시 해외 출장 중이었는데, 〈동아일보〉 보도를 듣고 크게 격분했다. 누군가 의도를 갖고 기사를 흘리지 않았나 싶다"고 말했다.

권력 교체기에 전 정권에서 임명해 임기가 남은 검찰총장의 처지는 고약하다. 노 전 대통령이 퇴임 직전 임명한 대구·경북 출신 검찰총장이자, 정권이 교체돼 이명박 정부 집권 초기의 검찰총장만큼 얄궂은 운명은 없을 것이다. 전 정권 임명권자의 인간적 지분은 분명 있지만, 검찰의 유전자는 현재 주인을 따르도록 조직돼 있다. 또는 미래 권력을. 임 총장의 좌고우면은 어쩌면 그의 타고난 '걱정병' 때문이었다기보다는, 이런 어중간한 처지에서 검찰총장의 운명을 받아들인 탓이었는지도 모른다.

천신일 구속영장의 기각

2009년 6월 2일 밤 11시 서초동 서울중앙지법 2층 기자실. 이 기자실은 계절을 불문하고 바닥에서 올라오는 한기로 싸늘하다. 이곳은 2층 로비에 있는 화장실 구석에 칸막이를 세워 만들었다. 마우스의 '딸각' 하는 소리가 이따금 무거운 침묵을 깨트린다. 의자를 한껏 뒤로 젖혀 몸을 기대고 눈을 감았으나 긴장감에 잠은 오지 않았다.

서울중앙지법 공보판사가 천신일 세중나모 회장의 구속 여부와 사유를 담은 휴대전화 문자메시지가 전달되는 순간, 마감 시간 안에 기사를 보내야 했다. 정치인 등 주요인사의 구속영장이 청구되면 구속 전 피의자심문(영장실질심사)이 열리는 날 밤에 어김없이 펼쳐지는 서울중앙지법 기자실 풍경이다. 평소와 달리 이날은 폭풍전야처럼 고요했다.

그럴만한 이유가 있었다. 천신일 구속이 어떻게 되느냐에 따라 노 전 대통령 관련 전체 수사의 종결 여부가 결정될 터였다. 2009년 5월 23일 노 전 대통령 서거 뒤 영결식을 끝낸 직후 대검 중수부가 처음으로 대외 행보를 하는 구속영장 청구이기도 했다. 수사 계획 자체가 '천신일 → 노무현'에서 '노무현 → 천신일'로 선후가 바뀌었고, 대검 중수부는 이제 천신일을 구속한 뒤 박연차 전 태광실업 회장 돈을 받은 5명의 정치인을 추가로 구속 기소하고 수사를 마무리할 생각이었다. 하지만 천신일 구속영장이 기각되면 살아있는 권력은 봐줬다는 비판과 함께 수사의 동력이 상실한 채 짐을 싸야 할 처지에 내몰릴 수밖에 없었다. 머릿속이 복잡하게 얽혀갈 찰나 기자실이 요동치듯 바삐 돌아갔다.

천신일 회장 구속영장 기각

휴대전화 문자메시지에 찍힌 내용은 선명했다. 이는 검찰 수사의 종료를 알리는 사형선고와 같았다. 그런데 구속영장 기각 사유가 여느 때와 달리 무려 A4 용지 3장으로 정리돼 배포됐다. 통상 구속영장 기각 사유는 휴대전화 화면에 2~3개 문장으로 간단히 알려주는 게 관례다. 당시 김형두 서울중앙지법 영장전담 부장판사의 기각 사유에는 검찰의 무리한 노 전 대통령 수사를 겨냥한 듯, 날 선 지적이 담겨 있었다.

5. 결론

– 형사소송법에 의하면, 피의자에 대한 수사는 불구속 상태에서 함이
원칙이고(제198조 제1항), 수사상 강제처분은 필요한 최소한도의 범위
안에서만 하여야 한다고 되어 있음(제199조 제1항).

– 구속의 목적은 피의자의 자유를 제한함으로써 증거를 인멸함에 의한
수사와 심리의 방해를 제거하고, 형사소송에의 출석을 보장하며, 확
정된 형벌의 집행을 확보하는 데에 있음. 즉, 구속은 형사소송의 진행
을 확보하기 위한 것이며 단순히 수사를 용이하게 하기 위한 제도가
아님.

– 이상과 같은 기본원칙들에 따라 이 사건을 살펴보면, 이 사건은 주요
범죄사실에 관하여 피의자에 대한 무죄의 추정이 깨어질 정도로 강
력하게 피의자의 범행을 인정할 만한 자료가 갖추어져 있지 아니하므
로, 피의자에 대한 구속의 필요성 및 상당성이 부족하다고 생각됨.

노 전 대통령 수사를 최전방에서 이끌었던 당시, 우병우 대
검 중수1과장은 천신일 사건이 물 타기용이었다는 비판에 이렇
게 해명한 적이 있다. "천신일 구속영장은 내가 직접 썼다. 천신일
수사를 검찰이 일부러 약하게 했다고 하지만 전혀 그렇지 않다.
천신일은 조사할 때 그냥 놔두면 크게 사고 칠 위험인물이라고
판단했다. 일반적으로 브로커들은 누군가의 부탁을 받고 알선

을 하는데 천신일은 어떤 사람이 누군가의 도움이 필요하다는 얘기를 들을 경우 직접 찾아 나서 일을 돌봐주는 스타일이다. 구속영장이 기각되긴 했으나 예방주사를 세게 맞은 셈이다."

우병우의 진심과는 무관하게 임채진 검찰총장은 다음 날인 2009년 6월 3일 다시 사표를 제출했다. 노 전 대통령 서거 당일 냈다 반려된 사표를 다시 법무부로 보낸 것이다. 임채진은 사표를 내고는 오후 2시 25분께 대검 청사를 떠났다. 그러고는 그는 강화도 전등사의 파검재에서 하루를 묵었다. 다음 날은 교동에 있는 절에 머물렀다. 임채진은 이명박 대통령 전화를 한 차례 받았다. 꼭 사퇴해야 하느냐는 것이었다. 민정수석이 아닌 대통령이 총장의 사퇴 만류 전화를 직접 한다는 것은 배수진을 쳤다는 얘기다. 그 전화는 진정성을 갖고 임 총장을 생각한 것이 아니었을지 모른다.

이명박 대통령은 임채진이 이 상황에서 검찰총장으로서 모든 사건의 넝마를 둘러쳐주길 바랐을 것이다. 임채진 역시 서거 책임론이 자신에게 쏠린 상황에서 이 대통령의 '위로'가 싫지만은 않았을 수 있다. 하지만 임채진은 사표를 거두어들일 수 없었다. 임채진은 두 번째 사표를 내며 조은석 대검 대변인을 통해 다음과 같은 입장을 전달했다. 임채진의 마지막 공식 멘트의 방점은 수사의 당위성과 정당성에 찍혀 있었다.

"최선을 다했음에도 불구하고 상상할 수 없는 변고로 인하여 많은 국민을 슬프게 하는 결과를 초래하였습니다. 이번 사건 수사를 총지휘한 검찰총장으로서 진심으로 국민께 사죄드립니다. 원칙과 정도, 절제와 품격의 바른 수사, 정치적 편파수사 논란이 없는 공정한 수사를 통해 국민의 신뢰를 한 단계 높이려 최선을 다했으나 역부족이었습니다.

이미 사직서를 제출한 바 있고, 사태 수습이 우선이라는 명분으로 되돌아 왔으나 이번 사태로 인한 인간적 고뇌로 평상심을 유지하기 힘든 제가 검찰을 계속 지휘한다는 것이 부적절하다고 판단하였습니다. 수사와 관련하여 제기된 각종 제언과 비판은 이를 겸허히 받아들여 개선해 나갈 것으로 생각합니다. 아울러 이미 밝힌 이번 사건 수사의 당위성과 정당성을 존중하여 주시기를 간곡히 부탁드립니다."

임채진 검찰총장은 2009년 6월 5일 퇴임식을 가졌다. 그는 퇴임사에서도 수사의 정당성을 거듭 강조했다.

"그렇다고 하여 당위의 세계를 추구하는 검찰이 옳은 것을 그르다 하고 그른 것을 옳다고 말할 수는 없습니다. 옳은 것은 옳다 하고 그른 것은 그르다고 해야 합니다. 최근의 수사에 대해 국민적 오해와 사회적 논란이 계속되는 상황이라면 검찰의 입장을 설명하고 이해를 구하는 것도 우리의 몫입니다. 우리나라에 부정부패가 존속하는 한, 검찰은 지위 고하를 가리지 않고, 산 권력이건 죽은 권력이건 아무런 성역 없이, 수사를 진행할 수 있어야 하고, 또 할 것입니다."

임채진은 퇴임식 날 대검 기자들과 가진 마지막 오찬 자리에서 의미심장한 발언을 내놓기도 했다.

"나는 정권교체 3개월을 남겨두고 검찰총장이 됐다. 앞으로도 이런 일이 생긴다면 계속해서 나 같은 경우가 생길 것이다. 법무부와 검찰은 항상 긴장과 갈등 관계에 있다. 수사지휘권 발동도 많다. 이러이러한 것들을 엄정 대처하라는 공문이 법무부에서 내려온다. 조중동 광고주 관련 운동도 그런 식의 수사지휘권이 내려왔다. 노무현 대통령 사건 수사지휘 관련해선 노코멘트하겠다. 총장으로 있는 1년 6개월 동안 이쪽에서 흔들고, 저쪽에서 흔들고 했다. 정권교체기의 검찰총장은 치욕스럽고 위태로운 자리다."

천성관 낙마의 쓰나미

2009년 6월 12일 금요일. 월요일과 금요일은 검찰에 특별한 날이다. 검찰은 언론이란 창을 통해 세상과 소통한다. 대개 그 소통의 시간으로는 이 두 요일을 선택한다. 요일 선택 방정식은 단순하다. 검찰 또는 검사의 인사권을 쥔 정권에 유리한 발표는 월요일, 불리한 발표는 금요일이다. 이날도 예외는 없었다.

오후 2시 55분께 대검 기자실 단상 연단 뒤에 마련된 4개의 의자에는 단상을 보는 기준으로 왼쪽부터 대검 이동렬 첨단범죄수사과장, 우병우 중수1과장, 홍만표 수사기획관, 이석환 중수2과장이 나란히 착석했다. 전직 대통령 수사에 나섰던 이들의 표정은 어두웠다. 이인규 대검 중수부장이 오후 3시 정각이 되자 연단에 서서 허리를 숙여 인사한 뒤 수사결과를 발표했다. 내용은 간결했다.

공소권 없음. 내사종결 처리

노 전 대통령 수사였지만 최종 수사결과 공식 발표 자리에서 '노무현'이란 이름은 등장하지 않았다. 4분 남짓한 시간이 지나고 대검 중수부 검사들은 전원 퇴장했다. 그 뒷모습에선 수사의 당위성을 어필하려는 실루엣이 읽혔다.

대검은 수사결과 발표 백브리핑을 곧이어 홍만표 수사기획관 방에서 가졌다. 홍 수사기획관은 "수사기록은 일률적으로 5년 안에 폐기되는 건 아니고 공소시효에 따라 보관한다. 내부 기준에 따라 중요사건은 영구 보존된다. 이 사건은 어떻게 할지 알 수 없지만 중요기록으로 영구 보존되지 않을까 싶다"고 말했다.

홍 수사기획관은 노 전 대통령의 640만 달러 뇌물 수수 의혹을 액수별로 비교적 상세히 설명했다. 500만 달러는 노 전 대통령 아들 노건호 씨와 연철호 씨에게, 100만 달러는 권양숙 씨에게, 40만 달러는 노정연 씨에게 전달됐다고 했다. 검찰은 이렇게 노 전 대통령 수사의 모든 기록을 대검 중수부장 방 캐비닛에 봉인했다.

노 전 대통령 서거 후 검찰은 후과를 톡톡히 치르고 있었다. 서울중앙지검장에서 곧장 검찰총장으로 지명됐던 천성관 총장 후보자가 인사검증을 통과하지 못했다. 통상 서울중앙지검장은 검찰총장의 총알받이로 불린다. 검찰총장은 외풍을 막아주고, 서울중앙지검장은 이를 방패 삼아 부패수사에 주력한다. 검찰에선 서울중앙지검장이 검찰총장으로 직행하는 전례가 없었다. 서울중앙지검장이 검찰총장을 향한 권력욕에 눈이 멀어 정치권력과 직간접적으로 교감할 수 있는 위험성을 막기 위한 것이다.

노 전 대통령 서거 후 이명박 정부는 서거 책임론 따위는 안 중에 없었다. 천성관 서울중앙지검장을 곧장 검찰총장으로 승진시키며 검찰 정치를 강화하겠다는 뜻을 분명히 밝혔다.

그릇이 안 되는 사람이 과분한 자리에 앉으면 탈이 난다. 천 후보자는 이명박 정부의 기대에 부응하지 못하고 인사검증 과정에서 낙마했다. 어쩌면 여기서부터 검찰의 모든 일이 꼬이기 시작했는지 모른다.

검찰 고위직 출신 한 변호사는 "검찰이 이렇게 붕괴한 이유 중 많이 간과하는 사건이 있다. 바로 천성관이다. 기수 파괴하고 천성관을 검찰총장으로 지목하면서 총장 후보군에 있던 괜찮은 검찰 기수가 옷을 벗었다. 그런데 천성관이 청문회 과정에서 낙마하며 그야말로 정신적 혼란에 빠졌다. 노 전 대통령 서거 이후 검찰이 충분히 조직을 추스르고 다시 태어날 수 있는 시간이 있었다. 하지만 검찰은 이명박 정부의 뻔뻔함과 정치 검사들의 권력욕 탓에 이 시간을 잃어버렸다"고 말했다.

이명박 정부로서는 발등에 불이 떨어졌다. 감독 말을 가장 잘 따를 것 같은 투수를 1선발 투수로 내정하자 베테랑 투수들이 전부 은퇴해 버렸는데, 정작 1선발 투수가 불의의 사고로 전력에서 이탈한 꼴이었다.

천성관 낙마 뒤 2009년 8월 20일 김준규가 어부지리로 검찰총장에 지명됐다. 김준규의 총장 후보 지명 소식을 접했을 때 그를 아는 검찰 출입기자들은 많지 않았다. 심지어 검사들도 고개를 갸우뚱했다.

"총장 후보감으로 생각한 검사들은 아무도 없었을 거다. 일선에서 모셔본 검사들이 거의 없다. 조직 장악력 차원의 인사는 아닌 거 같다. 검찰은 서울중앙지검과 대검을 장악하느냐가 관건인데, 이쪽 경력은 기억에 없다. 기획통인데 자유분방하다. 사분오열된 조직을 추스르고 앞으로 나가기엔 힘이 달려 보인다. 무엇보다 아는 사람이 없다."

검찰 안팎에서는 당시 후보군에 올랐던 권재진은 대구·경북이라 역차별을 받았고, 문성우는 호남이 아킬레스건이고, 문효남은 총장으로 대가 너무 약하고, 칼잡이 신상규는 정권 입장에서 통제가 안 될 우려가 있다는 이유로 부름을 받지 못했다는 분석이 나왔다.

김준규는 천성관 검찰총장 후보 지명 당시 "나아갈 때를 알아 거기에 나아가고, 마칠 때를 알아 그것을 마칩니다"는 퇴임사를 남기고 옷을 벗었으나, 불과 넉 달 만에 이 말을 거둬들였다.

김준규 검찰총장이 2009년 8월 20일 취임사에 담은 취임 일성은 '선진 일류 검찰'이었다. 김준규 검찰총장 시절 검찰은 수사권 조정 문제로 경찰과 정면으로 충돌했다. 2011년 6월 30일 국회 법제사법위원회에서 애초 검경 양쪽이 합의한 조정안이 경찰 쪽에 유리하게 수정돼 의결되자 대검 검사장급 간부들이 사표를 내고 전국 평검사 회의가 열리는 등 검찰 전체가 즉각 반발했다. 하지만 김준규는 한국에서 개최한 세계검찰총장회의에 참석해야 한다며 이날 밤늦게까지 집안을 비워 검사들은 물론 출입기자조차 어리둥절하게 만들었다.

　　김준규 검찰총장은 당시 조직의 명운이 걸린 검경수사권 조정 기간에도 세계검사대회 관련 인터뷰 기사들이 안 나온다며 실무자들을 독촉하기도 하고, 대검 수사관 5명을 회의에 차출하기도 했다. 김준규는 노 전 대통령 서거로 흔들리는 집안 살림을 챙기기보다는 외부활동에 관심이 많았던 인물로 검사들은 기억한다. 그를 대검에서 가까이 보좌했던 한 검사는 "저녁에 무슨 약속이 그리 많은지 항상 외부에서 누군가를 만났다. 그러다 보니 총장 특수활동비도 많이 썼다"고 말했다.

　　김준규가 검찰총장에서 2011년 7월 물러난 뒤, 검찰총장 자리는 한상대 서울중앙지검장과 차동민 서울고검장의 2파전으로 압축됐다. 적어도 외부에서 보기에는 그랬다. 하지만 이명박 정부는 애초 차동민은 머릿속에 없었다. 한상대는 노무현 수사 당시 검찰국장을 하며 청와대와 대검의 가교 구실을 한 인물이다. 이명박 대통령의 고려대 후배로 서울중앙지검장까지 지내며 정권과 호흡을 같이했기 때문에, 이명박 정권 입장에선 대선을 앞둔 해에 검찰총장으로서는 최고의 적임자였다. 2011년 2월 1일 서울중앙지검장에 취임한 지 6개월 만에 검찰 최고 총수 자리에 오를 정도로 이 대통령의 신임이 두터웠다.

한상대를 측근에서 보좌했던 한 검사는 "한 총장이 검찰총장에 공식 임명되기 전 이미 이명박 대통령 쪽에 인사를 다녀왔다는 이야기가 많았다. 대선이 있던 해에 검찰총장으로서는 굉장히 부적절한 처신이었다"고 말했다.

결국 2011년 8월 12일 검찰총장에 오른 한상대는 취임사에서 자신의 색깔을 분명히 드러냈다. "종북 좌익세력을 뿌리 뽑아야 합니다. 북한을 추종하며 찬양하고 이롭게 하는 집단을 방치하는 것은 검찰의 직무유기입니다. 시대착오적인 위선과 기만을 외면하고 용인하는 것은 체제수호자가 할 일이 아닙니다." 통상 검찰총장의 대외 대담 라이터는 대검 정책기획과가 담당하지만, 이 대목은 한 총장이 직접 써넣었다고 한다. 그는 취임식 3주 뒤에는 대검 청사 1층 로비 공간을 반공 포스터로 가득 메우기도 했다. '인권 유린 관련 그림 등 북한 정치범 수용소' 전시회를 열어 '공개총살', '개보다 못한 이주민들의 신세'라는 제목의 그림들을 전시했다.

박연차 수사팀의 기지개

2012년 1월 27일 금요일 오후. 흐린 하늘이 무미건조한 회색의 대검찰청 건물 벽과 유난히 잘 어울렸다. 전날 먹은 술로 속이 뒤틀린 듯한 날씨였다. 찌뿌드드한 몸을 추스르다 퇴근할 요량으로 대검 기자실 부스에서 노트북을 멍하니 응시하고 있었다. '드르륵, 드르륵…' 이날따라 유독 조용하던 휴대전화 진동음이 울렸다. 대검 내부 취재원이었다.

"얘기 들었어?"
"무슨 얘기를?"
"중수부에서 박양수 전 민주당 의원 체포해 왔어."
"혐의가 뭐지?"
"옛날 사건 갖고 들쑤시려는 거 같던데. 크게 판 벌이려는 건 아닌가 봐. 잘 취재해 봐."

시계를 보니 오후 3시가 다 된 시각이었다. 늦어도 오후 5시 10분까지는 기사를 넘겨야 했다. 대검 기자실을 나와 청사 앞뜰 한구석에서 취재원들에게 연락을 돌렸다. 박양수는 2001년 1월 새천년민주당 비례대표 의원직을 승계 받아 제16대 국회의원을 지낸 인물로, 2003년 10월 탈당해 열린우리당의 조직총괄단장과 사무처장을 지냈다. 그 뒤 대한광업진흥공사 사장을 거친 그는 참여정부 시절인 2007~2008년 대통령 정무특보를 맡은 바 있다.

취재해보니, 박양수는 2010년 8·15 특별사면을 앞둔 7~8월 께 주가조작 혐의로 징역 2년 6월을 선고받고 복역 중이던 정국교 전 민주당 의원 쪽으로부터 사면 대상에 포함되도록 해달라는 청탁과 함께 수천만 원을 받은 혐의를 받고 있었다. 다만 다른 정치인들까지 대거 연루될 사안은 아니라는 게 취재원들의 전언이었다. 서둘러 기사를 마감하고 돌아서는데 대검 중수부가 박 전 의원을 체포해 왔다는 풀 내용이 휴대전화 문자메시지로 전송됐다.

단독으로 취재한 기사가 풀 돼버린 허무함도 잠시, 한 가지 의문이 머리를 떠나지 않았다. 대검 중수부가 왜 이런 수사에 발을 담그는 걸까. 중수부는 총장의 직할부대다. 중수1, 2과는 수사를, 3과는 수사 지원 업무를 담당한다. 중수부의 힘은 단기간에 수사 인력을 집중적으로 쏟아부어 효율적으로 수사하는 데서 나온다. 의사결정 구조도 빠르다. 주요 수사대상은 정치인과 고위공무원, 대기업 회장 등이다. 검찰총장의 직접 지휘를 받기 때문에 한 번 수사에 착수하면 전국 검찰청의 내로라하는 특수부 검사들을 대거 소집해 투입할 수 있다. 국세청과 금융감독원 인력을 차출 받고 내부 전문 수사관을 가동해 자금 추적, 회계 분석을 전방위로 할 수 있는 수사 지원 역량이 강점이다.

그런 대검 중수부가 수사한 박양수의 알선수재 사건은 민주당의 굴뚝에 잔뜩 연기만 피운 채 용두사미로 마무리됐다. 흔히 중수부가 청구한 영장은 법원이 쉽게 기각하지 않는다는 속설이 있다. 박양수에게 청구된 구속영장은 체포 사흘 뒤 법원에서 기각됐다. 중수부는 그 뒤로 이 사건을 5개월 가까이 쥐고 있다가 2012년 5월 24일 박양수와 민주당 당직자 조아무개 씨(박 전 의원과 공모해 금품 수수)를 불구속기소했다.

검찰 관계자는 "서울중앙지검 형사부도 아니고 대검 중수부가 단 한 사람 수사에 나선 것은 기억에 없다. 중수부는 그렇게 엉덩이가 가벼운 곳이 아니다. 그런 데다 영장이 기각된 뒤 재청구도 하지 않고 5개월을 아무것도 하지 않고 있었다? 그건 정치적 의도가 있지 않고는 하기 어려운 짓"이라고 말했다.

통상 검찰 인사가 있는 연초는 검찰 출입기자들에겐 휴한기다. 인사 전후로 검사들이 업무 인수인계를 하느라 큰 수사를 하지 않는 탓이다. 더군다나 2012년은 연말 대선을 앞둔 해라 정치권 같은 외부의 요구 등 불가피한 사정이 있지 않은 한, 검찰이 대검 중수부와 서울중앙지검 특수부를 가동해 수사로 정치권을 뒤흔들지는 않을 것으로 예상했다. 적어도 검찰 출입기자의 상식은 그랬다. 그리고 이런 생각이 얼마나 순진한 착각이었는지는 그리 많은 시간이 걸리지 않았다.

돌이켜보면 훗날 대검 중수부 폐지의 원인 제공은 박양수 전 민주당 의원 사건을 시발점으로 2012년 총선·대선을 여권에 유리하도록 검찰권을 동원한 한상대 검찰총장의 '중수부 사유화'가 아니었을까 싶다. 노 전 대통령 수사에서 촉발된 검찰총장 인사의 잇단 쓰나미가 빚어낸 결과였다.

중수부의 노무현 트라우마

사건은 돌고 돈다. 항상 살아 움직이기도 한다. 그래서 기자에겐 기록이 생명이다. 한때는 이 기록이 내가 아는 진실의 전부라고 착각했던 적이 있다. 지금은? 장님 코끼리 만지기라고 생각한다.

검찰청 안은 요지경이다. 검사가 피의자로부터 진술을 받고,

수사보고서가 부장, 차장, 검사장에게 올라가 결재를 받기까지, 하나의 진실로 관통하는 그 사건은 과연 몇 번이나 굴절돼 원래의 진실에서 벗어난 그림으로 공소장에 담기는 것일까. 아니, 그 진실의 한 조각이라도 새겨진 공소장은 얼마나 되는 것일까. 공소장의 진실은 검사의 손에서 참과 거짓의 운명이 갈리기도 한다. 물론 세상의 빛을 못 보는 경우도 있고, 필요 때문에 땅에 묻힌 진실이 들춰지기도 한다.

박양수 사건으로 민주당 욕보이기 분위기를 고조시킨 대검 중수부는 또 한 번 성냥을 꺼내 불장난에 나선다. 이번엔 좀 더 노골적이었다. 바로 중수부의 트라우마인 노 전 대통령 관련 사건을 꺼내든 것이다. 그것도 총선을 불과 한 달 앞두고 말이다. 바로 고 노 전 대통령 딸 노정연 씨의 미국 아파트 구매 대금과 관련한 13억 돈 상자 의혹 사건이다. 노 전 대통령 수사 당시 그의 구속영장 청구 결정을 늦추며 중수부가 마무리를 짓고 싶다고 했던 바로 그 사건이기도 하다.

2012년 2월 25일 토요일 집에서 저녁식사를 마치고 모처럼 한가롭게 쉬고 있을 때 대검 간사가 보낸 문자메시지 알림음이 휴대전화에 울렸다. 대검 중수부가 하이마트 선종구 회장의 국외재산 도피, 탈세 등 혐의를 수사한다는 내용이었다. 다음 날인 일요일 대검 기자실은 하이마트 사건 취재로 분주했다. 그런데 이날 저녁 종편 〈채널에이〉에 나온 뉴스 한 꼭지가 하이마트 사건의 긴장감을 덮어버렸다.

[단독] 노무현 딸 100만 달러 재수사?

2009년 노무현 전 대통령 수사 당시 노 전 대통령 딸 노정연 씨의 미국 허드슨 아파트 구매 비용 240만 달러 가운데 140만 달러가 박연차 태광실업 회장으로부터 건네진 의혹이 제기됐는데, 나머지 100만 달러가 추가로 전달된 혐의를 대검 중수부가 수사한다는 보도였다. 이른바 '환치기' 수법으로 그 돈을 전달한 은 아무개 씨를 대검 중수부가 체포했다는 내용도 담겼다. 중수부는 이를 확인하는 기자들의 질문에 굳이 부인하지 않았다.

노정연 씨 사건 수사내용은 〈채널에이〉 보도 한 달 전인 2012년 1월 18일 〈조갑제닷컴〉을 통해 이미 보도됐었다. 2009년 한국에 있는 제임스 리(이균호)라는 사람이 정부과천청사 근처에서 100만 달러(돈 상자 7개)를 은씨에게 전달했고, 이 돈은 100만 달러로 환치가 돼 미국의 경연희(노정연 씨가 산 허드슨 아파트 주인)에게 전달됐다는 것이다. 이 보도는 검찰 공소장을 연상시킬 정도로 상세한 범죄사실을 담았다. 이후 1월 26일 보수단체인 국민행동본부가 대검에 수사 의뢰서를 접수했고, 대검은 중수1과에 사건을 곧장 배당해 수사에 착수했다.

검찰은 노 전 대통령 서거 이후 당시 박연차 태광실업 회장 수사를 입에 올리는 것 자체를 금기시할 정도로 피해왔다. 실제 "노 전 대통령에게 거액의 차명계좌가 있었다"고 발언해 사자명예훼손 혐의로 2010년 8월 고발된 조현오 경찰청장에 대한 수사도 당시까지 미뤄왔다. 조현오를 조사하지 않은 혐의(직무유기)로 담당 검사가 고발되고 불기소에 대한 항고까지 이어졌지만, 검찰은 조현오 직접 조사를 외면한 채 1년 반이 넘도록 '모르쇠'로 일관했다. 조현오 발언을 수사하다 보면 이미 '불행한 사건'으로 내사 종결된 노 전 대통령 사건을 재개하게 되지 않겠느냐는 게 검찰 관계자들이 공공연히 밝혀온 이유였다.

그랬던 검찰이 총선을 한 달 남짓 앞둔 시점에 노 전 대통령 사건 수사를 재개하기로 한 데 대해 정치적 의도를 의심하는 눈길이 쏠릴 수밖에 없었다. 총선 직전에 이런 사건이 보도 등을 통해 자주 언급되는 것만으로도 옛 노무현 정부 인사들이 대거 출마한 총선 판세에 큰 영향을 미칠 수 있었다.

검찰은 이를 의식한 듯 수사의 정당성을 강조하면서도, 수사 확대 가능성을 묻는 말에는 굳이 선을 긋지 않았다. 〈채널에이〉 보도 사흘째에는 웃지 못할 상황까지 연출됐다. 대검 중수부는 2012년 2월 29일 언론 브리핑에서 느닷없이 노 전 대통령 수사 당시 법무부 장관이었던 김경한 씨가 노 전 대통령 가족에 대한 수사는 종결됐다고 한 적이 없다고 알려왔다고 밝혔다. 대검 관계자는 이날 기자들에게 브리핑하다가 "일부 언론에서 김경한 전 장관이 노 전 대통령 수사를 내사 종결했다고 썼는데, 김 전 장관이 2월 28일 대검 간부에게 전화해 '당시 노 전 대통령 수사를 종결한다고 했지만, 그 가족에 대해서는 (종결한다고) 얘기한 적이 없으니 이를 정정해 달라'는 의사를 전해왔다"고 말했다. 이 관계자는 "노 전 대통령 가족이 처벌 가능하다는 취지의 답변이냐"는 기자들의 질문에 "기본적으로 (당시 사건과) 칼로 무 자르듯 단절해 생각할 수는 없고, 검찰이 노정연 씨를 수사한다거나 그 부분에 대한 법리 검토를 한 것은 아니다"라며 "현재로서는 돈이 건네진 아파트 전 주인 경 아무개 씨에 대한 수사"라고 말했다.

대검 중수부는 노 전 대통령 사후인 2009년 6월 12일 박연차 수사를 마무리하면서, 보도자료를 통해 노 전 대통령의 뇌물수수 의혹에 대해 "공소권 없음 처분했다"고 발표했다. 공소권 없음은 가족이 아닌 노 전 대통령에 국한된 처분이니 노정연 씨 수사는 문제가 없다는 말을 하고 싶었던 것이다.

노정연 씨 사건 수사와 관련하여 당시 대검 중수부 관계자가 내놓은 이야기는 이렇다. 사석에서 둘이 나눈 대화이기는 했지만, 그는 숨김없이, 어쩌면 지나치게 노골적이다 싶게 말을 꺼냈다.

"중간 돈 전달자들이 사건을 들고 들어와 어쩔 수 없이 하는 (수사하는) 거다. 기존 노 전 대통령 사건 수사기록을 대검 중수1과가 갖고 있기 때문에 보안 문제로 인해 서울중앙지검으로 사건을 넘기기 어려웠다. 총선 앞둔 시기이기는 했지만 그런 상황들을 다 생각했다. 그런 거 감수하고 하기로 한 거다. 노 전 대통령 관련된 사건이 아니라고 생각해보자. 여기서 저기로 13억 원이 환치기로 외국으로 건너갔다. 중대 범죄 아닌가. 우리는 나오면 나오는 대로 한다. 결과는 생각하지 않는다. 사람이 너무 생각이 많으면 오히려 일이 안 된다. 그렇다고 도를 넘으면 안 된다.

노 전 대통령에 대한 부분은 공소권 없음이 됐잖나. 그렇다고 그 주변에 있는 부분에 대한 수사를 전부 못한다는 건 아니다. 물론 덮을 게 있으면 덮어야 하겠지만. 검찰이 노 전 대통령 수사에 대해 트라우마가 있는 게 사실이다. 이런 얘기 하면 어떨지 몰라도, 당시 수사팀 검사들은 할 말이 많을 거야. 멀쩡한 사람 수사해서 죽였다는 비판들을 계속 받았다. 서낭당 앞에 서 있는데 지나가는 사람들이 돌 던지면 아무

소리 못하고 그대로 맞고. 그걸로 인해 이 수사가, 범죄 혐의가 나왔는데도, 손을 못 대야 하는 건 아니지 않나. 노 전 대통령 수사의 오해를 푸는 차원에서라도 이 사건 수사하면 안 되나. 민주당 검찰 개혁안 얘기도 있고, 어떻게 보면 검찰에 대한 그동안의 비판들이 그 수사로 벌어진 거라는 얘기들이 있다."

검찰의 노골적 정치 개입

검찰은 노정연 씨 사건을 한껏 키워놓고는 박양수 사건처럼 무려 6개월가량을 끌다가 2012년 8월 29일 노정연 씨를 불구속기소하고 수사를 매듭지었다.

노정연 씨 사건으로 '총선 장사'를 제대로 치른 한상대 검찰총장의 대검 중수부는 대선을 넉 달 앞둔 2012년 8월 다시 새로운 사건을 들고 정치에 개입한다. 대검 중수부는 그해 8월 25일 4·11 총선을 앞두고 박지원 민주통합당 원내대표 등에게 공천 부탁을 대가로 공천희망자들로부터 이른바 공천헌금을 수수한 혐의로 양경숙 씨 등 4명을 긴급체포했다.

당장 선거 관련 공안사건에 총장의 칼인 대검 중수부가 투입됐다며 검찰 안팎에서 비판의 목소리가 나왔다. 주요 공안사건은 대검 공안부 지휘에 따라 서울중앙지검 공안부가 처리하는 것이 관례다. 당시 대검 중수부 관계자는 "중수부에 직접 제보가 들어온 데다 정치자금법 위반 수사는 중수부에서 자주 하는 수사"라며 "이 사건은 사안이 중대하다고 봤다"고 해명했다.

하지만 이는 거짓말이었다. 당시 서울서부지검 핵심 관계자는 "2012년 4월 총선 끝나고 양경숙 씨 공천헌금 사건 관련한 인물 한 명이 서부지검 관할에 있었다. 그래서 애초 서울서부지검에 제보가 들어와 사건을 들고 있었다. 그런데 대검에서 어느 날 사건을 갖고 오라고 해서 중수부로 이첩된 거다"고 말했다.

검찰은 선거 개입 논란을 피하기 위해 통상 총선이나 대선을 앞두고는 정치인 수사를 자제한다. 특히 자체적으로 범죄 혐의를 인지해 수사하는 일은 삼가는데, 기존 관례를 전부 깨고 선거 개입을 노골화한 것이다.

양경숙 사건은 다른 여당 관련 선거 사건과의 편파적인 배당으로 논란을 한층 키웠다. 대검은 4·11 총선 당시 새누리당 비례대표 현영희 의원 사건은 부산지검에, 선진통일당 김영주 의원의 공천헌금 제공 사건은 서울남부지검에 각각 배당하고는 민주당이 관련된 양경숙 사건은 중수부가 직접 나서 수사하기로 했다.

대검 중수부는 이후 한두 달가량 박지원 민주통합당 원내대표 의혹을 잔뜩 부풀리도록 해놓고는 정작 그를 기소하지는 않은 채, 2012년 9월 14일 양경숙 씨 등 4명을 구속기소하고 사건을 마무리했다.

2012년 한상대 검찰은 왜 이토록 무리한 것일까. 검찰 관계자는 "검찰 지휘부는 당시 정권이 바뀌면 다친다는 생각을 했다. (정권을) 지켜야 한다는 생각을 하니 정치 중립성이고 뭐고 없었다. 사건을 처리할 때 공정성과 형평성을 유지해야 검찰에 대한 신뢰도가 하나씩 쌓이는데, 너무 표 나게 여야 형평이 맞지 않으니 검찰은 신뢰를 잃을 수밖에 없었다"고 말했다.

이듬해 박근혜 정부는 공약 사항대로 대검 중수부를 폐지했다. 노 전 대통령 수사가 업보가 됐던 대검 중수부, 그리고 전직 대통령 서거에 따른 수사의 성찰 없이 무리한 검찰총장 임명을 고집한 정권, 대검 중수부와 정권을 지키려 여당에 유리한 사건을 들고 권력에 줄을 섰던 검사들, 결국 그것이 정치적 중립성 시비를 일으켜 대검 중수부는 자신의 목을 허공에 내다 건 결과를 초래했다.

김정필

3

비뚤어진 충심

민간인 사찰 사건

방송 바로듣기

인사와 소신

2014년 9월 17일 자정 0시 43분 서울 영등포구 여의도동 KBS 별관 뒤 노상에서 세월호 유가족 5명과 대리운전 기사 사이에 폭행 사건이 발생했다. 김현 민주당 의원과 세월호 유가족들이 저녁을 먹은 뒤 귀갓길에 부른 대리운전 기사와 시비가 붙은 것이다. 현장에서 양쪽을 말리던 행인 2명도 사건에 연루됐다. 당시 유가족들은 폭행 사실을 인정하고 사건을 일으킨 자체에 사과했으나, 대리운전 기사와의 쌍방 폭행이라고 다투고 있었다. 피해 상황이 크지 않았고 증거 인멸이나 도주 우려가 없었기 때문에 불구속 상태에서 재판을 받아도 무방했다.

그런데 수사를 맡은 서울 영등포경찰서는 느닷없이 2014년 9월 29일 유가족 3명의 구속영장을 검찰에 신청했다. 검찰도 이를 받아들여 서울남부지법에 청구했으나 전원 기각됐다. 경찰은 여기서 물러서지 않았다. 이번에는 유가족과 대리운전 기사 사이에서 싸움을 말린 것으로 알려졌던 김현 민주당 의원을 폭행의 공범으로 지목하고 결국 기소했다.

나중에 밝혀진 고 김영한 전 청와대 민정수석의 비망록을 보면 '김현 의원, 폭행 件(건) - 세월호 가족 선동·조종'이라는 김기춘 청와대 비서실장의 사건 규정과 지시가 기록돼 있다. 이는 경찰 수사를 지휘한 서울남부지검에 청와대가 사건 처리 방향과 관련해 직접 영향력을 행사한 정황을 암시하는 대목이다.

여기서 장소를 잠시 서울 서초구 서초동 대검찰청으로 옮겨 보자. 통상 청와대가, 그것도 대통령 비서실장이 통제력을 발휘해 쥐고 흔드는 사건은, 해당 지검장과 차장검사, 부장검사, 주임검사가 결정권을 행사할 여지가 크지 않다. 해당 지검장이 주체적으로 결정권을 행사할 수 있도록 검찰총장이 청와대 외풍을 막아주는 경우는 예외다. 물론 청와대에 맞서 후배검사의 든든한 병풍이 돼주는 검찰총장을 현실 세계에서 기대하기는 쉽지 않다.

당시 대검 형사부는 유가족의 구속영장이 필요 없는 상황이라고 김진태 검찰총장에게 수차례 보고했다. 김진태도 이를 받아들였다. 대검 형사부는 서울남부지검 쪽에 김진태의 의견을 전달했지만, 구속영장 청구를 강행했다. 당시 서울남부지검장은 이영렬 검사장이었다.

대검 형사부 관계자는 "이영렬 검사장에게 소신대로 불구속 수사하도록 공간을 열어준 거다. 이영렬 입장에서는 검찰총장이 만들어준 룸에서 구속영장을 청구하지 않는 방안과 인사권자인 청와대의 심기에 맞춰 구속영장을 청구하는 방안 두 가지 선택지가 있었을 것이다. 이영렬은 청와대의 입맛에 맞는 결정을 내렸다"고 말했다.

부장검사 이상 보직을 받는 지위가 되면 검사는 항상 이런 선택의 순간에 놓인다. 인사와 무관하게 소신대로 할 것인가, 인사를 노리고 소신을 접을 것인가. 일반적으로 인사 앞에서 소신을 택하는 검사는 많지 않다. 검찰 인사권을 대통령이 쥐고 법무부를 통해 검찰을 통제하는 상황에서 이런 검사의 처신을 개인의 공명심(公明心)에만 기대 문제라고 탓할 수만도 없는 것이 현실이다.

이후 이영렬 서울남부지검장은 대구지검장을 거쳐 2015년 12월 서울중앙지검장에 오른다. 운명은 늘 얄궂다. 차기 검찰총장 서열 1순위인 서울중앙지검장에 오른 이영렬은, 전혀 예상치 못하게 이듬해인 2016년 가을부터 시작된 최순실 씨의 국정 농단 사건으로 임명권자인 박근혜 대통령의 공소장을 국민 앞에서 낭독해야 했다. 법원에서 무죄가 확정되긴 했지만, 그는 문재인 정부로 권력이 바뀌자마자 이른바 돈봉투 사건에 연루돼 검사생활을 끝내야 했다. 이영렬이 서울남부지검장 때 청와대의 눈에 들지 않았더라면, 그래서 박근혜 정부에서 서울중앙지검장이 되지 않았더라면 그는 지금쯤 어떻게 돼 있을까.

검사들은 본인이 원하든 원하지 않든 끊임없이 권력과 밀고 당기기를 해야 한다. 때론 뻔뻔하게, 때론 은밀하게 권력에 신호를 보낸다. 그렇게 타고 올라간 줄의 끝에는 썩은 동아줄도 있고, 꽃가마도 있다. 어느 선택지가 지옥과 천국으로 가는 열쇠가 될지는 아무도 모른다. 현재 권력이 미래에 독이 될 수도 있다. 이런 운명의 장난은 반복됐고, 앞으로도 반복될 것이다.

이명박 정부에서 발생한 민간인 사찰 사건은 저마다 욕망에 사로잡힌 권력과 검찰이 서로 밀고 당기며 제어장치 없이 철로 위를 폭주할 때 어떤 사고를 내는지 보여주는 대표적 사건이다.

쥐코 동영상

'민간인 사찰'은 알려진 것보다 사건의 깊이와 폭이 훨씬 더 크다. 박근혜 정부 블랙리스트 사건의 원형이라고도 할 수 있다. 이 사건 수사의 전개과정을 살펴보면, 암막 밖으로 삐져나온 천의 올을 잡아당기다 거대한 의류 공장을 발견한 사례에 견줄 수 있다. 끝까지 그 가닥을 잡고 놓지 않은 것은 몇몇 언론과 직업적 소명의식을 잃지 않은 검사들이었다. 그 장막을 끝까지 덮어 손으로 하늘을 가리려 했던 것은 이명박 정부와 정치 검사들, 그리고 이명박 정부에 부역하거나 침묵했던 몇몇 언론이었다.

민간인 사찰 사건의 시작은 공교롭게 '쥐코'라는 제목의 이명박 대통령을 조롱하는 한편의 동영상에서 출발했다. 2010년 6월 21일 민주당 신건·이성남 의원은 국회 정무위원회 전체회의에서 "2008년 국무총리실 공직윤리지원관실이 이명박 대통령을 비판하는 동영상을 개인 블로그에 올린 김종익 씨를 내사하고 그의 사무실을 찾아가 서류 등을 갖고 왔다"고 폭로하며 총리실 공문을 공개했다.

문건의 내용을 종합하면 이렇다. 김종익 씨는 자신의 블로그에 '지금 이 땅에선 무슨 일이 일어나고 있는 걸까'라는 동영상을 링크해놨다. 이른바 '쥐코 동영상'이다. 이 동영상은 재미동포 학생으로 추정되는 이가 만든 것으로, 당시 178만여 명이 접속했을 정도로 인기가 있었다. 공직윤리지원관실은 김종익 씨 회사에 용역을 준 대형 시중은행 부행장을 찾아가 김종익 씨 회사와 거래를 끊으라고 압력을 행사했다. 총리실은 내사에 이어

2008년 11월 서울 동작경찰서에 "블로그에 허위사실을 유포해 대통령에 대한 명예를 훼손한 혐의가 있다"며 김종익 씨 수사를 요청했다. 하지만 동작서는 2009년 2월 작성된 '내사결과 보고'에서 "혐의 사실이 없어 내사 종결한다"고 밝혔다.

공무원도 아닌 일반인이 대통령을 비판하는 표현물을 공유했다는 이유로 수사기관이 본때를 보여주겠다며 나선 것이다. 이름도 낯선 공직윤리지원관실은 도대체 무엇을 하는 조직이고, 왜 생겨난 것일까.

공무원 사정 및 감찰 기능은 노무현 정부에서 국무총리 민정2비서관실과 국무조정실 조사심의관실이 맡았다. 2008년 2월 출범한 이명박 정부는 공무원 사정 및 감찰 기능을 중앙의 특정 조직에 맡기지 않고 각 부처 감사관실이 담당하게 했다. 애초 중앙의 공무원 사정 및 감찰 조직의 권한이 비대해져 낳은 부작용을 없애겠다는 좋은 취지에서 비롯된 결정이었다.

그런데 이명박 정부에 트라우마처럼 자리 잡은 하나의 사건이 새로운 괴물 조직을 만들게 했다. 바로 미국산 쇠고기 수입 파동으로 촉발된 촛불집회였다. 이명박 정부는 정권 첫해 촛불집회 민심 탓에 좀처럼 어깨를 펴지 못했다. 집권 첫해 국정 운영의 힘이 곤두박질치는 아이러니한 상황이 벌어진 것이다.

권력은 보다 빠르고 강하며 효율적인 국정 운영을 원했고, 여기에 걸림돌이 되는 세력들을 조용히 걸러낼 사조직의 존재가 절실했다. 외형적으론 공적 명분을 갖추면서도 실질적으론 권력에 반대하는 세력을 제거하는 조직이다. 2008년 말 그렇게 탄생한 곳이 바로 국무총리실 산하 공직윤리지원관실이다.

공직윤리지원관실은 총괄팀과 6개 팀, 1개 기동반으로 짜여졌다. 팀당 4~6명으로 구성돼 있고, 각 부처와 검찰, 경찰청, 국세청 등에서 직원이 파견됐다. 공직윤리지원관실 책임자인 이인규 이사관은 행시 29회로 노동부 출신이다. 경북 영덕에서 출생해 포항에서 공부했다.

민주당의 민간인 사찰 의혹 제기에도 정작 언론 보도는 많지 않았다. '민간인 한 명이 국무총리실 직원의 일탈로 피해를 본 사건' 정도로 치부되는 분위기가 역력했다. 권력이 살아 있을 때는 권력형 비리 사건이 불거져도 '개인의 일탈'로 축소·은폐되는 경향이 있다. 사건을 억제하는 권력의 하중이 워낙 강하기 때문이다. 그래서 이를 집요하게 추적하고 물고 늘어지는 언론의 역할이 중요하다. 어느 정부든 권력 안에서 새어 나오는 미세한 잡음을 간과하지 않아야 하는 이유다.

국무총리실은 의혹이 제기된 지 열흘 가까이 지난 시점인 2008년 7월 2일 자체 조사에 착수하고 사흘 뒤 검찰에 수사를 의뢰했다. 이명박 대통령은 국무총리실이 검찰로 사건을 넘긴 7월 5일, 마치 검찰에 수사 결과 메시지를 전달하듯 수석비서관회의에서 "어설픈 사람들이 권력을 남용하는 사례가 간혹 발생하고 있다. 정부를 위한다는 명분을 내세우지만 있을 수 없는 일이다"고 말한 뒤 이를 언론에 공개했다. 이 전 대통령은 청와대 수석들로부터 업무 보고를 받으면서도 "신속하고 철저하게 진상을 밝히고 위법 사실이 드러날 경우 엄중히 문책하라"고 지시했다.

그런데 훗날 검찰 수사 과정에서 드러난 이른바 청와대의 '일심충성 문건'에는 이 전 대통령이 공직윤리지원관실을 직접 챙긴 정황들이 고스란히 담겨 있었다. 이 전 대통령이 검찰에 보낸 메시지는 명확했다.

꼬리는 없애라. 딱 밟힌 부분만.

총리실 일개 직원들이 총리실장 도장을 사용해 공문을 만들고, 압수수색 영장 없이 임의로 사기업에 침입해 서류를 갖고 오는 명백한 범죄 혐의가 인지됐음에도, 민주당의 사건 폭로 열흘이 넘도록 검찰은 신께 기도만 드리는 태도를 취하고 있었다. '부디, 우리 손에 피를 묻히지 않게 해주소서.'

당시 "왜 수사하지 않느냐"는 기자의 질문에 답한 대검 관계자의 말은 검찰의 초라한 처지를 대변해주었다.

"이미 정치 쟁점화한 사건에 검찰이 뛰어든 적이 없다. 고발이 들어오면 몰라도. 민간인을 압수수색했다고 하지만 기자가 어디 가서 자료 요구하듯이 그런 측면이 있을 수 있다. 직원들이 총리실 위세에 눌려 줬을 수도 있지만 자발적으로 넘겼을 수도 있다. 총리실이 민간인 조사한다는 것이 도덕적으로 비난받을 수는 있어도 법률적으로 처벌하기에는 자세히 들여다봐야 할 부분이 있다."

울며 겨자 먹기 수사

국무총리실의 수사 의뢰와 참여연대 고발을 접수한 검찰은 막다른 골목에 다다라서야 울며 겨자 먹기로 잔을 받아들었다. 특별수사팀이란 이름으로 '특별한 팀'이란 티를 냈지만 실속은 없었다. 고작 검사 4명으로 팀을 꾸린 것도 그랬지만 형사부로 배당해 사건의 사이즈를 키울 의지가 전혀 없음을 내비쳤다.

검찰은 크게 형사부, 공안부, 특수부로 나뉜다. 부서마다 고유의 특성이 있다. 한상대 검찰총장이 검사들의 전공별 특성을 비유한 이야기는 이를 잘 대변해준다.

"형사부를 총괄하는 1차장 산하는 동물원, 공안부를 지휘하는 2차장 산하는 식물원 같다. 1차장 산하는 자신만의 구역 안에서 움직이고, 공안은 수뇌부가 태양이라 검사가 수뇌부만 바라본다. 특수부가 있는 3차장 산하는 자기편이 없고, 마음대로 물고 뜯으며, 저들 혼자 돌아다닌다. 사파리 같다."

한상대는 특수부 검사들을 별로 좋아하지 않았다.

당시 검찰의 민간인 사찰 수사 상황을 잘 아는 한 변호사는 "민간인 사찰 사건을 형사1부에 배당하는 순간 수사 말아먹는다고 생각했다. 당일이나 그다음 날까지 압수수색을 안 하기에 수사 끝났다고 생각했다. 기본적으로 수사하는 사람들은 그다음 날 아침에 바로 (수사를) 하는 거지. (당시 검찰은) 부끄러운 줄 알아야 한다"고 말했다.

2010년 7월 6일 수사팀을 구성한 특별수사팀은 나흘 뒤인 7월 10일 국무총리실을 압수수색했다. 처음 민주당이 민간인 사찰을 폭로한 지 무려 20일이 지난 시점이었다. 국무총리실 공직윤리지원관실이 문제가 될 만한 증거를 정리하고도 남을 시간이었다. 누가 봐도 관련자들의 증거 인멸과 말 맞추기 가능성이 커 신속한 물증 확보가 필수라는 점을 일반인조차 능히 짐작할 수 있는데도, 유독 검찰만은 뒷짐을 지고 평온하게 지내다 등에 떠밀려 압수수색에 나섰다.

예상대로 일반인조차 우려했던 일이 발생했다. 검찰이 압수한 공직윤리지원관실 컴퓨터 10여 대 가운데 4대의 하드디스크가 완전히 훼손됐고, 3대는 삭제 프로그램을 사용해 모든 기록이 지워졌다. 공직윤리지원관실 직원은 국무총리실 수사 의뢰 당일인 2010년 7월 5일 오전 삭제 프로그램을 돌려 불법 사찰 관련 자료를 없앴고, 이틀 뒤인 7일에는 컴퓨터를 들고 수원의 한 사설업체를 방문해 디가우징(강력한 자성으로 영구 삭제하는 방법)을 했다. 국무총리실은 검찰에 모든 진실을 밝혀 달라며 수사 요청을 해놓고 뒤로는 증거 인멸에 나섰다.

검찰이 꼬리를 썰어내는 시늉에 나설 무렵, 정치권에서는 묘한 기류가 흘렀다. 〈중앙일보〉는 검찰의 국무총리실 압수수색 전날인 2010년 7월 9일 'MB, 정두언 박영준 권력투쟁 말라'는 제목의 기사를 1면 톱뉴스로 내보냈다. 보도 내용을 종합하면, 민간인 사찰을 폭로한 민주당 신건 의원에게 자료를 건넨 인물이 김유환 국무총리실 정무실장이고, 김유환은 정두언 의원의 측근이다. 이에 영포라인(경북 영일과 포항 출신 인사)의 핵심인 박영준 국무총리실 국무차장이 정두언 쪽과 대립하는 양상을 보이자 이명박 대통령이 권력투쟁으로 분열적 행동을 일으켜 사태를 악화시키지 말라는 경고를 양쪽에 보냈다는 것이다. 이는 정치권에 보낸 경고이기도 했지만 동시에 '사건을 적당히 처리하라'며 검찰에 전파한 가이드라인이기도 했다.

언제부터인지 모르지만, 아마도 이명박 정부 때부터로 기억한다. **사건·사고가 발생하면 검찰과 경찰이 곧장 해당 업체를 압수수색하는 현상이 공식처럼 자리 잡고 있다.** 구의역 스크린도어 수리 작업 노동자 사망부터 판교 공연장 환풍구 붕괴 사고 등 각종 사건·사고 현장을 어김없이 검경이 장악해버린다. 하지만 기승전-검경으로 이어지는 사건·사고 처리 방식은 사회적으로 바람직하지 않다. 정부에 불리한 여론의 비판을 우선은 잠재울 수 있고, 수사보안이라는 이유로 정보도 관리할 수 있으며, 정부에 유리한 프레임으로 사건·사고를 전개할 수 있기 때문이다. 책임자 처벌은 진실 규명과 사후 대책 뒤 마련해도 늦지 않다.

실제 검경으로 공이 넘어오면 예외 없이 당분간은 모든 여론이 잠잠해진다. 검경 수사 결과를 지켜보자는 공감대가 형성되고, 지루한 기다림 끝에 권력의 손아귀에서 정교하게 설계된 결론이 생성된다. 그리고 부당한 수사 결과가 나올 경우 발표 당일 검경이 방패로 나와 욕을 뒤집어쓴다. 그렇게 모든 진실은 축소된 채 보잘것없는 공소장에 담기기도 한다.

민간인 사찰 사건이 검찰의 손을 탄 순간부터 주도권은 역설적으로 피의자들이 갖게 됐다. 민간인 사찰의 핵심 피의자들은 국무총리실 공직윤리지원관실을 움직인 청와대였고, 청와대는 법무부를 통해 검찰 인사권을 쥐고 있었다. 흔히 법무부는 인사권으로, 대검찰청은 돈으로 검사들을 관리한다고 한다고 한다. 서울중앙지검 특별수사팀은 수사팀을 구성한 지 열흘 가까이 사건 주변만 비질하며 속도 조절을 하고 있었다. 천천히, 천천히.

인사권자 아래 눈칫밥

자신의 인사권을 쥔 권력을 수사할 때 검찰에서 언론을 담당하는 자리는 굉장히 중요하다. 핵심 증거자료와 진술이 보도돼 청와대 심기를 건드리지 않도록 보도를 관리해야 한다. 민간인 사찰 특별수사팀의 언론 담당 신경식 당시 서울중앙지검 1차장은 사건의 핵심인물인 이인규 공직윤리지원관을 불러 조사할 때 유독 민감해했다.

2010년 7월 16일 〈연합뉴스〉에 이인규가 사흘 뒤인 19일 출석할 것이란 보도가 나왔다. 신경식은 이를 확인하려는 기자에게 "글쎄, 그렇다며. 다른 언론도 전화해 와서 알았다. 그런데 왜 그렇게 쓰는지 모르겠다. 아직 출석 통보도 안 했는데 어떻게 그렇게 쓸 수 있는지 모르겠다"고 말했다.

신경식의 이 말은 사흘 뒤 진위가 판명 났다. 이인규는 〈연합뉴스〉 보도대로 7월 19일 검찰에 출석했다. 검찰 공보에는, 물론 지켜야 할 의무는 없지만, 언론 담당 검사와 기자단 사이 몇 가지 암묵적 합의가 오랜 관행처럼 자리 잡고 있다. 압수수색은 사전에 알아도 쓰지 않지만 압수수색 이후에는 확인해줄 것, 주요 사건의 핵심 피의자 출석은 사전에 공지해줄 것 등이다. 그런데 남의 집 조사 일정 얘기하듯 "글쎄, 그렇다"던 신경식의 입을 믿고 따랐던 기자들은 무엇이 된 걸까. 그리고 그 기자들의 보도를 통해 민간인 사찰의 진실을 들여다보고 있던 국민은 또 무엇이 된 걸까.

오정돈 수사팀장과 신경식 서울중앙지검 1차장검사 이상 검찰 지휘부가 사건을 싸고돌았지만, 수사팀 몇몇 검사들은 민간인 사찰 사건의 퍼즐 조각을 꿰맞추는 작업에 전력을 다하고 있었다. 당시 수사팀은 장기석 부부장, 신자용 특수3부 검사, 최호영 인천지검 검사, 배용찬·박홍준 검사로 구성됐다.

공직윤리지원관실 직원들은 수사에 전혀 협조하지 않았을 뿐만 아니라 일부러 검사들을 자극하기도 했다. 당시 수사를 잘 아는 한 변호사는 "한번은 장기석 부부장이 공직윤리지원관실 직원들이 터무니없는 거짓말을 하니까 황당해했다. 국민은행 강정원 행장을 통해 김종익 씨에게 압력을 행사하는 과정을 확인할 때 '국민은행이 공기업 아닙니까'라고 나오더라는 거다. 욱하는 마음이 들었지만 공직윤리지원관실 직원들이 일부러 도발하는 느낌이 들어서 장기석 부부장이 참았다고 한다. 이런저런 뒷말이 나올 수 있었기 때문"이라고 말했다.

검찰과 언론의 숨바꼭질이 정중동으로 이어지던 2010년 7월 21일 SBS의 단독 보도로 파열음이 일기 시작했다. 바로 남경필 한나라당 의원이 국무총리실 공직윤리지원관실의 불법 사찰 대상에 포함됐었다는 진술이 검찰에 확보됐다는 내용이었다. 민간인 사찰대상이 민간인에서 현역 정치인으로 확대되며, 공직윤리지원관실 조직의 근본 성격과 배후에 언론의 관심이 집중됐다. 당시 남경필 의원은 이명박 정부와 불편한 관계에 있던 탓에 의혹이 증폭됐다.

다음 날인 7월 22일 〈한겨레〉 단독 보도는 프레임을 완전히 바꿔놓았다. 국무총리실 공직윤리지원관실의 윗선 보고 라인이 이영호 당시 청와대 고용노사비서관이라고 특정했던 것이다. 이 비서관의 비선 존재는 공직윤리지원관실의 주인이 청와대라는 간접 정황에 해당했다. 2010년 7월 23일 김종익 씨를 불법사찰한 혐의(직권남용 등)로 이인규 공직윤리지원관과 김충곤 점검1팀장 등 2명이 구속되면서 수사는 탄력을 받는 듯했다. 국무총리실 공직윤리지원관실과 청와대 사이를 연결하는 메신저는, 청와대 고용노사비서관실에서 행정관으로 근무하다 온 진경락 공직윤리지원관실 기획총괄과장으로 지목됐다.

하지만 민간인 사찰 수사에 비우호적인 환경이 곳곳에서 감지됐다. 2010년 7월 말 재보궐 선거에서 한나라당이 압승했고, 동시에 진행되던 '스폰서 검사' 특검 수사와 민통선 목함 지뢰 사건 등 잇따른 대북 이슈로 민간인 사찰 수사가 여론의 주목을 받지 못하게 된 것이다. 검찰 수뇌부의 권력 비리 수사에 대한 축소지향적 태도는 그 틈을 노리고 심해졌다.

민간인 사찰의 진원지가 국무총리실에서 청와대로 옮겨가는 길목에서 이영호 청와대 고용노사비서관 조사는 중요한 의미를 지녔다. 이영호는 2010년 8월 6일 검찰에 출석했지만, 오후 3시께 나와 밤 11시까지 참고인 조사를 받는 데 그쳤다. 신경식 서울중앙지검 1차장검사는 전날까지만 해도 이 비서관 소환조사 계획이 없다고 했다가 검찰에 나온 직후에야 기자들에게 이 사실을 알렸다.

신경식은 〈한겨레〉 기자에게 "(소환 계획이) 정말 없었다. 어제 밤늦게 이영호 비서관에게 연락이 간 것"이라고 말했다. 특별 수사팀 수사를 비판적으로 바라보던 한 검찰 관계자는 당시 신경식의 이런 태도를 놓고 "수사 결과를 발표할 때 욕을 덜 먹으려고 어쩔 수 없이 부른 것이다. 이런 사안에서 이영호 비서관을 7~8시간 조사했다는 건 애초 개입 의혹을 털어주기 위해, 그의 해명을 들어주려 한 것 말고는 설명이 안 된다"고 말했다.

역대 최악의 수사 결과문

청와대 심기 경호에 맞춰 서둘러 수사를 마무리 짓고 싶었던 검찰은 2010년 8월 11일 A4 두장짜리 보잘것없는 수사결과를 내놨다. 그동안 검찰을 출입하며 본 가장 볼품없는 자료였다. 출입기자들 역시 발표 자료를 보고는, 그 참을 수 없는 가벼움에 놀랐을 정도다. 개요와 수사 경과, 향후 수사 계획 등 3개 항목으로 정리된 이 자료는 그간 제기된 언론보도보다도 못한 수준이었다. 수사 초기 이명박 대통령이 가이드라인으로 제시했던 '어설픈 사람들의 권한 남용'도 안 되는 사건으로 검찰은 잘라줬다.

신경식 서울중앙지검 1차장검사는 약식 브리핑에서 이렇게 말했다. "김종익 씨 사찰 사건 관련해서는 더는 할 것이 없다. 우리가 복원한 내용이나 자료 중에도 청와대 쪽에 보고됐다거나 지시받았다거나 하는 건 없다. 이메일이 보내진 게 있다거나 하는 게 전혀 없다. 다 지워버려 놓으니까. 그 안에 뭐가 있었는지는 모르겠으나 직접 연결할 수 있는 물적 증거를 찾는 게 상당히 어려워졌다. 추가 민간인 사찰은 불법사찰 의혹으로 볼 수 있는 흔적은 없다."

이후 G20 정상회의와 서울북부지검의 청목회 수사, 광저우 아시안게임 뉴스로 민간인 사찰 의혹이 여론의 중심에서 증발할 무렵인 2010년 11월 정치권과 언론에선 꺼져가던 불씨를 살리는 의혹 제기가 잇따랐다.

2010년 11월 1일 이석현 민주당 의원은 민간인 사찰 증거를 인멸하는 데에 청와대에서 지급된 대포폰이 쓰였다고 폭로했다. 〈서울신문〉은 같은 달 11월 23일 조간에서 국무총리실 공직윤리지원관실 원충연 점검1팀 사무관의 포켓 수첩 문건 108쪽을 입수해 다수 정치인을 사찰하고 이 내용이 경찰청과 국가정보원, 청와대까지 보고된 정황이 파악됐다고 밝혔다. 정치권은 물론 이 사건을 수사했던 검찰에 엄청난 파문이 일었다. 그런데 공교롭게도 그날 인천 연평도에서 북한의 포격 사건이 발생하며 모든 이슈가 포연 자욱한 안개 속으로 사라졌고, 민간인 사찰 사건의 마지막 불씨 하나까지도 영원히 묻히는 듯했다.

정권에 치명상을 줄 사건이 발생했을 때 검찰을 관리하는 청와대 민정수석이라면 어떻게 대처해야 할까. 이 '사건 축소' 병법은 순전히 정권의 이익에 부합하는 조건을 전제로 한다.

1단계: 사건 추이를 보다 여론이 악화할 조짐이 보이면 검찰을 전면에 내세운다.

2단계: 검찰이 고소·고발 형식이든 인지 형식이든 수사에 착수하면 대통령 메시지로 '철저한 수사'를 당부한다. 이때 대통령을 비롯한 정권의 핵심인물들은 사건과 전혀 무관한 3인칭 관찰자 시점을 견지해야 한다.

3단계: 검찰 압수수색과 동시에 여론의 중심을 청와대에서 검찰로 옮긴다. 이 정도 단계까지 무리 없이 끌고 갔다면 청와대는 8부 능선에 다다른 셈이다.

4단계: 민정수석실이 법무부와 대검찰청을 조종해 수사를 관리한다. 언론을 상대하는 대변인인 차장검사는 다음 인사에서 검사장 승진 후보군이며, 그 위에 지검장은 큰 사고만 안 치면 고검장 또는 검찰총장을 목전에 둔 인물이라 청와대 뜻을 거역하기 어렵다.

5단계: 중간 수사결과 발표라는 이름으로 이 모든 사건에 마침표를 찍는다. 콘텐츠는 각양각색이지만 결론은 정권 핵심과의 연관성은 확인되지 않았다고 해주면 된다.

6단계: 짧으면 하루에서 이틀, 길면 사나흘 정도 검찰이 여론의 몽둥이질을 당하면 된다. 좋은 맷집으로 총알받이를 견뎌내면 검사들은 인사로 보상을 받는다. 얼마나 화끈하게 부역했는지에 따라 보상의 크기는 다르다.

그다지 보고 싶은 병법은 아니지만, 이명박 대통령과 박근혜 대통령 재임 기간을 거쳐 도식화된 이 6단계의 '정권 수호를 위한 사건 축소 병법'을 셀 수 없이 봐왔다. 아니, 이 매뉴얼을 따르지 않은 사건을 그다지 보지 못했다.

"더는 할 것이 없다"고 힘주어 말했던 신경식 서울중앙지검 1차장검사의 말이 공익의 대변자가 아니라, 권력자의 대변자를 자처하는 부끄러운 고백에 불과했다는 장막 속 진실은, 2년이 흘러 그 실루엣을 드러내기 시작했다.

수사 2라운드 돌입

2012년 3월 4일 《한겨레21》은 정부 관계자의 말을 인용해 최종석 청와대 행정관이 총리실 민간인 사찰 증거 인멸을 지시했다고 폭로했다. 〈경향신문〉도 장진수 국무총리실 공직윤리지원관실 주무관을 단독 인터뷰해 같은 내용을 보도했다. 장진수는 최종석의 지시를 받고 실제 자신이 컴퓨터 하드디스크 자료를 강력한 자력으로 파괴하는 파기훼손(디가우징) 작업에 참여했다고 인정했다. 최종석이 증거인멸 과정에 사용하라며 장진수에게 대포폰을 지급한 사실도 드러났다. "최종석은 '하드디스크를 망치로 깨부수든지, 컴퓨터를 강물에 갖다버려도 좋다'고 말했다"고 장진수는 주장했다.

최종석 청와대 행정관은 1차 민간인 사찰 사건 때는 전혀 외부에 공개되지 않은 인물로, 청와대 개입 의혹을 뒷받침하는 새로운 수사 착수의 단서가 되는 존재였다. 민간인 사찰 관련 증거인멸을 지시한 인물은 당연히 민간인 사찰을 지시한 인물과 동일할 가능성이 크기 때문이다. 쉽게 말하면, 국무총리실 공직윤리지원관실 직원들의 배후 조종자가 청와대라는 뜻이기도 하다.

이런 진실이 2년 동안 어떻게 잠들어 있었는지 의아할 정도로 폭로는 이어졌다. 민간인 사찰 1차 수사 때 검찰이 상당수 파악하고 있던 내용, 하지만 권력의 무게에 짓눌려 슬쩍 조서 밑으로 깔려 들어갔던 그 내용이었다.

박영선 민주통합당 최고위원은 2012년 3월 6일 국회에서 열린 MB정권비리특위에서 공직윤리지원관실 자료 폐기를 지시한 최종석 청와대 고용노사비서관실 행정관과 장진수 국무총리실 공직윤리지원관실 주무관의 대화가 담긴 녹취록을 공개했다. 포항 출신인 최종석은 2011년 8월 임기 3년의 주미대사관 고용노동관으로 파견을 보내, 청와대가 이미 해외로 빼돌린 상태였다. 최종석은 1차 민간인 사찰 수사 당시 검찰이 여러 의혹을 파악하고도 서울 시내 호텔에서 약식으로 은밀히 조사한 뒤 무혐의 결론을 냈던 인물이다. 박영선 위원이 공개한 녹취록에는, 최종석 지시로 공직윤리지원관실 하드디스크 자료를 파기한 장진수가 민간인 사찰로 기소돼 1, 2심 재판이 진행 중이던 시기에, 최종석이 입단속 차원에서 현대자동차 등 일자리를 알선한 내용이 담겨 있었다.

〈한겨레〉는 장진수 주무관의 1차 민간인 사찰 수사 당시 피의자신문조서를 입수해 장진수가 2010년 7월 7일 증거인멸 당일 최종석 전 청와대 행정관과 두 차례 통화한 사실을 보도했다. 또 검찰 수사 과정에서 진경락 공직윤리지원관실 총괄기획과장이 공직윤리지원관실에 근무하던 2년(2008년 7월~2010년 6월) 동안, 근무시간에 청와대에 들어가 최종석 행정관을 62차례 만난 사실도 공개했다.

민간인 사찰 재수사의 필요성 분위기는 한껏 무르익고 있었지만, 검찰은 뜨겁게 달아오른 구들장에 앉은 어린애처럼 땀만 삐질삐질 흘릴 뿐 침묵을 지키고 있었다. 당시 송찬엽 서울중앙지검 1차장검사는 "장진수 주무관의 인터뷰가 수사 단서가 될 수 있을지 검토가 필요하다"는 말을 되풀이했지만, 서초동을 출입한 1개월 차 검찰 기자도 재수사의 요건을 갖췄다는 사실은 알고도 남을 정도였다.

구들장을 데우는 땔감은 점점 더 쌓여갔다. 2012년 3월 12일 〈오마이뉴스〉가 운영하는 팟캐스트 〈이슈 털어주는 남자〉(이하 이털남)는 최종석 행정관이 장진수 주무관에게 "(장 전 주무관이 폭로하면) 검찰이 재수사에 들어갈 것이 뻔하다. 민정수석실도 총리실도 자유롭지 못할 것이다. 나도 이영호 청와대 고용노사비서관한테는 원망하는 마음이 있지만, 저 사람 여기서 더 죽이면 안 되겠다는 생각밖에 없어 위험을 무릅쓴 것이다"고 한 녹음파일을 공개했다. 최종석 행정관은 폭로 무마 대가로 장진수 주무관에게 검찰 구형 하향 조정, 취업 알선, 현금 제공 등을 제안했다. 최종석 행정관의 이 발언은 청와대가 민간인 사찰의 배후라는 점을 자백한 진술이었다.

수사의 걸림돌 '총선·대선'

상황이 이런데도 뒷짐만 지고 있던 검찰 태도에는 나름의 이유가 있었다. 2012년은 총선과 대선이 함께 있던 선거의 해였다. 더군다나 장진수 주무관의 폭로 국면이 전개되던 2012년 3월은 대선 전초전인 4.11 총선을 불과 한 달 앞둔 시점이었다. 검찰은 '수사해도 된다'는 이명박 정권의 사인을 기다리고 있었고, 이명박 정권은 설령 재수사를 하더라도 총선에 미치는 영향을 최소화하기 위한 전략에 고심하느라 결론을 내리지 못하고 있었다.

청와대와 장진수 주무관 사이에 끼어 있던 검찰의 모호한 태도를 보던 당시 한 검사는 이렇게 관전평을 내놨다.

"법무부 장관과 서울중앙지검장 모두 새로운 수사 단서가 있으면 재수사한다고 공언했다. 장진수 진술은 일방 주장이지만 최종석 진술은 자백 진술이다. 이런 상황에서 재수사하지 않으면 검찰임을 포기하는 것이다. 지금 수사에 나설 경우 선거 판세에 영향을 끼칠 수 있기 때문에 총선 이후로 미뤄야 한다는 말도 있지만, 그렇게 생각하는 것 자체가 정치적인 판단이다. 고민될 때는 순리에 따르는 것이 정답이다."

당시 상황에서 재수사에 나서려면 검찰총장이 결단을 내려야 했다. 한상대 검찰총장은 서울고검장을 6개월 속성으로 마치고 서울중앙지검장으로 역진한 뒤 2011년 8월 검찰총장에 올랐다. 이명박 대통령의 고려대 후배인 한상대는 이 대통령에 대한 충성심이 높은 인물이다. 검찰의 최종 수사대상으로 지목되는 대통령이 검찰의 수장을 임명해 놓고는, 그로부터 수사를 받아야 할지 말아야 할지 결정하는 웃지 못할 상황이 벌어진 것이다.

2012년 3월 14일 장진수 주무관이 공직윤리지원관실 특수활동비 중 일부를 이영호 청와대 비서관이 있는 고용노사비서관실 간부들에게 매달 정기적으로 전달했다는 금전 거래 의혹까지 제기되자, 검찰은 더는 재수사를 미룰 수 없었다. 좀 더 정확히 말하면, 청와대가 재수사를 결정했기에 가능한 움직임이었다.

청와대는 4.11 총선을 놓고 검찰로 사건을 가져오는 재수사의 실익과 장진수 주무관이 여론시장에서 폭로전을 이어가도록 방치하고 외면하는 장외 공방전의 실익을 따졌을 때, 전자가 더 유익하다고 계산했을 가능성이 크다. 폭로한 내용의 양과 질이 총선 이익균형점의 임계치를 넘어섰다고 봤음직하다. 검찰 수사로 판을 끌고 오면 청와대가 충분히 관리할 수 있다는 자신감도 내포돼 있었을 것이다.

당시 법무부 장관은 권재진이었다. 권재진은 민간인 사찰이 한창 만연하던 시기는 물론 1차 민간인 사찰 수사 때 청와대 민정수석을 지냈고, 정권 말기 이명박 대통령이 레임덕에 대비하려 검찰을 장악하려는 인사 작업을 할 때 법무부 장관으로 임명됐다. 공교롭게 권 장관과, 이명박 대통령의 고려대 후배 한상대

검찰총장은 2011년 8월 비슷한 시기에 각각 법무, 검찰 수장에 임명됐다.

2012년 3월 16일 장진수 전 주무관의 폭로에 이은 언론의 의혹 제기에 떠밀려, 검찰은 마지못해 민간인 사찰을 재수사하겠다고 밝혔다. 송찬엽 서울중앙지검 1차장검사는 박윤해 서울중앙지검 형사 3부장검사를 팀장으로 앉히고 검사 3명을 투입해 수사팀을 꾸렸다. 청와대가 개입한 민간인 사찰 사건에 고작 검사 4명을 투입한다? 그것도 1명은 직접 수사를 하지 않는 부장검사였다.

박윤해는 수사 경험이 많지 않은 데다 정권을 상대로 한 권력형 비리 수사를 맡기에는 강단이 없는 인물이란 평가가 많았다. 당시 한 검사는 "박윤해 부장은 그릇을 크게 주더라도 형사부장 정도인 사람이다. 수사하다 보면 평검사들은 치고 나가려하고 지휘부는 브레이크를 걸려 한다. 그때 팀장이 결기를 보여야 한다. 박윤해는 그런 스타일과는 전혀 거리가 먼 인물이다. 그를 팀장으로 앉힌 것은 위에서 관리하기 편해 그렇게 한 것이다. 수사팀을 꾸릴 때 팀장이 누군지 보면 검찰의 수사 의지를 읽을 수 있다"고 말했다.

송찬엽 서울중앙지검 1차장검사는 수사팀 구성 당일 언론 브리핑에서 "국민의 관심이 지대한 만큼 사건의 진상을 정확하

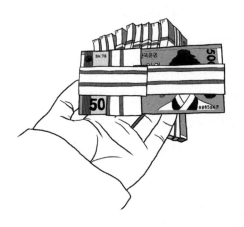

게 파악할 수 있도록 노력하겠다"고 말했다.

특별수사팀은 관련자 출국금지와 압수수색으로 수사 개시를 알렸다. 검찰 수사 착수와 맞물려 장진수 주무관의 폭로 내용도 한층 수위를 더했다. 수사팀 구성 사흘 만인 2012년 3월 19일, 장진수는 항소심 선고 직후인 2011년 4월 장석명 청와대 민정수석실 공직기강비서관으로부터 입막음용으로 5천만 원이 든 쇼핑백을 건네받았다고 폭로했다.

이는 민간인 사찰 사건에 개입한 청와대 비서관실 범위가, 고용노사비서관실에서 민정수석실로 번지게 된 정황 증거로 파장이 거셌다. 관봉 형태로 5천만 원을 건넬 당시 청와대 민정수석은 권재진 법무부 장관, 민정비서관은 김진모였다. 이는 그들이 민간인 사찰 직접 지시에 관여했는지 알 수는 없지만, 최소한 장석명 공직기강비서관 상급자인 김진모, 권재진 두 명은 사후 뒤처리 과정에 개입됐으며, 그 과정에서 민간인 사찰의 전모를 알고 있었을 것이라는 간접증거이기도 했다. 장진수의 이 폭로는 두 가지 메시지로 읽혔다. 첫째 '수사를 제대로 해라', 둘째 '검찰이 밝혀야 할 하한선은 권재진 민정수석'이라는 것이다.

이영호, 몸통을 자처하다

장진수 주무관의 여론전으로 칼끝이 VIP 호위무사인 민정수석 문턱까지 치고 들어오자 돈키호테 같은 인물이 '몸통'을 자처하고 나섰다.

관봉 5천만 원이 폭로된 다음 날인 2012년 3월 20일 오전 이영호 청와대 고용노사비서관의 변호인인 박재형 변호사가 대법원 기자실 간사에게 기자회견을 하겠다고 알려왔다. 시간은 오후 5시 30분, 장소는 시내에 있는 프레스센터라고 했다. 대법원 간사는 기자들이 마감을 맞출 수 없다며 오후 3시 30분으로 기자회견 시간을 당기고, 장소도 기자들이 쉽게 오갈 수 있도록 서초동 변호사회관으로 조정해 달라고 요청했다. 그런데 변호사회관 쪽이 대관을 거절하자 대법원 기자실로 다시 장소를 바꾸되 시간도 오후 1시 30분으로 재조정됐다.

서울중앙지검 기자실도 기자회견 장소로 검토됐으나 이영호는 검찰 근처에 오는 게 두렵다며 극구 받아들이지 않았다. 그런데 법원행정처에서 논란이 된 인물의 대법원 기자실 기자회견에 난색을 보이며 상황은 다시 원점으로 돌아갔다. 결국 이영호는 오후 5시 30분 프레스센터에 모습을 드러냈다.

기자회견장에 나타난 이영호 비서관은 겉으로 드러난 풍모도 당당했고 말도 거침이 없었다. 태도는 격앙돼 있었다. 이영호가 청와대에 처음 출근했던 날 그를 청와대에서 본 한 청와대 관계자는 그를 이렇게 묘사했다.

"어느 날 노동부 출신이라는 비서관이 문을 열고 들어오는데 어깨와 목에 힘이 잔뜩 들어가서는, 그렇게 껄렁껄렁하게 청와대를 들어온 사람을 처음 봤다. 흰 와이셔츠 사이로 금줄의 목걸이가 보이기도 했다. 그만큼 권력자와 가깝다는 이야기를 몸으로 하고 싶었던 거 같다."

이영호 비서관이 기자회견에서 한 발언의 요지는 다음과 같았다. '첫째, 청와대와 나는 민간인을 불법 사찰한 사실이 없다. 민간인 불법 사찰이란 용어는 현 정부를 음해하려는 정치공작

이다. 둘째, 자료 삭제 지시자는 나다. 몸통은 나다.'

이영호 비서관의 기자회견을 지켜본 한 검사는 이렇게 분석을 전했다. "이영호가 하고 싶은 말은 '나는 몸통이 아니다. 그런데 내가 다 뒤집어쓰기로 했다. 그러니까 진짜 몸통을 더 괴롭히지 마라' 이렇게 들렸다."

특별수사팀은 수사대상과 분석자료가 늘어나자 검사 1명을 추가로 투입했고, 수사팀은 6명으로 늘었다. 정치적 풍향계에 민감한 일부 검사들과 달리, 검사 대다수는 정의롭지 못한 진실의 조각을 아예 외면하지는 못한다. 어렵게 맞춘 퍼즐 조각을 윗선에서 한두 차례 누를 때 어느 정도 침묵을 지키지만, 그 조각이 덩어리로 뭉칠 정도가 되면 본능적으로 칼을 빼는 습성이 있다. 검찰 지휘부 생각과 달리 2차 민간인 사찰 수사팀 평검사들은 조용히 물밑에서 권력의 부정을 한 꺼풀씩 벗겨내고 있었다.

2차 민간인 사찰 수사팀이 정중동 자세로 수사하던 2012년 3월 29일 당시 파업 중이던 KBS 새 노조가 큰 사고를 쳤다. 1차 민간인 사찰 수사 때 국무총리실 공직윤리지원관실 점검1팀의 2008~2010년 사찰 보고서 2619건을 입수해 공직과 민간인을 가리지 않고 무차별적으로 사찰한 내용을 공개한 것이다. 김종익 전 KB한마음 대표는 거대한 빙산의 한 조각에 불과했다.

곧장 1차 민간인 사찰 수사팀의 부실, 축소 수사 의혹이 도

마 위에 올랐다. 전방위 사찰 사실을 파악하고도 1차 민간인 사찰 수사팀이 문제 삼은 건 김종익 씨와 남경필 새누리당 의원 두 건이었기 때문이다. 1차 수사팀을 지휘했던 당시 신경식 서울중앙지검 1차장검사는 부실 수사 의혹과 관련해 "증거가 부족해보이거나 근거가 없는 것을 직권남용죄로 의율하기는 어렵다고 판단했다"는 해명으로 당시 수사의 정당성을 역설했다.

하지만 1차 민간인 사찰 수사 당시 수사팀 검사들이 서울중앙지검과 대검찰청, 법무부 지휘부의 압력으로 제대로 수사하지 못했다는 의혹이 제기됐다. 1차 수사팀 검사들은 공직윤리지원관실 직원들의 전방위 민간인 사찰 기록이 법정에서 공개되도록, 기소할 때 관련 수사기록들을 전부 증거목록으로 제출했다.

검찰의 부실 수사 의혹이 증폭되자 여론 악화를 우려한 대검은 2012년 4월 1일 채동욱 대검 차장검사 명의로 직접 검찰 입장을 발표했다. 사즉생의 각오로 성역 없는 수사를 진행해 그동안 제기된 모든 의혹을 철저히 규명하겠다는 다짐이었다. 또 범죄 혐의가 인정되는 관련자들에 대해 신분이나 지위 고하를 막론하고 법과 원칙에 따라 엄단할 방침이라고도 했다.

권력자의 편에 기운 검찰의 법과 원칙은 더는 신뢰를 주지 못했다. 좋은 말도 자꾸 거짓이 되면 듣기 싫어진다. 이날 채동욱 대검차장의 멘트는 아무런 울림을 주지 못했다. 그 불신의 근본

원인은 민간인 사찰 의혹의 중심에 있던 권재진 법무부 장관이, 그 의혹을 파헤치는 법무검찰의 수장이라는 한계 때문이었다.

초라한 사즉생 수사

검찰의 '사즉생 결기'는 열흘 뒤 치러지는 총선용 멘트였다는 정황이 곧 드러났다. 2차 민간인 사찰 수사의 핵심인물 중 한 명은 진경락 국무총리실 공직윤리지원관실 기획총괄과장이었다. 청와대에서 이영호 고용노사비서관을 보좌하던 진경락은 공직윤리지원관실이 신설되며 국무총리실로 자리를 옮겼다. 공직윤리지원관실 직원들의 보고서를 모아 보고하는 역할을 맡은 그는 조직 활동의 전모를 알고 있어 민간인 사찰 수사의 핵심인물로 꼽혔다. 진경락은 1차 민간인 사찰 수사 당시 증거인멸 혐의로 기소돼 항소심에서 유죄를 선고받은 상태였다.

특별수사팀은 진경락에게 출석 요구서를 보냈지만, 그는 공개 소환에 불응하며 2012년 4월 6일 혐의를 전면 부인하는 내용의 진술서만 달랑 검찰에 제출했다. 주요 피의자가 소환을 거부하면 강제구인에 나서는 절차가 상식이지만, 검찰은 유독 진경락에게 관대했다. 그렇게 2012년 4월 11일 제19대 국회의원 선거가 무사히 지나갔다. 새누리당은 국회 300석 중 절반을 넘는 152석을 가져갔다.

총선 다음 날인 2012년 4월 12일 오후 2시 40분 검찰이 오매불망하던 진경락 과장은 서울중앙지검 청사에 자진 출석했다. 전날 체포영장을 법원에서 발부받아놓고도 집행을 못하던 검찰은 잘 차려진 밥상에 스스로 오른 진경락을 엉겁결에 체포했다. 누군가 이런 일련의 과정을 우연이라고 주장한다면 나는 그것이 필연이었음을 입증할 수백 개의 인과관계를 댈 수 있다.

서울중앙지검 잿빛 청사의 그늘진 조사실에서 묵묵히 수사의 진도를 빼던 검사들과, 어떻게든 사건을 꽁꽁 싸매려는 검찰 지휘부의 신경전이 수면 아래에서 펼쳐지던 시점에, 이명박 정부의 창업공신인 박영준 국무총리실 국무차장의 이름이 언론에 튀어나오기 시작했다. 2012년 4월 18일 〈한겨레〉는 2010년 7월 1차 검찰 수사를 앞두고 증거인멸 과정에 사용된 청와대 지급 대포폰에서 박영준의 통화내역을 검찰이 확보했다는 내용을 보도했다. 민간인 사찰의 몸통이 이명박 정부 최고 실세로 꼽힌 박영준까지 치고 올라가는 국면이 형성됐다.

검찰이 특정 사건을 덮을 때 가장 즐겨 쓰는 방법은 다른 사건 수사로 새로운 판을 벌이는 것이다. 검찰 출입기자들은 단독 기사 그 자체에 눈을 홀릴 때가 많다. 일부 정치 검사들은 이런 기자들의 습성을 영악하게 활용한다. 굶주린 늑대들이 가득한 사막에서는 먹잇감이 떨어지는 곳으로 늑대들이 몰리게 마련이다. 먹이를 왜 주는지, 누가 주는지는 늑대들에게 중요하지 않다. 그건 그냥 본능이다.

박영준의 이름이 언론에 등장한 다음 날인 2012년 4월 19일 대검 중앙수사부가 느닷없이 파이시티 본사 사무실을 압수수색했다. 파이시티는 서울 양재동의 대규모 복합유통센터 개발 사업을 추진하는 곳이었다. 당시 대검 중수부는 하이마트 수사를 마무리 지은 시점이라 새로운 업체를 압수수색한 배경을 놓고 의문이 증폭됐다. 압수수색 당일 대검 중수부 관계자는 공식 브리핑을 통해 하이마트 수사의 연장선상이라며 대수롭지 않다는 듯 출입기자들을 안심시켰다.

물 타기 수사

당시 대검을 출입하고 있던 나는 대검 중수부 관계자의 브리핑을 마친 뒤 파이시티 쪽 관계자를 서초동 정곡빌딩 지하 1층 다방에서 비밀리에 만났다. 그는 파이시티 쪽 다른 관계자가 중수부에서 진술한 내용을 전부 털어놨다. 그가 밝힌 대검 중수부 수사의 표적은 두 명이었다. 바로 최시중과 박영준이었다. 저녁

늦게 그와의 인터뷰를 마치고 회사 데스크에 보고했으나, 지면 부족으로 이날 기사화가 어렵다는 답변이 돌아왔다. 다음 날은 금요일이라 주말에 이슈가 가라앉는 점을 고려해 일요일 기사를 출고해 그다음 주 월요일자로 내보내기로 했다.

2012년 4월 23일 '최시중·박영준에 61억 주고 인허가 청탁'이란 제목의 〈한겨레〉 1면 보도가 나가자 언론은 파이시티 기사로 도배됐다. 이명박 대통령의 두 남자로 불린 최시중과 박영준의 이름이 한꺼번에 금품 수수자로 지목됐으니 당연했다. 최시중이 파이시티 쪽으로부터 받은 돈이 대선자금 성격을 띤 의혹이 일면서 검찰 출입기자들의 시선은 파이시티로 더욱 쏠렸다.

이후 5월 중순까지, 서울중앙지검에서 진행 중이던 민간인 사찰 수사는 서초동에 떠다니는 유령처럼 신문과 방송에서 종적을 감췄다. 파이시티 사건으로 최시중을 구속한 대검 중수부는 파죽지세로 박영준까지 구치소에 집어넣었다.

그런데 박영준 수사를 놓고 이른바 '사건깡'이 일어난다. 파이시티 사건과 민간인 사찰 사건에 모두 박영준의 이름이 등장하자 검찰 내부에서 박영준을 놓고 영역 다툼이 벌어진 것이다. 대검 중수부가 파이시티 의혹과 관련해 박영준의 자택 등을 압수수색할 때 서울중앙지검 민간인 사찰 특별수사팀도 함께 압수수색을 나갔다 마주치는 상황이 벌어진다. 또 박영준이 받은 혐의 중에는, 울산시 산업단지 인허가 청탁 관련 3천만 원을 받는 과정에서 이영호 청와대 고용노사비서관을 시켜 경쟁업체를 불법 사찰한 부분이 들어 있었다.

결국 2차 민간인 사찰 특별수사팀이 처리해야 할 박영준의 혐의를 대검 중수부가 파이시티로 판을 키우며 교묘하게 가져가는 모양새가 연출됐다. 민간인 사찰 의혹을 수사하는 특별수사팀이 아닌 파이시티 의혹을 수사하는 대검 중수부가 박영준을 구속함으로써 청와대와 직접 연관된 민간인 사찰 의혹을 자연스럽게 가려준 효과를 거둔 셈이다. 당연히 정권의 부담도 덜어줬다.

검찰은 이 시기에, 처리하기 곤란했던 이명박 대통령의 내곡동 사저 땅 헐값 매입 사건 관련 아들 이시형 씨를 몰래 서면조사하기도 했다. 또 사회적 비난 여론을 끌어내기 좋은 저축은행 비리 합동수사단의 정·관계 금품 로비 수사에도 적극적으로 나섰다. 김찬경 미래저축은행 회장의 밀항 스토리를 대대적으로 홍보하는 등 민간인 사찰 수사를 수면 아래로 가라앉히는 각종 연막 수사들을 펼쳤다.

법조에서 잘 쓰는 말 중 '접시를 돌린다'는 표현이 있다. 검찰이 어떤 사건을 수사한다는 뜻이다. 검찰 출입기자들이 바쁠 때는 '검찰이 접시를 여러 개 돌린다'고 농담을 던진다. 고만고만한 접시가 여러 개 돌아갈 경우에는 하나의 사건에 집중하기 어렵다. 검찰이 접시를 여럿 돌리자, 한 달 가까이 민간인 사찰 이슈는 실종됐고 일부 기자들은 수사가 진행되고 있다는 사실조차 잊을 무렵이었다.

2012년 5월 16일 서울중앙지검 기자실은 이른 아침부터 〈중앙일보〉의 이른바 '일심충성 문건' 보도로 초토화됐다. 〈중앙일보〉가 입수한 '공직윤리지원관실의 업무 추진 지휘 체계'란 제목의 문건은 진경락 공직윤리지원관실 기획총괄과장이 작성했고, 민간인 사찰의 몸통이 이명박 대통령이라는 내용을 담고 있었다. 이 문건은 김경동 공직윤리지원관실 주무관이 갖고 있던 이동식저장매체(USB)에서 발견됐다.

일심충선 문건의 등장

〈중앙일보〉 특종 보도 탓에 서울중앙지검 출입기자들은 죽을 맛이었다. 반까이(낙종을 만회하는 기사)할 엄두가 나지 않았던 탓이다. 검찰 출입기자들은 조간신문에서 낙종하면 그대로 받아쓰지 않고 새로 취재해 수집한 작은 팩트 하나라도 기사 머리에 얹어 면을 세우곤 한다. 이날 〈중앙일보〉의 일심충성 문건 보도는 해당 자료를 받아 베껴 쓰는 것 외에는 달리 방법이 없을 정도로 임팩트가 컸다.

이 문건 내용을 보면, 공직윤리지원관실 신설 방안으로 애초 1, 2안이 있었다. 1안은 국무총리실에 두는 방안, 2안은 청와대 민정비서관이 담당하는 방안이었다. 최종 검토의견은 국무총리실 안으로 정리됐다. 그런데 조건이 달려 있었다. "다만 VIP께 一心으로 충성하는 별도 비선을 통해 총괄지휘"였다. 또 "통상적인 공직기강 업무는 국무총리가 지휘하되, 특명사항은 VIP께 절대 충성하는 친위조직이 비선으로 총괄지휘"한다고 적어놨다. 유의 사항으로는 "민정비서실이 자료 요구 등 (공직윤리지원관실의) 업무 관여를 하지 못하도록 보고라인을 정비해야 한다"는 내용도 포함됐다.

검찰은 이 문건이 보도된 날 표정관리를 못할 정도로 당황했다. 송찬엽 서울중앙지검 1차장검사는 브리핑에서 대부분의 질문에 "확인 불가"라는 말을 되풀이하다가 "(검찰 청사 내부의) 스크린을 전담할 사람을 더 확보할까 검토 중"이라는 말을 꺼내기도 했다. 외부로 나가지 말아야 할 수사팀 정보가 언론에 보도돼 보안을 강화하겠다는 뜻이었다. 실제 이 문건은 기사를 쓴 〈중앙일보〉 기자가 일요일 새벽에 검사실을 몰래 들어가 컴퓨터에서 자료를 빼돌린 사실이 드러났고, 해당 기자는 구속기소돼 유죄

확정판결을 받기도 했다.

2차 민간인 사찰 특별수사팀 수사가 6월로 접어들며 최종 수사결과 발표가 임박해 오자 검찰 지휘부의 '땡처리 습관'이 시작됐다. 특별수사팀은 2012년 6월 13일 최종 수사결과 발표를 앞두고 청와대의 민간인 사찰 연루 의혹 선긋기 작업에 나섰다. 검찰은 장석명 청와대 민정수석실 공직기강비서관과 김진모 민정비서관을 참고인 자격으로 비공개로 불러 조사하고는 이틀이 지난 뒤에야 마지못해 언론에 알렸다. 공직윤리지원관실 민간인 사찰 활동 당시 청와대 민정수석을 지내며 이명박 대통령을 보좌하다가, 대통령의 레임덕 방지용으로 법무검찰 수장에 투입된 권재진 법무부 장관은 직접 조사도 받지 않았다. 한술 더 떠 권재진은 특별수사팀이 "6월 13일 수사결과 발표를 하겠다"고 공표한 6월 11일에 대놓고 9박 11일 일정으로 미국·브라질 순방을 떠났다. 그는 출국 다음 날, 즉 수사결과 발표 전날, 사전에 작성한 서면진술서를 검찰에 던져놓고 비행기에 올랐다. 더 황당한 사실은 검찰이 권재진에게 질의서도 보내지도 않았다는 점이다.

2012년 6월 13일 서울중앙지검 특별수사팀은 최종 수사결과를 발표했다. 발표 내용을 한마디로 요약하면, 일부 개개인의 잘못으로 불법 사찰이 이뤄진 것은 맞지만 공직기강과 민간인 사찰 사이의 경계가 모호한 측면이 있으며, 사찰 지시 및 보고의 제일 윗선은 박영준 국무차장이라는 것이었다. 청와대 민정수석실은 관여한 사실이 없다고 면죄부를 발급해줬다. 특별수사팀은 참여정부도 유사한 정보 수집을 했었다며 과거 정부의 비슷한 보고 내용까지 발표문에 첨부했다. 살아 있는 권력의 미소는 수사결과 발표 자료 곳곳에 아른거렸다. 발표 당일 송찬엽 서울중앙지검 1차장검사의 일부 발언을 기록으로 남긴다.

"민정수석실 개입 여부 관련 (고용노사비서관실과) 만난 사실은 있다고 합니다. 같은 층이랍니다."

"1차 민간인 사찰 수사는 열심히 한 것으로 보인다."

"(민정수석실 수사 관련) 김진모는 모르겠다고 하고, 최종석 행정관은 참고인이라 못 나오겠다고 고집해서 (호텔에서) 조사했다."

"정동기 민정수석은 전화로 관련 내용을 확인했다. 본인은 전혀 모른답니다."

실종된 USB

이명박 청와대 각본·연출, 공직윤리지원관실 주연, 민정수석실 조연으로 제작된 '민간인 사찰' 드라마는 특급 조연인 검찰의 활약으로, 정권 입장에서는 해피엔딩을 맞았다. 최종 수사결과를 발표한 검찰은 늘 그렇듯 하루이틀 부실수사란 여론의 비판을 받고는 특유의 맷집으로 권력자에게 일상의 평온함이라는 선물을 안겼다. 이명박 정부도, 검찰도 그렇게 사건이 아름답게 정리되는 줄 알았다. 〈한겨레〉 법조팀이 청와대-법무부-대검 지휘부가 훼손한 민간인 사찰 수사의 에필로그를 찾아 본격 취재에 나서기 전까지는 말이다.

검찰의 민간인 사찰 2차 수사결과 발표가 끝나고 서초동은 다시 아무 일 없었다는 듯 일상으로 돌아갔다. 사건들은 계속 굴러갔고, 관성에 몸을 맡기듯 검사들은 구속영장과 공소장을, 기자들은 기사를 써댔다. 그 무수한 수사 기록들과 취재 기사들은 과연 얼마의 진실들을 담고 있는 것일까. 검찰이 온전히 덤벼도 진실과의 싸움에서 승리를 장담할 수 없을 텐데, 그런 사건들은 과연 얼마나 될까. 큰 사건을 치르고 나면 매번 찾아오는 쓸데없는 상념들로 무미건조한 하루하루를 보내던 때였다.

"민간인 사찰 2차 수사 때 수사팀 내부에서 난리가 났었다는 말을 들었다. 우리끼리도 '이건 기사가 나오면 큰일 난다'고 그랬다. 그래서 꽁꽁 틀어막았고, 기사가 안 나올 줄 알았다."_검찰 관계자

민간인 사찰 2차 수사를 둘러싸고 몇몇 검사들 사이에서 이상한 이야기가 돌고 있었다. 검찰 지휘부가 수사팀에 외압을 가하고 수사를 방해했다는 구체적 진술들이었다. 2012년 여름 무렵부터 〈한겨레〉 법조팀 전원이 이 의혹을 푸는 데 투입됐다. 현직 검사 신분인 수사팀 검사들은 말을 아꼈고, 문제가 된 고위 간부들은 여전히 검찰 윗선에 포진해 있던 탓에 말이 새어 나가지 않도록 조심스럽게 취재해야 했다. 그렇게 1년여 취재에 공을 들인 끝에 기사화가 가능한 정도의 결과물을 도출해냈다. 물론 완벽한 진실을 재구성하지는 못했지만 그 이상은 취재 영역에서 해결할 수 없는 부분이 아닐까 싶다. 어쩌면 묻혀버린 사건의 완벽한 재구성이 언젠가는 가능하도록 서툴지만 기록을 남긴 데 의미가 있을지도 모른다. 2019년 1월 문재인 정부 법무부 산하 검찰과거사위원회는 당시 〈한겨레〉 법조팀의 기사를 바탕으로 '실종된 USB' 사건의 진상 조사 결과를 세상에 공개했다.

유출된 USB

검찰이 2012년 3월 16일 특별수사팀을 꾸리고 민간인 사찰 사건 재수사에 나선 지 일주일 만에 장진수 주무관의 전임자였던 김경동 행정안전부 주무관의 자택 등을 압수수색해 뜻밖의 수확을 얻었다. 김경동이 보관하던 USB를 확보한 것이다. 수사팀은 USB를 1차 분석해, "지원관실은 VIP께 一心으로 충성하는 별도 비선을 통해 총괄 지휘한다"는 내용이 담긴 이른바 '일심충성' 문건 등을 확보한 것이다. 수사팀은 3월 31일 이영호 청와대 고용노사비서관, 4월 4일 최종석 청와대 행정관을 불러 조사한 뒤 피의자 신문조서에 '일심충성' 문건 등 자료를 첨부했다. 그런데 이런 자료들이 나온 USB 자체가 어느 날 갑자기 서울중앙지검에서 자취를 감췄다.

복수의 검찰 관계자들은 USB의 행방에 공통된 설명을 내놨다. 한 검찰 관계자는 "수사 중에 유에스비가 대검으로 넘어가 한참 동안 서울중앙지검으로 오지 않았던 것은 모두 알고 있던 사실이다. 수사 검사들은 '박윤해 특별수사팀장이 대검에 보내라고 했고, 유에스비를 가져오라고 한 건 대검 중수부 쪽이라고 들어 그렇게 알고 있었다"고 말했다. 다른 검찰 관계자는 "검찰 수사관이 직접 증거물을 담당하는 서울중앙지검 검사한테 받아 대검에 전달한 것으로 안다"고 말했다.

USB가 수사팀에 없다는 것을 알게 된 수사 검사들은 증거물 관리 담당 검사를 질책했다. 이에 대해 당시 증거물을 담당한 유 아무개 검사는 "관련된 얘기는 말씀드릴 수 있는 입장이 아니다"라고 말했다.

당시 USB의 행방에 관여한 의혹을 산 당사자들은 확인을 거부하거나 부인했다. 박윤해는 "그 부분은 일일이 확인해주기 그렇다. 솔직하게 얘기할 수는 있는데 그러면 어떤 일이 벌어질지 모른다. 나는 안 끼어들었으면 좋겠다. 사실이 아닌 거로 정리해줬으면 한다. 다만 수사를 방해할 의도는 전혀 없었다는 점을 말씀드린다. 대검 중수부 쪽에 직접 확인하는 게 좋을 것 같다"고 말했다.

최재경 대검 중수부장은 "그런 기억이 없다. 박윤해 팀장 등에게도 확인해보니 김경동 주무관의 유에스비를 서울중앙지검에서 중수부에 보내거나 받은 바가 전혀 없었다"고 말했다. 당시 수사는 대검 중수부가 지휘했다.

USB가 대검으로 넘어갈 때 공식 절차를 밟지 않아, 관련 기록도 남아 있지 않은 것으로 알려졌다. 특별수사 경험이 많은 검찰 관계자는 "압수된 증거물 자체가 수사팀 밖으로 나가는 건 상식 밖이다. 훼손 우려도 있어 수사팀 외부로 내보내지 않는다. 다른 검찰청에 대여할 때도 반드시 기록에 남긴다"고 말했다.

USB가 대검 중수부의 손을 탄 이유는 여전히 베일에 싸여 있다. 한 검찰 중견 간부는 "압수를 당한 쪽에선 엄청난 물건을 빼앗겼다고 생각할 수 있다. 그러면 누군가에게 '우리가 뭘 빼앗겼는데 거기 중요한 게 있다'고 말할 수 있지 않겠느냐. 그래서 누군가 그걸 지목해 가져오라고 했을 수 있다"고 말했다.

증거물을 분석한 내용이 수사보고서 형식으로 지휘라인인 대검에 보고되는 경우는 있다. 그러나 검사들은 "증거물 자체가 수사팀 외부로 나가는 것은 도저히 있을 수 없는 일"이라고 말한다. 당시 수사 검사들도 USB가 수사팀 밖으로 나간 사실을 알게 된 뒤 반발했고, 한 검사가 내부통신망에 공개적으로 '사표를 내겠다'고 글을 올린 계기가 됐다.

수사팀 검사의 항명

민간인 사찰 재수사가 한창이던 2012년 4월 7일 새벽, 검찰 내부통신망인 '이프로스'에 한 검사가 '사표를 내겠다'고 글을 올렸다. 특별수사팀 소속이었다. 4월 6일 저녁 박윤해 팀장과 수사팀 검사들이 함께 저녁을 먹고 난 몇 시간 뒤였다. 검찰 관계자는 "유에스비를 대검에서 가져간 사실을 나중에 알게 된 수사 검사들이 '어떻게 이런 일이 있느냐'며 황당해했다. 유에스비 분실 사건은 검사들의 불만이 표출된 계기였고, 그전부터 사건의 핵심인물인 진경락(공직윤리지원관실 기획총괄과장)에 대해 수사를 하지 못하게 해 검사들의 불만이 쌓일 대로 쌓인 상황이었다"고 전했다.

한 검사가 사표를 내겠다고 글을 올린 뒤 수사팀의 다른 검사들은 모여서 회의를 했다. 사태의 심각성을 느낀 박윤해 팀장이 수사 검사들을 만나려고 했으나, 검사들이 피했다. 당시 회의에서 두 명의 검사도 사표를 내겠다고 했다.

4월 8일 검사들의 요구로 최교일 서울중앙지검장과 검사들이 회의했다. 검사들은 '뭔가 각본에 따라 수사가 진행되는 것 같다. 수사팀 의견에 따라 수사를 할 수 있도록 해달라'는 취지의 요구사항을 작성해 전달했다. 사표를 내겠다고 글을 올린 검사도 이날 회의에 참석했다고 한다. 내부통신망에 올린 글도 삭제됐다.

최교일 지검장은 검사들의 요구를 모두 수용하겠다며 당시 한상대 검찰총장에게 이를 보고했다. 한상대 등은 요구사항을 수용한다며 검사들에게 '사직서만은 내지 말아 달라'고 했다고 한다. 검사들은 이제 뜻대로 수사할 수 있을 것으로 생각했다. 오판이었다.

검찰 지휘부의 약속이 공수표였다는 것은 바로 다음 날 드러났다. 검찰 관계자는 "수사팀 검사들은 4월 9일 진경락 과장을 체포해야 한다고 판단했다. 그런데 박윤해 팀장이 대검의 뜻이라며 진경락 체포를 4.11 총선 당일이나 그 이후로 하자고 했다"고 전했다.

민간인 사찰 사건의 핵심인물은 진경락 과장이다. '일심충성' 문건도 그가 작성했다. 수사팀은 처음부터 그를 서둘러 조사하려고 했으나 불가능했다. 검찰 관계자는 "당시 수사지휘의 핵심은 진경락을 총선 전에는 구속하지 말라는 것이었다"고 말했다.

검찰은 3월 27일, 4월 5일, 4월 7일, 세 차례에 걸쳐 진경락 과장에게 출석을 통보했지만, 그는 불응했다. 그런데도 검찰은 잠자코 있었다. 수사팀은 총선이 끝난 4월 13일 진경락이 자진 출석한 뒤에야 그의 신병을 확보했다. 5월 중순 검찰 지휘부는 검사 5명을 새로 수사팀에 투입하는 형식을 빌려 부당한 수사지휘에 반발했던 몇몇 검사들을 솎아냈다. 검찰이 재수사까지 했지만, 민간인 불법사찰 사건의 몸통을 규명하지 못했다. 그리고 여전히 아무것도 밝혀진 것은 없다.

한 검찰 간부는 "전면 재수사해야 한다. 정권이 바뀌었고 당사자들도 새로운 진술을 할 수 있다"고 말했다. 민간인 사찰 사건은 여전히 현재진행형이다.

김정필

2부

박근혜 시절

2013~2017

4

촛불의 서막

국정원 여론조작 사건

방송 바로듣기

여론조작, 그게 뭐 어때서

이명박 정부 말기, 검찰의 황당한 칼춤은 수위가 한층 높아져 있었다. 그런 상황에도 순치된 언론은 이를 애써 외면했다. 그 무렵 방송사 뉴스들은 하나같이 순간 시청률을 높일 만한 '생활 밀착형' 기사에 혈안이 되어 있었다. 꼼수와 협잡에 익숙해진 대중도 피로감 탓인지 어지간한 이슈에는 별로 반응하지 않았다. 물 묻은 휴지에 불을 붙이는 기분이랄까.

이명박과 박근혜가 정권을 주고받기 직전인 2012년 12월, 국정원이 여론을 조작한다는 뉴스가 터져 나왔다. 하지만 이 소식은 처음부터 전국민적인 관심을 받지는 못했다. 인터넷에 익숙하지 않은 이들에게 외계어나 다름없는 소식이라 그랬을까. 이후 경찰과 검찰 수사를 거쳐, 국회와 법원에서 사건이 진행되는 동안 하염없이 시간이 흘렀다. 수년에 걸쳐 진상이 드러났지만,

이 사건이 도대체 어떻게 진행됐는지를 자세히 아는 사람은 찾아보기 힘들었다. 기자들도 언제 무슨 일이 있었는지 잘 모를 정도니까.

국정원 여론조작 사건이 처리된 과정에는 우리 사회 문제점들이 총체적으로 담겨 있다. 민주주의와 삼권분립을 고수하기 위한 제도적 장치들은 유명무실했다. 가끔 등장한 용기 있는 이들은 꼼꼼히 색출되어 처절한 응징을 당했고, 이들이 촉발한 이슈는 이내 물 타기 됐다. 경찰과 검찰이 사건을 뭉개는 동안, 국회는 저열한 싸움질에 몰두하며 대중의 눈을 돌리게 하였고, 감시와 견제를 해야 할 언론은 침묵하거나 놀아났다. 최후의 보루인 법원 역시 권력과의 거래를 일삼았다. 대체 무슨 일이 있었던 걸까? 사건의 처음부터 끝까지를 되짚어보자.

국정원의 내부 제보

국정원이 조직적으로 여론을 조작한다는 사실이 공식적으로 알려진 것은 2012년 12월 11일, 대선을 코앞에 둔 시점이었다. 당시 야당이던 민주통합당이 기자회견을 열고 "국정원이 불법 대선 운동을 하고 있다"고 주장했다. 사건의 제보자는 전직 국정원 직원 김상욱 씨였다. 김씨는 1997년 대선을 앞두고 당시

YS 정권 국정원이 김대중 대통령 낙선을 위해 북풍 공작을 벌였던 사실을 내부 제보한 사람이기도 하다. 김씨는 현직 국정원 직원으로부터 다음과 같은 내용을 전해 들었다. "북한을 상대로 심리전을 담당하는 팀이 국민을 상대로 여론조작을 하고 있다. 1년 전부터 규모를 대폭 키웠고 지금은 조직적으로 불법 선거운동을 하고 있다."

2011년 11월, 원세훈 국정원장은 팀 단위였던 대북 심리전 파트를 국 단위로 격상시켰다. 3개 팀에 직원 70여 명을 배치하고 예산도 대폭 늘렸다. 이들은 점조직 형태로 민간인들을 고용해 구체적인 지령을 하달하는 형태로 인터넷 여론을 관리했다. 이들의 주요 업무는 이명박 정권에 유리한 여론을 만드는 일이었다. 사람들이 많이 찾는 인기 사이트들을 정하고, 정부에 우호적인 글은 띄우고 비판적인 글은 초토화했다. 비판적인 글을 쓰는 사람을 타깃으로 정해 집요하게 괴롭히기도 하고, 입에 담기 힘든 욕설과 비방으로 도배했다. 야당 주요 인사들, 대선 후보에 대해서는 허위사실을 퍼뜨리거나, 지역감정을 부추기거나, 패륜에 가까운 망언도 쏟아냈다. 자발적인 여론인 것처럼 위장했지만 엄청난 국정원 예산을 쏟아부어 만들어낸 것들이었다.

이명박 정부는 집권 초기 광우병 사태로 국민적 저항에 부

딮혔던 경험 때문에 인터넷 여론에 매우 예민했다. 이명박 전 대통령을 포함한 정권의 주요 인사들은 인터넷상에서 이슈가 만들어지고 여론이 움직이는 걸 이해하지 못했다. 이런 현상을 누군가 인위적으로 만들어낸다고 확신했다. 그래서 총리실에 비밀 조직을 만들어 그 배후를 캐낸답시고 닥치는 대로 불법 사찰을 하고 다녔다. 그리고 반대 여론을 만들기 위해 막대한 예산과 인력을 쏟아부었다. 최대한 비밀리에 활동할 수 있는 조직인 국정원과 군대, 경찰 등을 총동원했다. 재량권이 큰 기관일수록 더 많은 돈과 인력이 투입됐다. 여론을 조작하는 요령은 온라인 마케팅 업체나 인터넷 강의를 하는 큰 학원들의 하청업체 관계자들에게서 전수받았다. 처음에는 조잡한 수준이었지만, 시간이 지날수록 수법이 지능화되고 기술과 노하우가 쌓였다. 그러나 순진한 기자들은 정부가 막대한 돈을 들여 이런 일을 한다는 걸 상상조차 하지 못했다. 야당도 마찬가지였다.

국정원 심리전단국 직원들은 여론조작 활동을 철저히 국정원 청사 밖에서 했다. "IP가 추적되지 않게 같은 장소에 오래 머물지 말고, 카페 CCTV에 찍히지 않을 자리에 앉아 작업하라"는 구체적인 지침을 따랐다. 국정원 직원들은 보통 아침에 출근해서 전날 본인이 했던 작업 내용을 보고하고, 오후가 되면 청사를 나와 시내 카페를 돌아다니며 각자 맡은 사이트에 글을 쓰고, 댓글을 달고, 순위를 조작했다. 선거를 앞둔 시점에는 야권 후보들에 대한 반대 여론을 조직적으로 만들었다.

　김상욱 씨는 국정원의 조직적인 여론조작과 선거 개입 사실이 알려지면 엄청난 후폭풍이 있을 것이라 생각했다. 하지만 폭로를 위해서는 이를 뒷받침할 분명한 근거와 물증이 필요했다. 김씨는 물증을 찾아 수소문한 끝에 서울 강남구 역삼동 스타우스 오피스텔 607호에서 여론조작 작업을 하고 있던 김하영 씨를 찾아냈다.

　하지만 확실한 물증을 확보하지 못하면 국정원은 사실이 아니라고 오리발을 내밀 것이 뻔했다. 만약 그렇게 된다면 오히려 역풍을 맞을 수도 있는 상황이었다. 김씨는 정보를 들고 민주당에 찾아갔다. 그리고 민주당 당직자들과 김하영 씨에게서 물증을 확보할 작전을 짰다. 김씨는 자신이 직접 국정원 후배를 상대로 몸싸움을 벌이고 싶지는 않았다. 그래서 당직자들에게 부탁했다. 자신은 아픈 사람인 척 목발을 짚고 뒤에서 촬영하겠다며. 김씨는 "김하영 노트북과 휴대전화를 반드시 확보해야 한다"고 신신당부했다. 그러나 당직자들은 그러지 못했다. 김하영 앞에서 쭈뼛거리다 돌아온 당직자들의 첫 마디는 어처구니가 없었다.

　"저, 근데… 물어보니까 국정원 직원이 아니라는데요?"

경찰 수사를 막아라

국정원이 오피스텔에서 불법 선거운동을 하고 있다는 폭로를 접한 사람들은 어떤 장면을 상상했을까? 여러 대의 컴퓨터, 바삐 움직이는 사람들, 취재 카메라에 화를 내며 도망치는 사람들…. 아마 그런 그림을 떠올리지 않았을까? 선거철마다 심심찮게 뉴스에 등장했던 장면, 불법 콜센터. 수많은 기자가 카메라를 들고 오피스텔 복도로 몰려들었다. 그리고 문을 두드리며 나오라고 소리쳤다. 하지만 몇 시간 후 세상에 공개된 화면은 전혀 예상 밖의 장면이었다. 30대 여성이 사는 평범한 오피스텔. 조직적인 선거운동 장소라고 보기 힘든, 지극히 작고 평범한 공간이었다.

역삼동 오피스텔 복도는 수십 명이 빼곡히 몰려들어 발 디딜 틈이 없었다. 트위터를 비롯한 온라인에서는 오피스텔 내부를 공개하라는 의견부터, 당장 경찰이 나서서 휴대전화와 노트북을 압수하라는 의견이 차고 넘쳤다. 하지만 폭로를 뒷받침할 만한 명확한 물증이 없는 상황에서 무작정 강제 수사에 돌입하라는 요구를 경찰이 받아들일 리 없었다. 언론은 그래왔듯이 기계적인 중립을 유지했다. 야당의 폭로와 여당의 반박, 국정원의 법정 대응. 폭로 내용의 신빙성을 따지거나 절차상 문제점을 확인하려 들지 않았다. 그저 주장을 전달하는 건조한 기사만을 내보내며 공정함을 표방했지만 사실 여권의 편을 든 거나 다름없었다. 지상파를 포함한 대부분의 주요 언론이 야당의 폭로를 그리 크게, 여야 간 공방 형식으로 다루었기 때문이다. 시끄러운 건 오로지 인터넷뿐이었다.

굳게 닫힌 오피스텔 문은 그로부터 이틀 가까이 열리지 않았다. 김하영 씨는 국정원 직원이 아니라고 부인했다. 오히려 신변에 위협을 느낀다며 몰려든 사람들을 쫓아달라고 112에 신고했다. 몇 시간 후 국정원은 대변인을 통해 "김씨가 직원은 맞지만 불법 선거운동은 한 적 없다"는 입장을 발표했다. 역삼동 관할인 수서경찰서에 수사팀이 꾸려졌고, 중간책임자인 권은희 수사과장이 현장에 출동했다. 수서경찰서 수사팀은 당초 김하영 씨 휴대전화와 노트북 등에 대한 압수수색 영장을 신청할 계획이었다. 불법 선거운동이 있었다는 의혹이 있었으므로 당연한 수순이었다. 하지만 수사팀은 무슨 이유에선지 압수수색 영장을 신청하지 않았다. 며칠 후 김하영 씨는 수서경찰서에 자진 출석해 자신의 노트북만 증거로 제출했다. 휴대전화는 제출하지 않았다.

인터넷 사이트에 접속해 글을 쓰고, 댓글을 달고, 순위를 조작한 흔적은 개인 PC에 남지 않는다. 그런 기록은 모두 해당 사이트의 서버에 저장된다. 따라서 경찰이 살펴야 하는 건 노트북이 아니라 휴대전화였다. 오피스텔 안에서 누구와 통화를 하고,

어떤 문자 메시지를 주고받았는지를 봐야 사건의 윤곽을 알 수 있기 때문이다. 하지만 경찰 수뇌부는 압수수색 영장을 신청하지 못하게 했다.

김하영은 노트북을 자진 제출하면서 경찰이 살펴볼 부분을 직접 지정해줬다. 나머지는 국가 기밀이니 보지 말라고 단서를 달았다. 만약 경찰이 압수수색 영장을 받았다면 수사팀은 컴퓨터를 모두 들여다볼 수 있었지만, 강제로 압수한 것이 아니었기 때문에 김하영이 보지 말라고 한 부분에서 찾아낸 증거는 법적으로 논란에 휘말릴 여지가 있었다. 실제로 국정원은 이 전략을 재판 과정에서 써먹었다.

수서경찰서의 수사가 한창 진행 중이던 2012년 12월 16일, 대선을 사흘 앞두고 대선후보 방송 토론이 있었다. 이정희 후보 사퇴로 이날 토론은 문재인 후보와 박근혜 후보 둘이 참여했다. 이날 두 사람은 국정원 사건을 두고도 치열한 설전을 벌였다. 문재인 후보는 "국정원이 불법으로 대선에 개입한 정황이 드러났다"고 지적했고, 박근혜 후보는 "무책임한 폭로"라며 "여성 인권을 짓밟은 행동"이라고 반박했다.

박근혜 후보는 경찰이 발표할 수사결과를 이미 알고 있는 듯한 발언을 넌지시 내뱉었다. 그런데 토론 프로그램이 끝나기 무섭게, 경찰이 느닷없이 중간 수사결과를 발표했다. 수사결과는 박근혜 후보가 언급했던 내용 그대로였다. 경찰은 "김하영 씨 컴퓨터를 확인한 결과 불법 선거운동 흔적은 발견하지 못했다"고 발표했다. 쉽게 말하면 민주통합당이 거짓 폭로를 했다는 뜻이었다. 기습적인 경찰의 기자회견에서, 경찰은 출입기자를 비롯한 누구에게도 사전 통보 없이 브리핑을 진행했다.

선거를 사흘 앞두고 이루어진 매우 단정적인 기자회견에 민주당 의원들은 서울경찰청을 찾아 항의했다. 서울청 출입기자들 역시 김용판 청장에게 거세게 항의했다. 불만이 폭주하자 김용판 서울경찰청장은 오후 4시 무렵 출입기자 간담회를 자청했다. 그리고 다음부터는 기자회견 일정을 기자들과 상의하겠다며 고개를 숙였다. 기자들은 이 자리에서 예정에 없던 기자회견을 갑자기 한 이유가 무엇인지, 노트북 하드를 보고 댓글 흔적이 없다는 발표가 말이 되는지, 아직 수사 중인데 단정적으로 발표한 이유가 무엇인지 등을 따져 물었다. 김용판 청장의 장황한 답변이 이어졌다. 무엇 하나 명쾌하지 않았다.

2012년 12월 19일, 박근혜가 대한민국 제18대 대통령에 당선됐다. 이후 국정원 대선개입 사건에 대한 대중의 관심은 급격히 식었다. 이미 끝난 승부라고 여겼기 때문일까. 역삼동 오피스텔을 가득 채웠던 기자들도 찾아보기 힘들었다. 중간수사 결과 발표 이후 수서경찰서 수사팀의 수사 속도 역시 더디기만 했다. 경찰은 이듬해 4월이 되어서야 사건을 검찰로 넘겼다. 4개월 수사 끝에 내린 경찰의 결론은 매우 이상했다. **'국정원법 위반, 공직선거법은 무혐의'** 국정원 직원들이 정치적 중립을 지키지 않았으니 국정원법은 위반했지만, 대통령 선거에 개입하지는 않았으므로 공직선거법은 위반하지 않았다는 것이다. 논리적으로 이 사건은 국정원법과 공직선거법 둘 다 무죄를 받거나, 둘 다 유죄를 받을 수밖에 없는 사건이다. 선거 기간에 정치에 관여했는데 선거 개입이 아니라니 이 무슨 해괴한 논리인가.

그렇게 사건이 검찰로 넘어간 다음 날, 대형 폭탄이 터졌다. 수서경찰서 중간책임자 권은희 수사과장이 외압이 있었다는 사실을 폭로한 것이다. 권 과장은 〈한국일보〉와의 인터뷰에서 "김용판 서울경찰청장이 휴대폰, 노트북 압수수색 영장을 신청하지 못하게 막고, 경찰 수뇌부가 수사를 방해했다"고 밝혔다. 박근혜 정권 입장에서는 취임 두 달 만에 대형 악재를 만난 셈이었다. 언론도 청와대도 발칵 뒤집혔다. 권 과장의 폭로가 있기 하루 전 검찰은 "특별수사팀을 구성해 엄정히 수사하겠다"는 입장을 발표했다. 그리고 대표적인 특수통 검사인 윤석열 전임 중앙지검 특수1부장, 현 여주지청장을 특별수사팀장으로 임명했다. 검찰 수사가 어떻게 진행될지 관심이 쏠리기 시작했다.

윤석열과 채동욱

특별수사팀장으로 임명된 윤석열 부장검사는 독특한 이력의 소유자다. 1960년생인 윤 부장검사는 서울대학교 법학과 79학번이다. 비슷한 연배의 검사들로 남기춘, 채동욱, 홍만표, 최재경 등이 있다. 대학 동기에 절친한 친구이던 남기춘 전 검사장은 사법연수원 15기, 자신을 특별수사팀장에 임명한 채동욱 검찰총장은 연수원 14기, 홍만표와 최재경은 연수원 17기다. 그러니까 나잇대로라면 윤 부장검사도 이들과 비슷한 기수여야 하지만 윤 부장검사는 사법연수원 23기다. 9수 끝에 사법고시에 합격했기 때문이다. 만약 윤 부장검사가 친구들과 비슷하게 사법고시에 합격했다면, 아마 이 시기 즈음에는 채동욱 검찰총장 후임자 물망에 오르내렸을지도 모른다. 윤 부장검사는 검사생활 8년차인 2002년 검찰을 떠나 법무법인 태평양에서 변호사 생활을 시작했다. 하지만 변호사가 된 지 1년 만에 검사가 천직이라며 다시 검찰로 돌아왔다. 결혼도 매우 늦어 쉰이 넘은 나이에 출가했다. 검찰에서 가장 오래 총각을 했으니 총각들의 대장이라며 '검찰총장'이라는 우스갯소리가 돌 정도였다. 어느 면으로 보나 평범한 인물은 아니다.

윤석열의 수사 스타일은 강단 있기로 유명하다. 태평양에서 검찰로 복귀한 2003년, 윤석열은 광주지검에 발령받았는데 이때 노무현 전 대통령 측근인 안희정과 강금원 회장을 구속했다. 참여정부 집권 1년차, 현직 대통령의 오른팔과 후원자였다. 여러 채널을 통해 압력이 들어왔지만 꿈쩍도 하지 않았다.

윤석열이 본격적으로 유명해진 건 2006년 현대자동차 비자금 수사다. 당시 고양지청에 근무하던 윤 검사는 현대자동차 비자금을 제보 받고, 이를 토대로 현대차 비자금 사건의 실마리가 되는 핵심 첩보를 생산했다. 중수부에 파견되어 수사하던 중 검찰 수뇌부가 정몽구 회장의 구속영장을 막을 움직임을 보이자, 윤 검사는 사표를 던지며 항의한 끝에 정몽구 회장을 구속했다.

굵직한 사건들을 통해 에이스 특수 검사로 자리매김한 윤 검사는 2009년 대검찰청 범죄정보2담당관, 대검 중수부 1, 2과장을 거쳐 서울중앙지검 특수1부장에 임명됐다. 특수 검사라면 누구나 가고 싶어 하는 자리를 모두 거쳤다. 윤석열 부장검사 주변에는 항상 사람들로 붐볐다. 평일 자정이 넘는 시간에도 윤석열이 있는 자리라면 합류하겠다는 사람들이 줄을 이었다. 야간 조사를 마치고 찾아오는 검사들, 다른 자리를 정리하고 모여드는 기자들이 끊이질 않았다. 국정원 수사로 귀양 가기 전까지의 이야기다.

박근혜 정권이 들어설 당시 검찰총장은 공석이었다. 2012년 대선을 얼마 앞두고 벌어진 사상 초유의 검란 사태 때문이었다. MB와의 인연으로 검찰총장까지 오른 한상대 총장의 임기가 끝나갈 무렵, 최태원 SK그룹 회장 수사에 개입한 사실이 드러났다. 한 총장은 위기 국면을 돌파할 생각으로 대검 중수부를 폐지하겠다고 발표했다. 명분으로 내세운 것은 검찰 개혁이었지만 이를 그대로 받아들이는 사람은 없었다. 한상대 총장은 이미 독선적인 조직 운영과 이런저런 사건 개입으로 검찰 내부의 신망을 많이 잃은 상태였다. 중수부 폐지 방침에 최재경 당시 중수부장이 대표로 나서서 반발했는데, 그러자 한 총장은 최재경 중수부장에 대한 감찰을 지시했다. 그러자 폭발한 검사들이 전국 검찰청에서 총장 사퇴를 요구하고 나섰다. 급기야 최재경 중수부장을 비롯한 중견 검사들이 집단으로 항명하기에 이르렀고 결국 한상대 검찰총장은 임기를 채우지 못한 채 자리에서 물러났다. 이 때문에 국정원의 경찰 수사가 진행하는 동안 검찰 아닌 청와대가 사건을 사실상 지휘했다.

검찰총장 후보자는 2013년 2월에 결정됐다. 당시 검찰총장 후보추천위원회는 채동욱, 김진태, 소병철을 후보자로 추천했다. 채동욱은 서울, 김진태는 진주(영남), 소병철은 순천(호남)이었다. 아무래도 김진태 검사장이 박근혜 정권 첫 총장으로 우세하지 않겠느냐는 분석이 많았다. 특수통 검사는 정권 차원에서 통제가 안 될 수 있어 위험 부담이 있고, 기획통인 소병철은 호남 출신이라 박근혜 정권이 꺼린다는 이야기도 돌았다. 실제로 그 무렵 채동욱 총장은 사법연수원 동기들이 있는 로펌에서 영입제의를 받았다고 하니 채동욱이 검찰총장이 될 거라고 기대한 사람은 그리 많지 않았던 것 같다.

추천위가 추천한 후보 3명 중 한 명을 추천할 권한은 법무부 장관에게 있었다. 박근혜 정권 첫 법무부 장관이었던 황교안은 이들 중 채동욱을 검찰총장으로 낙점했다. 황교안이 왜 채동욱을 선택했는지는 알려지지 않았지만, 한 가지 확실한 건 채동욱은 박근혜가 내려보낸 사람이 아니었단 사실이다. 황 장관은 3월 초 채동욱을 독대한 자리에서 "당신이 적임자라고 생각한다. 당신을 총장으로 대통령께 추천할 건데 혹 대통령이 반려할 수도 있으니 비밀을 지켜 달라"고 언질을 줬다. 두 사람의 만남이 있고 일주일 후, 청와대는 채동욱을 검찰총장 내정자로 발표했다.

총장 내정 발표 이틀 후, 채동욱 총장은 곽상도 민정수석으로부터 전화를 받았다. 곽 수석은 박근혜 대통령의 메시지를 전했다. "원세훈 사건을 원칙대로 처리하라. 대통령 워딩 그대로다." 이 말을 들은 채 총장은 박근혜 대통령이 이명박 정권에 약점 잡힌 게 없다고 생각했다. 그도 그럴 것이 원세훈은 MB 측근이고, 친박계와 친이계가 견원지간인 것은 삼척동자도 아는 사실이다. 원칙대로 수사하려면 실력 있는 수사팀을 꾸려야 했다. 채 총장은 4월 초 검찰 중간 간부 인사를 위해 황교안 법무부 장관을 만난 자리에서 국정원 사건 처리 방침을 논의했다. 특별수사팀을 구성해서 사건을 처리하고, 수사팀장으로는 윤석열을 내정하겠다는 내용이었다. 사건이 법원으로 넘어간 후 공소 유지할 것을 고려해서 윤 부장검사를 서울 인근의 여주지청장으로 발령하겠다고 말했다. 황 장관은 수락했다. 황 장관이 특별히 반대하지 않은 것을 보면 이때까지만 해도 검찰이 알아서 사건을 잘 정리할 것이라 기대한 듯하다.

청와대의 속내

그러면 당시 청와대는 무슨 생각으로 국정원 사건을 '원칙대로 처리하라'고 지시한 것일까? 이를 이해하려면 우선 검찰총장 후보추천위원회를 알아야 할 필요가 있다. 총장 후보추천위는 정권이 검찰을 마음대로 하지 못하게 하려고 만든 제도다. 대통령이 검찰 수장을 마음대로 꽂아넣지 못하게 하려 함이다. 이 제도는 이명박 정부 마지막 해인 2012년 도입돼 2013년 처음 적용됐다.

　작동 방식은 이렇다. 우선 후보추천위가 공개적으로 검찰총장 후보를 추천받는다. 공모가 끝나면 추천위는 회의를 거쳐 3명을 검찰총장 후보로 뽑아 법무부 장관에게 올린다. 그럼 대통령은 법무부 장관의 의견을 수렴해 3명 중에서 총장을 뽑는 방식이다. 추천위원회에는 시민단체, 언론인, 법학 교수 등도 참여하기 때문에 청와대가 위원들을 전부 포섭하지 못하면, 대통령이 미리 점찍어둔 사람을 최종 후보 3명에 집어넣지 못할 수도 있다. 이때 실제로 그랬다. 국정원 수사가 한창 진행 중일 때 이정현 정무수석은 "채동욱은 이명박 정부가 뽑은 사람이다"라고 공개적으로 불만을 표시했다. 채동욱이 박근혜 정권의 낙하산 총장이 아니라는 뜻으로 읽혔다. 정권이 넘어가던 시기, 청와대가 아직 어수선할 때여서 생긴 일이었다.

　검찰총장이 청와대의 심복이 아니었으니, 청와대는 자신들에게 불리한 수사를 대놓고 이래라저래라 지휘하기가 부담스러웠다. 만에 하나 검찰총장이 공개적으로 반발하면 일이 심하게 꼬이기 때문이다. 그래서 일단 '원칙대로 수사하라'는 메시지를 보내놓고, 법무부를 통해 압박하면서 수사 자체를 못하도록 국정원을 움직이겠다는 전략을 세운 것이다. 원칙대로 수사하라는 청와대의 메시지는 검찰이 당당히(?) 언론플레이하는 데도 도움이 되기 때문이다.

이런 발상은 수사대상이 국정원이어서 가능한 일이기도 했다. 국정원은 일반적인 수사대상과 달리 수사하기 매우 힘든 특성을 가지고 있다. 일단 자료를 압수하기 위한 수색 자체가 어렵다. 형사소송법에는 "군사상 비밀을 요하는 장소는 책임자의 승낙 없이 압수나 수색을 할 수 없다"고 되어 있다. 압수수색 영장이 나와도 국정원장이 거부하면 압수수색을 못한다는 말이다. 국정원 직원들의 체포 역시 국정원장의 협조가 없으면 쉽지 않다. 그래서 수사 초기 국정원 직원들은 매우 무례하고 당당한 태도로 수사에 임했다. '어차피 너희들은 나를 수사 못해' 하는 비웃음 섞인 모습이었다. 일반적인 피의자라면 상상할 수 없는 일이다. 국정원 직원들의 이런 태도는 검찰의 수사 의지가 확고하다는 사실이 알려질 때까지 계속됐다.

언론의 엄호사격

사건을 둘러싼 언론의 태도를 짚고 가자. 국정원 사건은 〈뉴스타파〉와 〈한겨레〉 정도만 집요하게 물고 늘어졌을 뿐 대부분의 언론은 사건을 다루는 데 매우 소극적이었다. 많은 매체가 사건 자체에 비중을 두지 않았을 뿐 아니라 일부 보수매체들은 수사 자체에 부정적인 입장을 견지했다. 대선에 불복하려는 불순한 세력에 놀아난다는 프레임을 만들어 외친 것이다. 수사의 강도가 높아지면 어김없이 수사의 순수성을 의심했고, 수사가 난관에 봉착하면 무용론을 주장했다. 그런 보도의 선두에는 〈조선일보〉가 있었다. 〈조선일보〉는 사건의 변곡점이 될 만한 포인트에서 늘 다른 매체보다 한발 앞서 의도가 담뿍 담긴 기사를 쏟아냈다.

2013년 4월 13일, 〈조선일보〉 사회면에는 '원세훈, 특임검사한테 수사받는다'라는 제목의 기사가 실렸다. 사건이 아직 경찰에서 검찰로 넘어가기도 전이었다. 기사는 검찰이 윤석열 부장검사를 특임검사로 내정했다는 내용인데, 〈조선일보〉는 검찰이 상설특검을 막을 의도로 국정원 수사를 활용하고 있다고 해석했다. 검찰이 본격적인 수사에 착수하기도 전에, 불순한 의도를 가지고 움직이려 한다며 깎아내리는 내용이었다. 검찰 입장에서는 상당히 기분 나쁜 기사였다. 하지만 기사의 출처가 '사정 당국에 따르면'으로 되어 있어서, 검찰이 공식적으로 확인할 수도 반박할 수도 없었다. 기사 주인공인 윤석열 부장검사는 확인 전화를 해오는 기자들에게 "금시초문이다, 총장님에게 나를 내정한 이유나 확인해서 알려 달라"며 너스레를 떨었다. 〈조선일보〉 기사가 나온 지 5일 후인 4월 18일, 경찰이 사건을 송치했다. 그리고 그날 검찰은 윤석열 특별수사팀장을 발표했다. 〈조선일보〉 기사대로였다. 이때까지 기사의 의미를 제대로 파악한 사람은 없었다. 그저 발 빠른 〈조선일보〉의 특종 정도로 여겼다.

선거법은 안 된다

수사팀을 꾸린 직후, 채동욱 검찰총장이 윤석열 특별수사팀장을 불러서 지시한 메시지는 간명했다. "흑은 흑이고 백은 백이다. 그게 이 사건을 처리하는 유일한 기준이다." 원칙대로 사건을 처리하라는 뜻이었다. 매우 당연한 말이지만 박근혜 정권 입장에서는 천부당만부당한 지시였다. 국정원의 불법 선거운동이 확인되면 파장은 불 보듯 뻔했다. 윤석열 팀장과 수사팀 검사들은 정권의 심장부를 찌르게 될 것이라 생각했다. 경찰 수사에 외압이 있었다는 사실이 폭로된 데다가, 상식적으로도 이상한 점이 많았기 때문이다. 물론 대다수 사람은 검찰이 적당한 선에서 꼬리를 자를 것이라 생각했다. 이명박 정부 내내 검찰이 그래 왔기 때문이다.

청와대는 꼬리 자르기가 아니라 싹 자체를 잘라 버리기를 원했다. 부정선거 논란이 생기지 않게 만들라는 것이었다. '국정원 직원들은 선거법을 어기지 않았다'는 결론, 법리적으로 말하면

"국정원법 위반 혐의는 적용하되, 공직선거법 위반 혐의는 적용하지 않는" 것이다. 무죄로 만드는 것은 불가능하니 국정원법만 적용하라는 것, 이것이 청와대의 가이드라인이었다. 경찰은 정확히 이 가이드라인대로 사건을 검찰에 넘겼다. 법무부와 청와대는 검찰도 같은 결과를 내놓기를 기대했다. 하지만 검찰은 청와대의 뜻대로 움직이지 않았다.

원칙대로 수사하라는 지시를 받은 윤석열 특별수사팀장은 실력 있는 특수부 검사들을 중심으로 수사팀을 꾸렸다. 일반적으로 선거 사건은 공안부 소관이기 때문에 공안 검사들 중심으로 팀이 꾸려질 수도 있었지만, 이 사건은 특수부 검사들이 주를 이루고 공안부 검사들이 추가되는 형식이었다. 특수부 검사들이 중심이라는 말은 수사 강도가 세다는 의미, 즉 청와대가 매우 불리하다는 뜻이다. 국정원 수사팀은 경찰에서 건너온 기록들을 꼼꼼히 검토했다. 온통 허점 투성이였다. 검찰은 경찰 수사에 문제가 있다고 판단했다. 그래서 수사한 경찰들까지 수사대상에 포함했다. 검찰은 국정원이 자발적으로 제출한 자료로는 수사가 불가능하다고 판단했다. 수사팀은 국정원과 경찰에 대해 압수수색 영장을 청구했다. 이는 청와대와의 전면전을 의미했다.

2013년 4월 30일 오전, 70명 넘는 수사팀 인력이 국정원 청사에 들이닥쳤다. 압수수색 사실을 사전에 통보받지 못한 남재준 국정원장은 노발대발했다. 남 원장은 검찰의 압수수색을 전면 거부했다. 오전 11시 국정원 압수수색 소식이 언론에 나오기 시작했다. 25명 규모의 수사팀이 국정원장 협조를 받아 자료를 압수하고 있다는 기사가 이어졌지만, 사실은 검찰은 12시간 가까이 국정원과 승강이를 벌이고 있었다.

더는 안 되겠다고 판단한 채동욱 검찰총장이 밤 10시가 넘어 곽상도 민정수석에게 전화를 걸었다. 그리고 국정원장이 압수수색을 허가하도록 청와대가 협조해달라고 요청했다. 하지만 대통령이 그런 지시를 할 리 만무했다. 곽 수석은 "노력해보겠다"고 답했다. 하지만 아무런 반응도 없었다. 채 총장은 이때 '원칙대로 수사하라'는 박근혜 대통령 말이 사실과 다르단 걸 처음 느꼈다. 결국 검찰은 그날 밤 국정원 메인 서버를 비롯한 핵심 자료들을 확보하지 못한 채 철수했다.

국정원 특별수사팀은 팀이 꾸려진 후 한 달 가까이 채동욱 총장에게 상황을 보고하지 않고 독자적으로 수사했다. 채 총장은 5월 중순에야 처음으로 수사팀 보고를 받았다. 수사팀은 김용판 전 서울경찰청장에게 공직선거법 위반 혐의를 적용하고 구속해야 한다고 보고했다. 채 총장은 수사팀은 물론 중앙지검장, 대검 공안부장 등 주요 간부들과 여러 차례 회의를 열었다. 공안 검사들 일부가 '기소가 어렵다'는 의견을 냈지만 중론은 공직선거법 적용이 가능하다는 것이었다. 채 총장은 김용판 전 청장에게 선거법을 적용해 구속하기로 결론 내리고 법무부에 내용을 보고했다.

그러자 이튿날 황교안 법무부 장관이 채동욱 총장에게 전화를 걸었다. 황 장관의 목소리는 매우 단호했다. "제가 공안 검사 잖습니까. 검토해보니 선거법 적용도 안 되고, 구속은 더더욱 말이 안 됩니다." 30분 넘게 통화가 이뤄지는 동안 두 사람의 끝 모를 평행선을 달렸다. 40분이 지나 결국 채동욱 총장이 한발 물러섰다. "장관님, 그럼 원세훈 국정원장 수사 끝날 때 한꺼번에 결론 내리시죠." 황 장관은 그제야 전화를 끊었다.

압박과 사표

2013년 5월 20일, 검찰은 서울경찰청을 압수수색했다. 이는 경찰 수사에 대한 비판을 넘어 수사한 경찰들이 처벌받게 될 것을 의미했다. 상황이 이쯤 되자 청와대는 검찰이 도를 넘었다고 생각해 전방위적인 압박을 시작했다. 청와대와 법무부, 새누리당, 국정원 할 것 없이 검찰 수뇌부에 수시로 메시지를 전달했다. 구속은 말할 것도 없고, 절대로 이 사건에 선거법을 적용해서는 안 된다는 내용이었다. 채동욱 총장이 이런 메시지를 수사팀에 전달하지 않았지만, 수사팀 검사들도 이미 여러 채널을 통해 압박을 느끼고 있었다. 수사팀 검사들은 국정원 직원들의 미행과 도청, 공작에 대비해 외부와의 통화도 만남도 극도로 조심했다. 그렇게 살얼음판을 내달리는 수사가 이어졌다.

2013년 5월 27일, 법무부가 검찰에 '선거법 위반과 구속 모두 안 된다'는 메시지를 공식적으로 하달했다. 그러자 수사팀 이복현 검사가 사표를 내고 잠적했다. 이복현 검사는 검찰 내부 게시판에 법무부의 지시가 법리적으로 말이 안 되는 이유를 표로 만들어 올리며 항의하기도 했던 인물이다. 윤석열 팀장이 채동욱 총장을 찾아가 수사 검사를 설득해달라고 부탁했다. 외압에 맞서겠다는 의지를 수사팀 검사들에게 보여달라는 뜻이었다. 채 총장이 이복현 검사를 총장실로 불렀다.

이복현 법무부 때문에 결정을 못 하시는 거라면 제가 검사직을 던지겠습니다. 수사가 망가지지 않게 해주십시오.

채동욱 이 검사, 그런 일 없을 테니 날 한번 믿어봐. 당신이 복귀해서 수사하는 게 수사팀을 돕는 일이야. 최선을 다해서 수사나 해.

공소시효를 3주 앞둔 시점, 채 총장의 만류에 이복현 검사는 사표를 접고 복귀했다.

그 무렵 채동욱 총장은 수사팀 부팀장 박형철 부장검사에게 원세훈과 김용판에게 선거법 위반 혐의에 대한 불기소장을 써보라고 지시했다. 법리적으로 황교안 법무부 장관의 논리를 반박하기 위함이었다. 황교안 법무부 장관은 공안 수사의 교과서라 불리는 국가보안법 해설서를 쓴 인물이었다. 법리적으로 다퉈 이기려면 정말 객관적으로 선거법 적용이 가능한지 확신이 필요했다. 박형철 부장검사는 대검 공안 2과장과 중앙지검 공안부장(공공형사부장)을 거친 에이스 공안 검사였다. 공안 검사들 사이에서도 실력을 인정받는 사람이었다. 채 총장은 박 부장검사에게 다른 것은 고려하지 말고 반드시 '선거법 무혐의를 전제로' 논리를 펴보라고 주문했다.

지시를 받은 박 부장검사는 수사내용을 토대로 두 가지 버전의 공소장을 작성했다. 하나는 선거법 위반으로, 다른 하나는 선거법 무혐의로. 한참을 씨름한 끝에 박 부장검사는 선거법 무혐의로는 논리가 충돌해서 쓸 수 없다는 결론을 내렸다. 시간이 한참 지난 후 박 부장검사는 그때 심정을 이렇게 털어놨다.

"진짜로 무혐의로 써보려고 애를 썼다. 아무리 써봐도 말이 안 되는 걸 어떻게 쓰나. 내 이름이 남는 공소장인데 차라리 검사를 그만둘망정 도저히 못 쓰겠더라."

국정원 수사팀은 만장일치로 '공직선거법 위반 혐의 적용, 원세훈·김용판 구속' 의견을 총장에게 올렸다.

채동욱 총장이 수사팀 보고 내용을 법무부에 올렸다. 다음 날 황교안 장관에게 전화가 걸려왔다. 여전히 평생 공안 수사만 한 자신이 검토한 바로는 이 사안은 공직선거법 위반 혐의를 적용하는 것도, 두 사람을 구속하는 것도 말이 안 된다고 강하게 질타했다. 누군가 하나는 손을 들어야 끝나는 싸움이었다. 황 장관의 반대에 고민을 거듭하던 채 총장이 또 한번 머리를 짜냈다. 그는 검찰 간부들을 불러 모으고는 이렇게 말했다. "수사의 흑백을 바꿀 수는 없다. 그건 분명하다. 법무부가 아무리 반대해도 선거법 부분은 양보하지 않을 거다. 하지만 신병 문제는 양보하는 게 어떻겠냐?"

채동욱의 셈법은 무엇이었을까? 당시 국정원 사건과는 별도로 중앙지검 특수1부가 원세훈의 개인 비리를 수사 중이었다. 원세훈이 2009년 홈플러스 연수원을 짓던 건설업체 대표에게 인허가에 힘을 써주고 뇌물로 1억 원 넘게 받았다는 혐의였다. 채 총장은 원세훈이 어차피 개인 비리로 구속된다고 판단했다. 적용된 혐의가 개인 비리든 선거법 위반이든 구속되는 장면만 나가면 여론은 비슷할 것으로 여긴 것이다. 김용판이 걸리긴 했지만 법무부가 저렇게 완강히 반대하는 상황에서 그게 가장 합리적인 묘수라 생각했다. 법무부에 한발 양보해 두 사람을 불구속하고, 선거법 적용을 얻어낸 뒤 원세훈이 구속되고 시간 지나 재판에서 둘 다 처벌을 받으면 결과적으로는 검찰이 원하는 바를 전부 얻는 셈이었다.

채동욱 총장의 제안에 국정원 수사팀은 침묵했다. 원칙대로 진행하라던 지시에 비하면 너무 주눅 든 결정이었지만, 그렇다고 현실을 부정할 수는 없는 노릇이다. 살아있는 권력을 상대로 한 수사가 쉬울 리 없고, 취임 첫 사건으로 법무부와 전면전을 펼치라고만 밀어붙일 수도 없었다. 고민하던 조영곤 중앙지검장이 입을 열었다. "총장님 뜻에 따르겠습니다." 상황이 이쯤 되자 국정원 수사팀도 더는 반대하기 힘들었다. 채동욱 총장은 '원세훈, 김용판에게 공직선거법을 적용하되 신병은 불구속 처리하겠다'는 최종 보고서를 만들어 법무부에 제출했다.

보고를 받은 법무부는 묵묵부답이었다. 검찰 수뇌부는 당황했다. 향후 정권 차원의 저항이 기대 이상으로 강력할 것이라는 의미였기 때문이다. 핵심 관계자들이 여러 차례 소환되고도 신병 처리가 이뤄지지 않자, 법무부와 검찰이 이견으로 갈등하고 있다는 보도들이 하나둘 나오기 시작했다. 법무부의 침묵이 길어지자 채동욱 총장은 황교안 장관이 수사지휘권을 발동할 것으로 생각했다. 채 총장은 자신이 옷을 벗어야 할 때가 왔다고 여기고 사퇴문을 작성했다. 법무부 장관이 지휘권을 발동하는데 검찰총장이 왜 옷을 벗느냐고? 이유를 살펴보자.

사법부인 법원은 정부(행정부)나 국회(입법부)로부터 완벽하게 독립된 조직이다. 하지만 검찰은 사법부 업무를 담당하지만 편제상 행정부인 법무부 소속이다. 그래서 통상 검찰을 준사법부 혹은 준사법기관이라고 부른다. 수사는 공정성이 필수이기 때문에 검찰청법은 법무부가 검찰의 인사와 예산 같은 사무를 지휘·감독할 뿐, 구체적인 사건에 대해서는 관여할 수 없게 되어 있다. 법무부 장관이 구체적인 사건에 관여하는 방법은 수사 검사가 아닌 검찰총장에게 수사지휘권을 발동하는 것뿐이다.

법적으로 영장을 청구하고, 사건을 기소하는 주체는 '검사'다. 검찰 내부 규칙으로 사건의 중요도에 따라 윗사람의 결재를 받도록 정하고 있지만, 이는 어디까지나 사건을 처리하는 기준이 들쭉날쭉한 것을 방지하기 위함일 뿐이다. 법적으로는 검사 개인이 판단해서 영장 청구나 기소를 해도 아무런 문제가 없다.

가끔 검사가 상관의 반대를 무릅쓰고 독자적인 행동을 했다는 기사가 나오기도 하는데, 해당 검사는 내부적으로 징계를 받고 인사상 불이익이야 받겠지만 그 행동 자체가 법적으로 무효가 되지는 않는다.

결국 법무부 장관의 수사지휘권은 검찰이 공정하게 수사할 수 있는 일종의 방패막인 동시에 검찰이 자기들 멋대로 이상한 수사를 할 경우 법무부 장관이 제동을 걸 수 있는 장치이기도 하다. 수사지휘권 발동은 대한민국 건국 이래 딱 한 번 있었다. 2005년 검찰이 강정구 교수를 국가보안법 위반 혐의로 수사했는데 이때 천정배 장관이 "불구속으로 수사하라"고 지휘한 것이다. 당시 김종빈 검찰총장은 천 장관 지휘에 반발해 사임했다. 채동욱 총장은 그때 같은 상황이 있을 것에 대비해 사퇴문을 작성해 놓고 기다렸다. 천정배 장관은 형사소송법의 원칙을 따르라고 주문한 것이었지만, 황교안 장관은 부당한 수사를 강요한 것이었다.

대통령 취임 두 달 만에 검찰총장이 외압 때문에 사퇴하면 정권에 대한 역풍이 불가피했다. 결국 법무부는 6월 7일에서야 "검찰 의견대로 처리하라"는 지시를 내려보냈다. 한바탕 폭풍이 불 것으로 예상했던 채 총장과 검찰 수뇌부는 가슴을 쓸어내렸다. 더 거대한 쓰나미가 몰려올 것은 상상하지 못하고.

수사결과가 통째로

"신은 검찰을 위해 금요일을 만들었다"는 말이 생길 만큼, 이 명박 정부 내내 검찰은 정권에 불리한 수사결과를 금요일에 발표했다. 주말을 지나는 동안 어지간한 이슈는 다 사그라지기 때문이다. 일요일엔 신문이 나오지 않고, 방송사 뉴스도 주말에는 프로그램 자체가 짧다. 휴대폰으로 뉴스를 소비하는 대중의 패턴도 주말보다는 평일, 그중에서도 주초 이슈에 더 활발히 반응한다. 그래서 언론사들도 특종 기사는 방송뉴스의 경우 일요일, 신문의 경우는 월요일에 내보낸다. 청와대와 법무부가 평일에 이 사건 수사결과를 발표하게 뒀을 리 없다. 국정원 수사결과 발표 역시 금요일에 이뤄졌다.

검찰 수사결과 발표가 있을 예정이던 2013년 6월 14일, 〈조선일보〉가 5면을 털어 국정원 사건의 수사결과를 보도했다. 원세훈 국정원장의 공소장 내용과 검찰이 발표할 예정이던 수사결과가 거의 그대로 실렸다. 전례를 찾아볼 수 없는 황당한 일이었다. 기사의 내용은 검찰 수사결과를 손가락질하는 내용이었다. 1면 헤드라인으로 '문재인 안철수 직접 비판은 각각 3건'을 달았는데, 대선 후보를 비판한 댓글 3건을 가지고 검찰이 이 법석을 떨었다는 뜻이었다. 1면 소제목은 "국정원 직원들 인터넷 댓글 1760개⋯ 검찰이 '선거 개입' 적용한 건 67개"이었다. 국정원 직원들이 댓글이라고 단 게 2000개도 안 되는 수준이고, 그중 선거법에 문제가 된다고 본 건 겨우 67건밖에 안 된다는 거다. 댓글 몇 개 단 것 가지고 불법선거라고 주장하는 것은 대선 결과에 불복하는 것이라는 의미다. 경찰이 내렸던 결론, 청와대 가이드라인에 매우 충실한 기사였다.

검찰이 증거로 제출한 댓글 수가 적었던 것은 국정원 직원들이 실제로 했던 활동이 적어서가 아니다. 국정원 직원 김하영 씨가 오피스텔 문을 걸어 잠그고 버티는 동안, 경찰이 압수수색 없이 수사하는 시늉을 하고 있던 동안, 검찰의 압수수색을 조직적으로 방해하고 시간을 버는 동안, 열심히 흔적을 지웠기 때문이다. 국정원 직원들의 불법 활동을 확인할 수 있는 국정원 서버는 압수를 거부하고, 수사 기간 내내 법무부와 여러 채널을 통해 외압을 가해 수사를 망가뜨리려고 총공세를 펼친 내용은 어디에도 등장하지 않았다. 검찰 수사를 비난하는 결론을 내려놓고 그에 부합하는 사실만 열거한 저열한 기사였다. 검찰의 수사결과 보고서가 법무부를 거쳐 청와대로 올라가는 동안, 누군가 보고서를 통째로 〈조선일보〉에 넘겨줬다는 게 정설로 받아들여졌다.

수사결과 발표 당시 검찰은 트위터 수사를 상당히 진행한 상태였다. 구글에 수사 협조 요청 공문을 보내고, 국내 포털 업체를 압수수색하기도 했다. 하지만 결과 발표를 위한 보도자료에 이 트위터 수사내용은 포함되지 않았다. 이진한 중앙지검 2차장이 이 내용을 빼라고 지시했기 때문이다. 그 말인즉슨 트위터 수사가 국정원 사건의 핵심이라는 뜻이기도 했다. 검찰 보도자료 말미에 "미국 트위터 본사 등 공조를 통해 트위터 수사를 계속해 나갈 방침"이라는 문장이 있긴 했지만, 법무부는 트위터 수사가 확대되는 걸 원치 않았다. 수사팀 검사들은 중간수사 결과가 흑을 백으로 만들지는 않았지만, 핵심이 되는 불씨를 최대한 제거해 청와대를 상당히 봐줬다고 생각했다. 이에 대해 불만을 가진 검사들도 있었다.

보고서가 통째로 〈조선일보〉에 유출된 사실과, 검찰 수사를 욕보인 기사에 채동욱 총장은 대노했다. 채 총장은 그 날 저녁 국정원 수사팀 회식에 참석한 자리에서 윤석열 팀장에게 이렇게 지시를 한다.

"트위터 수사, 제대로 해라."

보도자료의 상투적인 문구로 그칠 뻔한 트위터 수사는 그렇게 불이 붙었다. 트위터 수사가 없었다면 사건 결과는 지금과 완전히 달랐을 것이다. 수사팀 검사들은 이날 저녁 채동욱 총장의 지시가 아니었다면 원세훈 국정원장의 재판 결과가 김용판 청장과 같은 시기에 나왔을 수 있고, 아마 지금과는 완전히 다른 결과였을 거라고 회고한다.

채동욱을 몰아내라

검찰이 끝내 선거법 위반 혐의를 적용하자, 국정원은 채동욱 총장을 쫓아낼 계획을 세우고 실행에 들어갔다. 이 계획은 2013년 7월 국정원이 박근혜 대통령에게 올린 보고서에 나와 있다.

채동욱 총장의 검찰 조직 운영에 문제가 제기되고 있다. 자체 자정 노력을 기대하기 어려운 상황으로 외부의 힘에 의한 특단의 조치가 필요한 상황

국정원 보고를 받은 지 얼마 후, 박근혜 대통령 페이스북에 휴가 사진이 올라왔다. '저도의 추억'으로 회자된 그 사진이었다. 아마도 박근혜 대통령은 국정원 보고를 바탕으로 향후 국면을 어떻게 헤쳐 나갈 것인지 고민했던 것으로 보인다.

박 대통령은 휴가 복귀 직후인 8월 5일, 허태열 비서실장을 경질하고 김기춘을 비서실장에 임명했다. 김기춘은 1939년생으로 1988년에 검찰총장을 지내고 1991년 법무부 장관을 지냈다. 김기춘이 검사로 임관한 해가 1964년인데 이때 채동욱 총장은 6살이었다. 다른 어떤 기관보다 위계가 확실한 게 검찰이다. 이만큼 까마득한 선배를 대통령 비서실장에 앉힌 게 무슨 의미이겠는가. 박근혜 대통령의 저도 구상이 짐작되는 대목이다.

공작에 능한 김기춘이 비서실장에 부임한 직후, 서초동 대검찰청 주변에 시위대가 등장했다. 대형 스피커와 피켓, 천막 등으로 무장한 사람들이었다. 스피커에서 온종일 채동욱 총장과 검찰 수사를 비난하는 소리가 울려퍼졌다. "종북좌파 채동욱은 물러가라"라는 정식 구호부터 "동욱아, 이제 집에 가자 새끼야" 같은 조롱까지. 월요일부터 금요일까지 하루도 빠지지 않고 시위가 이어졌다. 서초동 대검찰청 앞은 8차선 대로여서 검찰에서 근무하는 사람들과 일부 민원인을 빼면 유동인구가 많지 않다. 시위를 해봐야 보는 사람이 많지 않으니 1인 시위를 하는 사람들은 대개 출퇴근 시간에 시위한다. 하지만 이 시위대는 종일 스피커를 틀어놓고 인도에 앉아 있었다. 마치 시위가 생업인 양.

그렇게 뜨거운 여름이 지나고 제법 서늘한 바람이 불기 시작한 9월 6일, 〈조선일보〉 1면에 황당한 기사가 실렸다. 그날 나는 회사에서 밤샘 근무를 하고 있었는데 새벽 3시 반쯤 편집부 기자에게 전화가 왔다.

"요한, 조선일보 기사 확인 좀 해줘야겠어."

종이 신문이 배달되기 전이라 인터넷을 검색했다. '채동욱 검찰총장 혼외아들 숨겼다' 채 총장이 10여 년간 혼외 관계를 유지하면서 아들을 낳았다는 내용이었다. 하지만 혼외 여성이 직접 나서서 폭로한 것도 아니고, 유전자 검사 결과가 있다는 내용도 아니었다. 밑도 끝도 없는 내용이지만 기사의 문장들은 매우 단호했다. "숨겨온 것으로 밝혀졌다", "Y씨와의 사이에서 아들을 낳았다"처럼. 더 이해할 수 없었던 것은 채동욱 총장의 입장이 없었다. 기사가 갖춰야 할 기본적인 요건이 하나도 없는 이상한 기사였다.

검찰이 발칵 뒤집혔다. 아니, 대한민국이 발칵 뒤집혔다. 침묵하던 언론이 전부 나서서 종일 전력질주를 하기 시작했다. 거의 발광에 가까운 수준이었다. 기사 요건, 행간의 의미, 억울한 피해자 같은 건 관심에 없었다. 막장 드라마에서나 보던 소재, 그걸 둘러싼 해설과 억측이 쏟아져 나왔다. 말하는 이도, 듣는 이도, 전하는 이도 모두 이성을 잃었다.

채동욱 총장은 〈조선일보〉 기사가 사실이 아니라는 공식 입장을 발표했다. 그리고 〈조선일보〉를 상대로 소송하겠다고 나섰다. 하지만 최고 수위로 반박해도 모자를 상황에 채 총장 해명은 어딘가 모르게 주눅이 들어 있었다. 9월 6일 기사가 나간 이후 며칠 동안 〈조선일보〉는 후속 기사를 내놓지 않았다. 그리고 〈한겨레〉가 해당 혼외 여성이라 주장하는 임모 씨의 친필 편지를 공개했다. 〈조선일보〉 기사가 사실이 아니며 혼외자도 아니라는 내용이었다. 채 총장의 반격이 시작되나 싶었지만, 시간이 지나면서 〈조선일보〉 기사에 부합하는 사실들이 여기저기서 잇따르기 시작했다.

적어도 혼외 여성과의 관계가 사실이었다면, 채 총장은 처음부터 부덕의 소치임을 인정하고 직을 내려놓는 편이 나았다. 총장직을 던지면서 왜 이런 비열한 공격이 시작됐는지를 지적했더라면 오히려 청와대와 법무부, 〈조선일보〉가 역풍을 맞았을지도 모른다. 하지만 채 총장은 참모들과의 회의 자리에서 이렇게 단언했다.

"그 여자는 절대 아니다."

그 말을 믿은 대검 간부 한 명은 '차라리 채동욱의 호위무사가 되겠다'는 글을 페이스북에 남기고 검찰을 사직하기도 했다. 상당수 간부가 총장이 그럴 리 없다며 〈조선일보〉를 비난했다. 정확한 사실을 모른 채 총장 말만 믿었던 참모들은 시간이 지나 부도덕하거나 무능한 사람이 되어버렸다. 만약 그때 채동욱 총장이 기사 내용을 부인하는 대신 참모들에게 사실을 털어놓고 함께 전략을 짰더라면 어땠을까. 정권의 저열한 공격을 정공법으로 받았으면 어땠을까. 두고두고 아쉬운 대목이다.

박근혜 대통령은 이때 7박 8일 일정으로 러시아, 베트남 순방 중이었다. 비난의 화살이 대통령을 향하는 것을 최소화하려는 결정이었다. 황교안 장관에게 만나자는 전화가 왔다. 황 장관은 특유의 여유 있는 말투로 채동욱 총장을 설득했다. "총장님, 제가 해보니까 변호사가 먹고살 만큼은 됩니다." 사표를 쓰고 나가라는 말을 에둘러 표현한 것이었다. 화가 난 채 총장은 황 장관의 면전에서 얼굴을 붉혔다. "장관님, 지금 왜 그런 말씀을 하십니까? 그만 가 보겠습니다."

그러자 이번엔 홍경식 민정수석이 찾아왔다. 홍 수석은 "사실이 아니라면 아닌 부분을 밝히면 되지 않느냐"고 말했다. 하지만 이내 사표를 내는 것이 어떠냐는 뜻을 은근히 전했다. 이번에도 채 총장은 응하지 않고 자리를 떠났다.

채동욱 총장에게 기대했던 반응이 나오지 않자 황교안 장관과 홍경식 민정수석은 다른 방법을 제안했다. 채 총장에게 "대검 감찰 본부장에게 감찰을 지시하는 게 어떻겠냐"는 것이었다. 검찰총장에게 셀프 감찰을 권한 것이었다. 홍 수석은 모니카 르윈스키 스캔들로 특검 조사를 받은 빌 클린턴 미국 대통령을 예로 들면서 셀프 감찰을 종용했다. 제법 느긋한 모습이었던 두 사람은 대통령 귀국이 다가오도록 채 총장이 사퇴하지 않자 초조해하는 반응을 보이기 시작했다. 채 총장은 홍 수석에게 청와대에 이 메시지를 전해달라고 말했다. "법무부에서 감찰 지시가 내려오면 나는 나간다. 앉아서 감찰을 받지는 않을 거다." 그러자 이틀 뒤 황교안 법무부 장관이 채동욱 총장에 대한 감찰을 공개적으로 지시했다. **대한민국 정부 수립 이래로 법무부 장관이 검찰총장을 감찰하라고 지시한 것은 이때가 처음이었다.** 법무부 발표가 나자마자 채 총장은 사퇴했다. 국정원이 박근혜 대통령에게 '외부의 힘에 의한 특단의 조치'를 보고한 지 두 달 만이었다.

고립무원 수사팀

검찰총장을 욕보여 쫓아낸 효과는 강력했다. 이제 검찰 내부의 누구도 국정원 수사팀 수사를 지지하지 않았다. 그즈음부터 국정원 수사에 대해 대놓고 불만을 내비치는 검사들이 부쩍 늘었다. "윤석열이 나이를 믿고 자기 정치를 한다"는 말을 하는 사람들도 있었다. 국정원 수사팀은 편제상 서울중앙지검 산하에 있었기 때문에 조영곤 서울중앙지검장의 지휘를 받고 있었다. 채동욱 총장이 나가기 전까지 조영곤 중앙지검장은 국정원 수사에 대해 별 간섭을 하지 않았다. 실제 수사 지휘는 윤석열 팀장이 하고 조영곤 중앙지검장은 수사팀과 검찰총장 사이에서 형식적인 지휘를 담당했다.

하지만 총장이 무자비하게 쫓겨난 후 조 지검장은 수사의 방향을 틀어쥐기 시작했다. 중앙지검의 공안 수사를 담당하는 이진한 2차장 역시 더 적극적으로 수사에 관여하기 시작했다. 이진한 차장은 기회가 날 때마다 출입기자들에게 국정원 수사에 대한 불만을 내비칠 만큼 수사팀을 불신하던 인물이었다. 이렇게 점점 입지가 좁아지던 국정원 수사팀에게 엄청난 시련이 찾아왔다.

2013년 10월 15일, 트위터 수사를 하던 수사팀이 결정적인 증거를 발견했다. 그래서 국정원 직원 3명을 체포하기로 하고 체포영장과 압수수색 영장을 작성했다. 이날 윤석열 팀장은 안산지청에서 열리는 수원지검 관내 지청장 회의에 참석했는데, 사안이 워낙 시급해 조영곤 중앙지검장에게 지청장 회의를 마친 후 집으로 찾아가겠다고 전화를 했다. 그리고 박형철 부팀장에게 조 지검장에게 보고할 보고서를 준비시켰다. 국정원 직원들에 대한 체포와 압수수색, 향후 수사 계획이 담긴 보고서였다. 밤늦게 찾아온 윤 팀장의 보고를 받은 조 지검장은 예상과 달리 대뜸 화를 냈다.

"야당 도와줄 일 있나? 야당이 이걸 가지고 얼마나 정치적으로 이용하겠어? 그렇게 체포하고 싶으면 내가 사표 내고 난 다음에 해. 수사의 순수성이 얼마나 의심받겠냐고."

정작 순수성이 의심스러운 건 조영곤 지검장이었다. 트위터 증거는 이 사건 수사에 결정적인 증거였다. 그래서 윤석열은 결심했다.

'법대로 하고, 내가 책임진다.'

검찰 내부 규칙상 중요 사건은 영장 청구 시 차장의 결재를 받게 되어 있다. 특별수사팀장은 직제상 차장급이었다. 수사팀에 돌아온 윤 팀장은 본인이 결재하고 박형철 부팀장에게 영장을 청구하라고 지시했다. 이 일로 본인이 징계를 당하더라도 수사는 밀고 나가겠다는 뜻이었다. 그날 밤 수사팀은 법원에 영장을 청구했고 법원은 그 자리에서 영장을 발부했다. 수사팀은 발부받은 영장을 가지고 다음 날 새벽 6시 40분 국정원 직원 4명의 자택을 압수수색하고 3명을 체포했다.

예고 없는 체포 소식에 국정원과 검찰이 발칵 뒤집혔다. 국정원은 검찰에 직원들을 당장 돌려보내라고 항의했다. 항의를 받은 조영곤 지검장이 수사팀에게 "국정원 직원들을 빨리 풀어주라"고 지시했다. 하지만 윤석열 팀장이 반대하며 버텼다. 조 지검장은 '지시 불이행'과 '보고 누락'을 이유로 들어 윤석열 팀장을 수사팀에서 배제하라고 지시했다. 윤 팀장은 박형철 부팀장을 통해 직원들을 돌려보내고 압수품을 돌려주는 대신, 다음 날 법원에 공소장 변경을 신청하게 해 달라고 보고했다. 공소장 변경이란 새롭게 발견된 범죄 혐의를 추가하는 걸 말한다. 그렇게 4차례 보고가 이루어졌고 조 지검장은 이를 승인했다. 그날 오후 윤석열 팀장은 수사팀에서 쫓겨났다. 하지만 윤 팀장의 강단 덕분에 수사팀은 10월 18일 원세훈 국정원장의 공소장 변경 신청서를 법원에 접수했다.

이진한 2차장이 윤석열 팀장이 수사팀에서 배제됐다는 문자를 출입기자들에게 돌렸다. 문자를 받아든 기자들이 술렁거렸다. 채동욱 총장이 쫓겨난 지 한 달 만에 국정원 수사팀장을 쫓아내다니. 이유를 묻는 기자들에게 이진한 2차장은 "윤 팀장이 아무런 보고 없이 국정원 직원들을 체포했기 때문"이라고 설명했다. 자세한 내용은 설명하지 않았다. 그저 지시 불이행, 보고 누락이라는 말만 반복할 뿐이었다. "정말로 아무 보고를 안 했나?"고 묻는 기자들에게 이 차장은 상기된 표정으로 대답했다. "네버. 전혀. 아무 보고를 안 했다." 뒤늦게 사실을 알게 된 기자들이 윤석열 팀장에게 확인 전화를 걸었다. 하지만 윤석열은 아무 대응도 하지 않았다.

뭐, 이렇게 된 마당에

수사팀장에서 쫓겨난 직후 윤석열은 인사 발령을 받은 여주지청으로 향했다. 그런데 사흘 뒤인 10월 21일은 검찰 국정감사가 예정되어 있었다. 수원지검 관할인 여주지청은 서울고등검찰청 소속인데, 여주지청장은 기관 증인으로 참석해야 했다. 윤 팀장이 참석할 것인가를 두고 관심이 집중됐다. 논란이 될 것이 뻔했으므로 황교안 법무부 장관은 윤 팀장을 국감에 참석하지 않게 하라고 지시했다. 윤석열 역시 불편한 상황을 피하고 싶었던 터라 "원세훈 국정원장 재판에 참석하겠다"고 보고했다. 마침 그날 중앙지법에서 원세훈 재판이 예정되어 있었기 때문이다.

그런데 법무부가 허락하지 않았다. "절대로 윤석열이 법정에 출석하지 못하게 하라"는 남재준 국정원장의 주문 때문이었다. 윤석열은 검찰 수뇌부에 "기관 증인이라 내 마음대로 안 나갈 수 없으니 명분이 필요하다"고 답했다. 그러자 잠시 후 이런 답이 돌아왔다.

"배탈이 났다고 하면 되잖나."

치졸한 처사였다. 만약 윤석열이 배탈을 이유로 국감에 불참했다면? 여당 의원들이 이를 문제 삼았을 테고, 그럼 징계가 불가피했을 것이다. 모두의 예상을 깨고 윤석열은 국정감사에 참석했다. 그리고 아무도 예상 못한 폭탄 발언을 쏟아냈다.

윤석열이 폭탄 발언을 결심하게 된 이유가 뭘까. 국정감사 전날 밤 윤석열은 조영곤 중앙지검장에게 전화를 걸었다. "형님, 하루 종일 질문이 이어질 텐데 제가 보고한 사실만 인정해주십시오. 그럼 수사팀 후배들 위해서 제가 함구하고 다 안고 가겠습니다." 수사팀장으로서 최소한의 자존심은 지켜 달라는 뜻이었다. 하지만 조 지검장은 단칼에 거절했다. 아마 윤석열 보고를 받았다는 사실을 인정하면 입장이 난처해진다고 판단했을 것이다.

국정원 직원 체포를 자신이 주동한 게 되거나, 법원이 발부한 영장을 가로막은 외압의 주인공이 되거나. 조 지검장은 보고 자체가 없었다는 주장을 고수하겠다는 뜻을 밝혔다.

국정감사에서
윤석열

"뭐 이렇게 된 마당에, 사실대로 말씀드리겠습니다."

윤석열은 사전 보고가 있었다는 사실과 국정원 수사에 지속적인 외압이 있었다는 사실을 폭로했다. 카메라 앞에서 윤석열과 조영곤의 진실 공방이 이어졌고, 조 지검장은 눈물을 훌쩍이며 사실이 아니라고 주장했다. 이날 서울고검 국정감사는 밤 11시 넘어서까지 계속됐다. 윤석열은 여주지청 소속 검사 2명과 국정감사에 참석했는데 둘 다 5년차 미만의 젊은 검사들이었다. 국감이 끝나고 늦은 저녁을 먹으러 간 자리에 함께하는 사람은 아무도 없었다. 서초동 인근에서 서로 합류하겠다는 전화가 빗발치던 게 불과 몇 달 전이었다. 여주지청장 이후 몇 년간 이어진 귀양 생활 동안 이런 분위기가 이어졌다.

결정적 증거, 트위터

10월 30일, 법원은 수사팀이 신청한 공소장 변경을 받아들였다. 그래서 국정원 직원들이 트위터에서 5만 건 넘게 특정 후보를 지지, 반대하는 글을 썼다는 내용이 추가됐다. 원세훈 변호인단은 이 내용이 별개 사건이라 공소시효가 지났으니 공소장을 변경해서는 안 된다고 주장했다. 하지만 법원은 한 사건의 범죄를 오랜 기간에 걸쳐 저지른 '포괄일죄'에 해당한다고 판단했다.

공소장 변경 보름 후, 수사팀은 선거 관련 트위터를 110만 건 넘게 추가로 발견했다. 2012년 대선 관련 글이 50만 건, 총선을 비롯한 다른 선거 관련 글이 60만 건이었다. 수사팀은 대검을 통해 법무부에 공소장을 다시 한 번 변경하겠다고 보고했다. 법무부는 내용이 부족하다는 이유를 들면서 자료를 보완하라고 지시했다. 재판부는 "공소장을 변경하려면 11월 20일까지 신청하라"고 통보한 상태였는데, 법무부는 승인을 해주지 않았다.

공소장 변경을 원치 않았던 건 중앙지검 지휘부 역시 마찬가지였다. 공소장 변경 마감을 하루 앞두고, 이진한 2차장은 수사팀에 황당한 지시를 했다. 찾아낸 트위터 글을 다시 한 번 확인해서 선거와 관련 없는 내용을 추려내라고 한 것이다. 100만 건 넘는 트위터 글을 다 검수하려면 적어도 3, 4일은 족히 걸리기 때문에 시간을 끌어서 공소장 변경을 못하게 하겠다는 뜻이었다. 수사팀은 "내용 확인은 이미 마쳤고, 공소장 변경 마감이 하루 남아서 안 된다"고 맞섰다. 하지만 이진한 차장은 같은 말만 반복했다. 법무부 역시 이때까지 아무런 승인을 하지 않았다. 마감 당일 법무부는 김주현 검찰국장이 신임 검사들 면담을 해야 하기 때문에 일과 시간 내에 수사팀 보고를 받을 수 없다고 전달했다. 절대 공소장 변경을 승인하지 않겠다는 뜻이었다. 밤 8시까지 공소장 변경 신청에 대한 승인을 받지 못하자, 분노한 수사팀 검사 전원이 사표를 쓰기로 결정했다. 다른 방안이 없었기 때문이다.

일촉즉발의 상황이 확인된 건 해가 질 무렵이었다. 저녁 자리에 가다가 급히 약속을 미루고는 검찰 기자실로 돌아왔다. 그리곤 기사를 썼다. 8시 20분쯤 SBS 8시 뉴스에 내용이 보도됐다. 솔직히 기사를 쓰는 입장에서 고민이 됐다. 파급력 있는 기사 제목은 따로 있었다.

국정원 수사팀, 수사방해 항의… 전원 사표

결정적인 증거를 확보하고도 이를 법원에 제출하지 못하게 방해한 수뇌부. 집단 사표 방침이 전해지면 기사의 파급력은 불 보듯 뻔했다. 하지만 그럴 수 없었다. 기사를 쓴 기자와 언론사는 주목받겠지만, 국정원 수사팀은 이를 빌미로 징계를 받을 테고 최악의 경우 수사팀이 공중분해될 수도 있으니까. 결과적으로 수사 의지를 가지고 외롭게 싸우고 있는 검사들을 쫓아내는 명분을 제공하는 셈이었다.

수뇌부 뜻에 충실한 검사들이 수사팀에 오면, 수사는 망가진다

밋밋한 기사를 쓰기로 했다. 수사팀과 검찰 수뇌부 간 갈등은 넣지 않았다. 대신 새로운 증거가 발견됐다는 내용 뒤에 '검찰이 공소장 변경을 신청할 계획'이라고 박아버렸다. 선수들끼리 알아볼 법한 일종의 경고였달까. 수뇌부가 끝까지 증거 제출을 못하게 하면? 다음 날 물고 늘어지면 되니까.

다행히 뉴스가 나가자마자 법무부가 물러섰다. 책임 추궁을 당하게 될 사람들이 겁을 먹은 듯 보였다. 보도 내용과 수사팀의 집단 사표 움직임을 전해 들은 법무부는 김주현 검찰국장을 통해 공소장 변경 신청을 승인했다. 공소장 변경 마감을 한 시간 앞둔 상황이었다.

국정조사 그리고 물 타기

국회는 이 사건의 실체를 밝히는 데 아무런 역할도 하지 않았다. 계속된 싸움으로 사람들이 혀를 차며 고개를 돌리게 하거나 궤변에 가까운 주장으로 빈축과 화를 샀을 뿐. 진선미 의원을 비롯한 몇몇 야당 의원들이 진실을 밝히려 애를 쓰기는 했지만 결과적으로는 실패했다. 수적 우세를 무기 삼은 여당 의원들의 꼼수와 공작을 넘어서지 못한 것이다. 새누리당의 대응은 거의 발악 수준이었다고 해도 과언이 아니다.

박근혜 정권 출범 한 달 만인 2013년 3월, 새누리당과 민주통합당은 국정원 대선개입 사건에 대한 검찰의 수사결과가 나오는 대로 국회 차원의 국정조사를 진행하기로 약속했다. 하지만 검찰의 기소가 이뤄지자 새누리당은 말을 바꿨다. 검찰 수사가 완전히 끝나지 않았고, 재판에도 영향을 미칠 수 있으니 국정조사를 할 수 없다는 것이었다. 국정조사를 하느냐 마느냐를 두고 한 달 가까운 공방이 이어졌다. 그리고 가까스로 7월 2일부터 45일간 국정조사를 열기로 합의했다.

새누리당은 합의 직후 꼼수를 부렸다. 국정조사에 참여하기로 한 민주통합당 진선미 의원과 김현 의원을 빼라고 주장한 것이다. 두 의원은 2012년 12월 폭로 기자회견 당일 국정원 직원 김하영 씨 오피스텔 복도에 있었다. 당시 새누리당은 두 의원을 포함한 여러 사람을 감금 혐의로 고발했는데, 두 사람이 고발을 당했으므로 사건의 이해당사자라는 주장이었다. 이 논리대로라면 고발한 새누리당 의원들도 이해당사자인 셈이니 국정조사단에서 빠져야 했다. 하지만 애당초 논리 같은 것은 중요하지 않았다. 그저 반대를 위한 반대였으니까.

수준 이하의 궤변을 이어가는 새누리당에 통합민주당은 절절매며 시간을 허비했다. 진선미, 김현 의원은 당시 이 사건을 가장 열심히 좇아다녔던 의원들이다. 민주통합당 입장에서는 사건의 전후 맥락을 가장 잘 아는 주포였다. 당연히 새누리당 입장에서는 공격력이 센 의원들에게 국정조사를 맡기고 싶지 않았다. 새누리당은 끈질기게 참석을 거부하며 생떼를 부렸다. 협상은 결국 아쉬운 쪽이 지게 마련이다. 7월 17일까지도 아무런 진전이 없자 진선미, 김현 두 의원이 자진해서 사퇴하겠다고 손을 뗀 뒤에야 국정조사가 시작됐다.

사건으로 사건을 덮는 교과서적인 수법도 어김없이 등장했다. 새누리당은 국정원이 연루된 또 다른 사건, 2007년 남북정상회담 대화록 유출 문제를 만지작거리기 시작했다. 새누리당은 2012년 대선 당시 "노무현 대통령이 김정일 국방위원장과 회담을 하면서 북방한계선(NLL)을 포기하겠다고 말했다"고 주장하며 거센 색깔몰이를 했다. 고인이 된 대통령의 확인할 수 없는 발언을 두고 진위 공방과 대화록 유출 공방이 일었고, 여야 간 고소고발이 잇따랐다. 검찰 수사가 시작되자 수사 내용이 하나둘씩 언론을 통해 흘러나왔다. 그럴 때마다 새누리당은 "노무현 정권이 NLL을 포기했다"고 주장했고, 민주통합당은 "사실이 아니다"라고 반박했다. 지루한 공방이 끝을 모르고 거듭되는 동안 대중은 피로감을 호소했다.

대통령 비서실장 출신 문재인 의원이 "사실이라면 정계를 은퇴하겠다"며 강공을 펼치자, 새누리당 편에서 군불을 지피던 남재준 국정원장은 아예 두 정상의 대화록을 공개해버렸다. 대한민국의 국가 위상이나 외교적인 파장 따위는 안중에 없이, 오로지 집안싸움에만 관심을 두었기에 가능한 일이었다. 소모적인 논쟁과 지루한 정쟁이 계속되는 가운데 권은희, 김용판, 원세훈 등 사건 관계자들이 국회 청문회에 불려 나왔다. 하지만 국민적인 관심을 불러일으키지도, 대단히 새로운 사실을 밝혀내지도 못했다. 그러다 얼마 지나지 않아 채동욱 총장의 혼외자 문제가 불거졌고, 언론도 대중도 검찰총장의 혼외자 진실을 둘러싼 막장스토리에만 몰두했다. 그렇게 검찰총장이 쫓겨나고, 얼마 후 수사팀장까지 쫓겨나자 사람들은 청와대의 판정승을 예상했다.

달라진 법원 분위기

시계를 조금 뒤로 돌려보자. 2013년 6월 검찰이 국정원 사건 수사결과를 발표하고 사건을 법원으로 넘겼다. 법원은 사건을 서울중앙지법 형사합의 21부, 이범균 부장판사에게 배당했다. 사실 기소 전까지 법원은 검찰 수사에 꽤 협조적이었다. 검찰이 국정원을 상대로 이만큼 강도 높은 수사를 할 수 있었던 것은 법원의 협조가 있었기에 가능했다. 관계자들의 계좌, 통신기록, 사무실, 주거지 등에 대한 압수수색 영장이 문제없이 발부됐기 때문이다. 만약 법원이 수사 초기 단계부터 영장 발부에 태클을 걸었다면 검찰이 김용판, 원세훈 구속을 두고 법무부와 옥신각신하는 상황은 생기지 않았을지도 모른다.

그런데 법원 기류가 검찰 기소를 기점으로 방향을 틀었다. 그 흔적은 고 김영한 민정수석의 수첩과 법원행정처가 생산한 문서에서 발견됐다. 법원 기류가 바뀐 이유는 상고법원 때문이었다. 양승태 대법원장은 본인 임기 내에 상고법원을 만들고 싶어했다. 그러려면 청와대의 협조가 필요했다. 양승태 대법원장은 청와대와 관련된 사건의 재판들을 협상 카드로 쓰기로 했다. 정권의 존립 자체와 관련된 국정원 사건이 얼마나 매력적이었겠는가.

원세훈과 김용판의 1심은 같은 재판부가 담당했기 때문에 선고도 비슷한 시기에 날 것으로 예상했다. 그런데 예상치 못하게 100만 건이 넘는 트위터 증거들이 새로 발견되면서 원세훈의 죄목이 늘어났고 이 때문에 당초 예상보다 재판 일정이 길어졌다. 김용판 재판의 1심 선고는 2014년 2월에, 원세훈 재판 1심은 2014년 9월에야 내려졌다. 두 사람의 1심 결과는 매우 황당했다. 우선 연초에 진행된 선고에서 김용판 전 서울경찰청장에게는 적용된 모든 혐의가 무죄로 판결됐다. 수사 외압을 폭로한 권은희 수사과장과 외압이 없었다는 다른 경찰관 중에 수뇌부 편을 들었던 경찰들 손을 들어준 것이다. 권 과장은 외압 폭로로 얻을 수 있는 이득이 없었는데도 모든 주장을 다 부인하며 신빙성이 없다고 판단했다. 그러고는 범죄 혐의를 입증할 책임이 검찰에 있는데, 증거가 부족하니 어쩔 수 없다면서 무죄를 선고했다.

108페이지에 달하는 판결문은 어려운 말과 긴 문장으로 매우 복잡하게 작성됐다. 법리에 대한 잘 모르는 일반인들은 판결문을 집중해서 읽어도 무슨 말인지 모를 정도였다. 판결에 대한 법조인들과 기자들의 비판이 줄을 이었다. 김용판은 2014년 6월 5일 항소심을 거쳐 2015년 1월 29일 대법원에서 무죄가 확정됐다. 정치적인 고려 없이 그저 원칙대로 했을 뿐이라던 김용판 전 청장은 무죄가 확정된 그해 12월 새누리당에 대구 달서구 공천을 신청했다 탈락했다.

　1심 선고가 무려 1년 4개월이나 걸린 원세훈 재판도 황당하 긴 마찬가지였다. 만약 원세훈 재판에서 수사팀이 트위터 증거 를 새로 제출하지 않았다면, 김용판과 비슷한 결과가 나왔을지 도 모른다. 하지만 100만 건이 넘는 정치 관련 댓글이 발견됐고 이를 지시한 것이 명백한 상황에서 원세훈에게 무죄가 선고될 수는 없었다. 이범균 부장판사는 정치적인 중립을 지키도록 한 국정원법을 위반한 것으로 판단했다. 그런데 선거에 개입한 것은 아니라는 논리를 들어 공직선거법은 무죄를 선고했다. 원세훈 전 국정원장에게는 징역 2년 6월에 집행유예 4년이 선고됐다.

　논리적으로도 법리적으로도 말이 안 되는 판결이었다. 판결 이 나오자 수원지법 김동진 부장판사가 법원 내부 전산망에 장 문의 글을 썼다. '법치주의는 죽었다'라는 제목의 글이었다. 김 부장판사는 이 글에서 이범균 부장판사의 판결을 '궤변'이자 '지 록위마 판결'이라고 강하게 비판했다. 그러자 대법원은 김동진 부장판사가 법관의 위신을 떨어뜨렸다며 정직 2개월의 중징계 를 내렸다. 김 부장판사는 법원행정처가 작성한 '물의 야기 법관 인사 조처 보고서'에 포함됐고, 성추행이나 음주운전 같은 문제 를 저지른 판사들과 함께 인사상 불이익을 당했다.

　원세훈 1심 선고는 2013년 9월 11일 오후 4시에 이뤄졌다.

그런데 선고가 있던 날 아침 고 김영한 민정수석은 청와대 회의에서 원세훈 원장의 형량을 받아 적었다. '원-2.6y, 4 유, 정 3' 징역 2년 6월, 집행유예 4년, 자격정지 3년을 가리키는 내용이었다. 김기춘 비서실장이 불러준 것으로 표시되어 있다. 재판 결과는 재판장이 주문을 읽기 전에는 아무도 알 수 없다. 그런데 법원은 청와대가 초지일관 내려 보냈던 가이드라인 '선거법 적용은 절대 안 된다'를 충실하게 구현한 재판 결과를, 선고가 내려지기도 전에 청와대에 친히 보고하는 센스를 보인 것이다. '우리 법원이 그 정도로 부패하지 않았다'는 수많은 율사의 믿음이 얼마나 순진했는지를 보여주는 대목이다.

작전과 꼼수

1심 판결이 끝난 직후, 국정원 수사팀은 공중 분해됐다. 수사팀에서 쫓겨난 윤석열 여주지청장은 대구고검으로, 윤석열 이후 수사팀을 이끌었던 박형철 부팀장은 대전고검으로, 단성한 검사는 대구지검으로, 김성훈 검사는 광주지검으로 발령 났다. 일부러 수사팀 검사들을 서울에서 멀리 떨어진 곳에 발령 낸 것이다. 보통 일반적인 사건들은 수사를 하는 검사와 재판에 참여하는 공판 검사가 나뉘어 있다. 수사하는 사람은 수사만 하고 재판하는 사람은 재판만 하는 식이다. 하지만 규모가 크거나 복잡한 사건들은 전체 맥락을 속속들이 꿰고 있는 수사 검사들이 재판까지 담당한다. 공들여 진행한 수사가 재판 때 망가지지 않게 하기 위해서다. 검사들이 서울에서 열리는 재판에 오가기 힘들게 만들겠다는 의도가 담긴 인사였다.

원세훈 항소심은 서울고법 형사6부 김상환 부장판사가 담당했다. 항소심이 진행되는 동안 청와대와 법원 수뇌부의 은근한 거래는 계속됐지만, 법원 수뇌부가 대놓고 재판부와 교감하지는 못했던 것으로 보인다. 법원행정처가 2심 선고 전후로 작성했던 문서들을 보면 수뇌부의 조바심이 그대로 묻어난다. 문서에는 "선거법이 유죄가 내려질 경우 청와대의 불만과 오해를 최소화해야 한다"거나 "사법부 진의가 곡해되지 않도록 해야 한다", "청와대가 선고 전 항소 기각을 기대하며 법원행정처에 전망을 문의했다", "법원행정처가 재판부 의중을 파악 중이다" 같은 내용이 담겨 있었다. 행정처가 선고 시나리오를 작성했다는 것은 재판부의 확실한 의중을 파악하는 데 실패했다는 뜻이다.

2015년 2월 9일, 모두의 예상을 깨고 재판부가 1심 결과를 뒤집었다. 원세훈에게 공직선거법 위반 혐의를 인정해 징역 3년에 자격정지 3년을 선고한 것이다. 원세훈은 그 자리에서 법정

구속됐다. 대법원과 청와대는 발칵 뒤집혔다. 우병우 민정수석이 나섰다. 우병우는 "상고심 절차를 최대한 빨리 진행해서 사건을 전원합의체에 회부해달라"고 요구했다. 그리고 이 요구는 그대로 실현됐다. 대법원은 2015년 2월 16일 대법원 3부에 사건을 배당했다가, 4월 10일 사건을 전원합의체로 넘겼다. 대법원은 대법관 4명으로 구성된 소부에서 의견이 전원 일치되지 않으면 대법관 13명이 재판하는 전원합의체로 사건을 넘기기 때문이다. 그렇다면 청와대는 무슨 생각으로 전원합의체 회부를 요구한 것일까?

청와대는 아마도 원세훈 사건의 최종 선고를 2016년 총선 이후로 미루려 했던 것 같다. 만약 대법원에서 선거법 위반을 인정한 2심 결과가 확정되면 당장 부정선거 논란에 직면할 것이고, 대법원에서 2심 결과를 다시 뒤집는다 해도 최종 재판 결과가 2016년 총선을 앞두고 나올 가능성이 컸기 때문이다. 청와대가 원하는 시나리오는 간단했다. 대법원에서 시간을 끌어 2심 결과를 뒤집을 발판을 마련한 뒤, 서울고법 파기환송심에서 선거법 혐의를 무죄로 뒤집고 이후 대법원에서 확정하는 것이었다. 단, 조건은 파기환송심과 대법원 확정은 2016년 총선 이후에 이뤄져야 한다는 것이었다.

대법원은 2015년 7월 16일 제출된 증거에 문제가 있다며 사건을 파기했다. 무죄 취지라고 명기하지는 않았지만, 사건의 내막을 자세히 아는 사람들은 '저대로 가면 무죄'라는 걸 알고 있었다. 무려 대법관 13명이 만장일치로, 결정적인 증거의 증거능력이 없다고 판단했다. 그리고 그로부터 20일 후 양승태 대법원장이 박근혜 대통령을 만났다. 양 대법원장은 이 자리에서 상고법원이 꼭 필요한 이유를 거듭 설명했다.

미루고 뭉개고

'선거법 무죄' 청와대의 명쾌한 요구와 달리 대법원은 내부적으로 입장이 조금 복잡했다. 법리적으로 무죄를 쓰는 일이 보통 어려운 일이 아니었기 때문이다. "선거 기간에 정치 활동을 조직적으로 했지만, 선거법을 어긴 것은 아니다"라는 논리를 어떻게 만들어내겠나. 그렇게 할 수 있는 방법은 하나뿐이다. "검찰이 충분히 입증을 못했다"는 이유를 만들어내는 것. 그러려면 검찰이 제출한 증거가 믿을 수 없다는 이유를 만들어야 했다. 그래서 법원이 물고 늘어졌던 게 그 유명한 '지논 파일'이다. 선거법 무죄인 원세훈 원장의 1심 결과가 뒤집힌 것도, 대법원이 2심 판단을 다시 뒤집은 것도 이 지논 파일이 핵심이었다.

지논은 '논지'를 거꾸로 쓴 말이다. 국정원 심리전단국 직원들은 민간인 알바생들에게 돈을 주고 점조직처럼 여론조작팀을 관리했다. 국정원 직원 김기동은 트위터에서 사용할 '주요 이슈와 대응 논지'라는 지침 문서를 만들어서 사람들에게 내려 보냈다. 김씨가 메모장에 작성한 문서 파일의 이름이 '425 지논'이다. 처음에는 '오25', '222논지'처럼 그때그때 이름을 저장하다가 4월 25일부터는 '425 지논'으로 저장했다. 김기동 부서장 회의나 모닝브리핑에서 나오는 '원장님 지시 강조 말씀'을 바탕으로 내용을 만들어 보내면, 이를 적절히 바꿔 글을 올리고 댓글을 다는 식으로 여론을 만들었다. 또 김기동은 '시큐리티'라는 이름의 파일에 국정원 팀원들의 트위터 계정 아이디와 비밀번호를 저장해 관리했다. 국정원이 실행한 선거 공작의 내용을 자세하게 입증해주는 핵심증거다. 윤석열 팀장이 조영곤 지검장의 반대를 무릅쓰고 압수, 체포했다가 쫓겨난 바로 그 증거들이었다. 검찰에서 이 파일을 작성했다고 진술했던 김기동은 재판에서 말을 바꿔 '기억이 나지 않는다'고 주장했다.

1심 재판부인 이범균 부장판사는 국정원 직원 손을 들어줬다. 하지만 2심 재판부인 김상환 부장판사는 이 파일들이 '업무용으로 작성된 통상 문서'라면서 두 파일의 증거능력을 인정했다. 그래서 1심 선고를 뒤집고 원세훈에게 선거법 위반 혐의를 적용했다. 그런데 대법원은 이 파일들을 '통상적인 문서로 보기 어렵다'며 증거능력이 없다고 판단했다. 2심이 무죄를 뒤집었던 일종의 스모킹 건의 증거능력이 없다고 한 것이다. 시간의 문제일 뿐 사실상 무죄를 선고한 것이나 다름없었다. 그렇게 사건은 서울고법 형사7부 김시철 부장판사에게 다시 내려갔다.

파기환송심을 맡은 김시철 부장판사는 재판을 진행하면서 아예 대놓고 국정원 편을 들었다. 김 부장판사는 "검찰의 국정원법 해석이 틀렸다"고 지적하기도 하고, "1심과 2심 판결이 잘못됐을 수도 있다"는 발언도 서슴지 않았다. 심증을 감추고 공정하게 재판을 진행해야 하는 판사의 의무 따위는 찾아볼 수 없었다. 그런가 하면 "손자병법에 보면 전쟁에서 이기려면 그때그때 사정에 따라 병력을 움직이기도 하고 멈추기도 하는 등 탄력적인 용병을 해야만 승리할 수 있다는 내용이 있다. 수천년 전부터 제기되는 이런 주장에 대한 양측의 입장은 무엇이냐?"는 황당한 질문을 해 빈축을 샀다.

편파적인 진행이 도를 넘자 급기야 사건의 주심 판사였던 최 모 판사가 반발하는 촌극이 빚어졌다. 최 판사는 법원행정처 인사 담당자를 찾아가 "국정원 사건이 잘못된 방향으로 가고 있다"면서 자신을 "다른 곳으로 보내달라"고 요청했다. 결국 최 판사는 인사 대상이 아니었는데도 이듬해 2월 인사에서 금융정보분석원(FIU)으로 자리를 옮겼다.

2015년 7월 시작한 재판은 해를 두 번이나 넘겨서도 계속됐다. 김시철 부장판사는 결국 사건을 가지고 질질 끌다가 선고도 내리지 않고 서울고법 민사부로 발령 났다. 그리고 후임으로 온 김대웅 부장판사가 2017년 8월 30일, 원세훈 전 국정원장에게 징역 4년에 자격정지 4년을 선고했다. 박근혜 전 대통령 탄핵으로 문재인 정부가 들어선 후, 법원 개혁을 주장하던 김명수 대법원장이 지명된 지 9일 만이었다. 해를 넘긴 2018년 4월 19일, 대법원 전원합의체는 국정원법과 공직선거법을 위반한 혐의로 기소된 원세훈 전 국정원장에게 징역 4년에 자격정지 4년을 선고한 원심을 확정했다.

사건이 폭로된 날부터 무려 6년 가까이 지난 시점이었다.

김요한

5

절망 공화국

세월호 수사 사건

방송 바로듣기

운명과 정의

운명이란 게 있다. 한참을 벗어나려다가도 자신을 감싸는 운명의 늪으로 더욱 깊이 빨려들고 있음을 자포자기 심정으로 바라볼 때가 있다. 사건의 늪에서 벗어나고 싶었고, 사람과의 부대낌에서 벗어나고 싶었다. 당시 검찰, 법원 출입 6년. 법조는 기자에게 고통스러운 출입처다. 모든 출입처가 별반 다르지 않겠지만, **법조 역시 매일 전투를 치른다. 상대는 검사도, 판사도, 타사 기자도 아니다. 부정의(不正義)다.**

법조기자의 제1 덕목은 비판과 견제다. 수사는 검사가, 판결은 판사가 하는 것이다. 수사와 판결을 단독이라는 이름을 달고 쓰는 것은 부수적 수입이다. 법조기자는, 검사와 판사의 사법작용이 정의라는 기준에 따라 작동하는지 감시하는 역할을 해야 한다. 그러다 보면 검사, 판사와 불편하게 마주치는 경우가 많다.

사실 이런 싸움은 객관적으로 기자에게 승산이 없다. 정보를 비대칭적으로 독점하고 있는 검사와 판사는 언제든 보안이라는 이름으로 대외 공개 자료를 입맛에 맞게 가공 가능한 위치에 있다. 이 정보의 비대칭적 상황에서 기자 혼자 칼에 베이지 않으려면 그들보다 10배 넘게 수를 내다보고 취재해야 한다.

그렇게 6년을 서초동 법조타운 자락에서 지내다보니 스스로 몸과 마음이 지쳐 있음을 느꼈다. 2013년 박근혜 정부 첫해, 국정원의 정치 개입 수사에 모든 것을 쏟아부었던 나로서는 더는 서초동에서 길을 찾을 수 없었다. 역린을 건드리고 섬에 고립된 국정원 댓글 사건 수사팀과 자신의 목에 칼을 겨눈 수사팀을 사실상 해체한 박근혜 정부 사이에서, 실체적 진실에 다가서는 여정은 한참 남아 있었지만, 그 당시에는 내 역량이 막다른 골목에 다다른 느낌을 지울 수 없었다. 솔직히 말하면 숨이 막혔고 현실에서 잠시라도 벗어나고 싶었다. 나를 위한 최소한의 몸부림이었다.

법조팀에서 경제부로 자리를 옮긴 지 2주 뒤인 2014년 4월 16일 오전. 현대중공업 기자실에서 오전보고를 마친 뒤 봄비에 젖은 재동을 한동안 내려다보고 있었다. 새벽부터 내린 비가 북촌한옥마을과 창덕궁 동편 담벼락을 고즈넉하게 만들었다. 네이버 메인 화면에 걸린 세월호 침몰 뉴스만 아니었다면 그날 오전은 그렇게 정지된 듯 완벽한 시간을 보냈을지도 모른다. '침몰'과 '전원 구조' '다시 정정'으로 이어지는 보도가 당시 상황을 혼란스럽게 했다. 세월호 침몰이 훗날 나에게 어떤 운명으로 다가올지 짐작조차 할 수 없었지만 적어도 그날, 그 보도의 첫 제목을 본 순간 세월호의 비극이 우리 삶을 어떻게 집어삼킬지 본능적으로 예감할 수 있었다.

다음 날인 4월 17일 국회 의원회관에서 한 비서관과 약속이 있어 의원실을 찾아가고 있었다. 신문과 텔레비전은 세월호 보도로 마비되다시피 했다. 검찰은 세월호 침몰 당일인 4월 16일 광주지검 목포지청에 검·경 합동수사본부를 구성했다. 의원실에서 비서관을 기다리다 문득 나도 모르게 윤대진 광주지검 형사2부장이 떠올랐다. 통화한 지도 오래된 차에 그에게 안부 전화를 걸었다.

당시 윤대진은 서울중앙지검 특수2부장을 마친 뒤 서산지청장, 광주지검 형사2부장으로 지방을 전전할 때였다. 검찰 안팎에선 국정원 정치 개입 사건을 지휘하며 항명 사태를 일으킨 윤석열 국정원 수사팀장과 단지 친하다는 이유 하나만으로 인사상 불이익을 받고 있다는 소문이 정설로 돌았다. 이 의혹은 나중에 박근혜 정부 국정원 내부 문건을 통해 확인됐다. 이 문건에는 윤대진이 광주지검 형사2부장 때 국정원 수사팀의 주포 중 한 명인 김성훈 검사를 데리고 있고, 김성훈이 국정원 사건 공소유지에 주력하도록 업무에서 편의를 봐줬다는 내용도 담겨 있었다. 이른바 공안부 검사들은 '건전 검사'로, 윤석열과 윤대진 등 특수부 검사들은 '불량 검사'로 낙인 찍혀 있던 시절이다.

사법연수원 25기 중 항상 선두권을 달리며 대검 중수부와 서울중앙지검 특수부를 오갔던 윤대진은 삼남지방(서산지청, 광주지검, 부산지검)을 떠돌아야 했다.

"광주 생활은 어때요?"

"형사부에서 후배들 가르치고 잘 지내고 있어요."

"맛집도 다니세요?"

"체중 관리하느라 저녁에도 어딜 안 다녀요."

"세월호 수사를 관내에서 하게 됐네요. 큰 사건이 따라다니네요."

"그렇게 됐어요. 이쪽에서 이런 사건 하게 될 줄 누가 알았겠어요."

서로 덕담을 나누다 갑자기 그가 일반전화로 누군가의 전화를 받느라 잠시 통화가 끊겼다.

"어, 김기자, 내가 지금 위에서 전화가 와서 이따 다시 통화합시다. 세월호 사건 때문인 거 같은데, 미안해요."

그 이후로 그와는 연락하지 못했다. 수사 경험이 많기 때문에 아마도 세월호 사건을 지휘하라는 광주지검장 지시가 있지 않을까 미뤄 짐작하고는 당시에는 별로 관심을 두지 않았다.

어쩌면 윤대진에게도 세월호 사건이 운명이었을지 모른다. 그가 윤석열과 친분이 없었다면, 그래서 단지 친분이 있다는 이유로 삼남지방을 전전하지 않고 박근혜 정부에서 주요 보직을 맡으며 잘 나갔더라면 어떻게 됐을까. 윤대진은 광주지검과는 인연이 없었을 것이고, 당연히 광주지검에서 진행된 국가의 세월호 구조 부실 책임 수사를 25기 최고의 특수통인 윤대진이 맡지도 않았을 것이다. 또한 국정원 수사팀에서 상부의 외압에 맞선 가장 강성 검사 중 한 명이다가 광주지검으로 내쫓긴 김성훈 검사가 세월호 수사를 조우할 일도 없었을 터다. 박근혜 정부 입장에서 보면 윤대진을 지방으로 내친 결정이 최악의 결과로 돌아오는 운명을 자초한 셈이다.

권력의 힘은 사람을 품을 수 있는 권위에서 나온다. 복수는 하수의 권력 행위고, 관용은 고수의 권력 행위다. 적으로 만드는 건 하수의 정치고, 자기 사람으로 만드는 건 고수의 정치다. 삶이란 늘 생각대로 움직이지 않는다. 어쩌면 생각했던 것과 반대로 움직이는 일이 더 많다. 무엇을 하든 리스크는 가능한 한 줄이는 것이 최선이다.

돼지머리로 오른 유병언

2014년 4월 16일 저녁 퇴근길, 마음을 졸이며 집에 오자마자 텔레비전을 틀었다. 방송은 24시간 세월호 구조 소식을 다루고 있었지만 기다리는 소식은 들려오지 않았다. 세월호 침몰 발생 주말 내내 초조하게 집에서 뉴스를 보는데, 4월 20일 일요일 경제부장의 전화가 걸려왔다.

"김정필 씨, 경제부 오자마자 좀 미안하게 됐는데 아무래도 사회부 파견을 가야겠어."
"네, 알겠습니다. 내일 어디로 가면 될까요."
"일단 회사로 좀 들어와 줘."

선택의 여지가 없었다. 사회부에 취재와 기사 부담이 커지던 시점이라 부서 차출은 당연했다. 사회부에서는 나를 어떻게 활용할지 고민하고 있었다.

그러던 중 4월 22일 〈중앙일보〉 1면에 유병언이란 이름이 처음 등장했다. 헤드라인은 '청해진 사주 유병언 재산 2400억 추적'이었다. 다음 날인 4월 23일 〈중앙일보〉는 역시 1면에 유병언을 톱 메뉴로 골랐다.

유병언 계열사 대표 대부분 구원파 신도

〈중앙일보〉는 세월호 사건의 피해 구제가 중요하다는 검찰 관계자 멘트를 인용해 유병언 수사의 중요성을 설파했다.

상업 저널리즘 입장에서 유병언은 흥행 요소를 다 갖춘 뉴스 소재였다. 재산이 많은 데다 언뜻 듣기에 이름도 자극적인 구원파라는 종교를 갖고 있었다. 더군다나 은둔형 인물인 점은 대중의 호기심을 불러일으키기 충분했다. 세월호 실소유주 의혹을 사고 있는 유병언 일가는 세월호 침몰 사건 책임에서 벗어날 수 없는 측면이 있는 것이 사실이다. 선박 부실 관리가 세월호 침몰의 직접 사고 원인이기도 했다.

주목할 대목은 〈중앙일보〉 첫 보도에 나온 검찰 관계자의 멘트였다. 그는 분명히 유병언 수사의 명분을 '피해 구제'로 언급했다. 여기에는 중요한 맥락이 들어 있다. 바로 피해 구제의 주체를 국가가 아닌 유병언 일가로 프레임을 전환하려는 의도였다.

세월호 사건의 실체 규명은 사고 원인과 구조 부실이 우선순위였다. 피해 구제는 모든 실체적 진실을 규명한 뒤 뒤따르는 작업이다. 그런데도 후순위에 해당하는 규명 작업을 앞으로 끌어내 국가의 책임을 유병언 일가로 전가하려는 움직임이 보이지 않는 손에 의해 벌어지고 있었다. 대형 국가재난이나 권력형 비리 수사 같은 상황이 발생하면 언론은 제어장치를 상실한 폭주 기관차처럼 앞만 보고 달리는 습성이 있다. 누가 치이던 중요하지 않다. 정차역마다 먼저 도착하는 것만이 중요할 뿐이다.

김진태 검찰총장은 세월호 침몰 사건이 벌어진 당일인 4월 16일 곧장 목포지청에 검경합동수사본부를 차렸고, 4월 21일에는 인천지검에 특별수사팀 구성을 지시했다. 세월호 선주의 책임을 물으려는 조처라는 설명을 곁들였다.

당시 세월호 사건의 프레임 전환 시도를 엿볼 수 있는 구체적 정황이 있다. 대검찰청 간부회의에서 인천지검의 유병언 수사와 관련한 논의를 하며 '돼지머리가 필요하다'는 검찰 고위관계자의 언급이 있었다는 얘기가 전해졌다. 정부 책임론 비판이 거세니 시선을 돌릴 다른 희생양이 필요하다는 논리였다.

정부가 의도적으로 인천지검 유병언 수사의 판을 키우면서, 나의 쓰임새도 자연스럽게 결정됐다. 인천지검 출입이었다. 인천지검은 남구 학익동에 있다. 원래 주안동에 있었는데 2002년 여름 학익동으로 이전했다. 전국 모든 검찰청과 법원 건물은 겉으로는 사이좋게 나란히 배치돼 있다. 이유는 알 수 없지만 위치는, 건물 정면을 바라볼 때 검찰이 왼쪽, 법원이 오른쪽을 맡는 관행이 있다. 인천지검은 특이하게 검찰청이 오른쪽에 자리 잡고 있다. 1997년 먼저 지어진 인천구치소가 법무부 건물이다 보니 그

옆에 검찰청을 배치하는 것이 편리하다는 법원과의 협의가 있었다고 한다. 검찰 내에서는 김준규 검찰총장이 풍수지리를 따져 조언했다는 풍문도 있다.

2014년 4월 23일 오전 인천지검 1층 로비에 들어섰다. 인천지검은 인근에 지하철이 없는 데다 서울에서 접근성이 떨어져 출퇴근으로 오가는 데에만 4시간이 걸렸다. 통상 지방 검찰청은 각 시청 기자실에 있는 지역 기자들이 담당하기 때문에 청사 안에는 기자실이 없었다. 인천지검도 마찬가지였다. 유병언 수사로 서울에서 기자들이 하나둘 내려오기 시작하더니 각 매체마다 1~2명의 기자를 배치하기 이르렀다. 인천지검은 청사 5층에 임시로 기자실을 만들어 편의를 제공했다. 인천지검 청사 앞마당과 입구 주변에는 방송사 중계차까지 진을 치고 있었다. 당시 검찰 고위관계자는 "임창렬 경기도지사 부인 수뢰 사건과 임창욱 대상그룹 명예회장 회삿돈 횡령 사건 이후 인천지검에 이렇게 많은 기자가 온 건 처음"이라고 말했다.

인천지검이 관심을 끈 이유 중 하나는 최재경 인천지검장의 존재였다. 최재경은 특수부 검사들 사이에서 최고의 칼잡이로 꼽힌다. 법조 출입기자라면 특정 수사가 그에게 배당될 경우 최재경이라는 이름 하나로 주목하지 않을 수 없는, 그런 인물이었다. 사실 최재경은 당시 여러 굴곡을 거쳐 수도권에 있는 인천지검까지 올라온 터였다. 김경수, 홍만표와 함께 17기 트로이카로 불리며 일찌감치 미래 검찰총장감으로 낙점 받았던 그는 대검 중수부장 시절 검찰 개혁과 관련해 한상대 검찰총장과의 이견 탓에 초유의 검난 사태를 불러일으킨 뒤 전주지검과 대구지검으로 사실상 좌천돼 있다가 인천지검으로 올라와 명예회복을 노리고 있었다. 최재경으로서는 유병언 사건 처리가 향후 검찰 내에서의 진로를 가르는 중요한 변곡점이었다.

인천지검 수사는 속전속결이었다. 대검은 인천지검에 특수부 출신 검사들을 대거 투입했다. 유병언 회장 일가의 재산 형성과 계열사의 횡령·배임 의혹이 거의 열흘 만에 베일이 벗겨졌다. 유병언 일가와 관련된 인물들은 전원 구속영장이 청구되다시피 했고 법원도 지체 없이 발부해줬다. 인천지검은 김회종 2차장검사를 통해 매일 수사내용을 브리핑했다. 인천지검이 구원파의 본산인 경기도 안성 금수원을 압수수색을 할 때는 신도들과의 물리적 충돌 가능성이 제기되며 긴장감이 한껏 고조되기도 했다.

그런데 잘 나가던 수사에 이상 신호가 감지됐다. 프랑스에 머무는 유병언의 딸 유섬나 씨가 검찰 출석에 잇따라 불응하더니, 아들 유대균 씨도 잠적해 연락이 닿지 않았다. 급기야 유병언마저 종적을 감췄다. 인천지검은 이때부터 유병언 일가 체포로 수사 모드를 전환해 드라마 '수사반장'을 찍듯 전국 각지로 추적기를 쓰기 시작했다. 유대균의 염곡동 자택을 수색할 때는 소방헬기가 뜨기도 했다. 연일 유병언의 신출귀몰한 행방이 방송과 신문을 휩쓸었다. 유병언이 지리산 빨치산의 터널로 탈주로를 삼고 있다는 보도까지 나왔다. 애초 유병언 일가의 횡령·배임 혐의를 수사하던 특수사건이 범죄자를 쫓는 강력사건으로 변질했다가 빨치산이 등장하며 공안사건으로 종결되는 것 아니냐는 우스갯소리까지 나왔다.

보수언론과 종편은 경마 보도를 하듯 유병언 탈주기를 실시간 중계방송하며 시청자의 눈과 귀를 사로잡았다. 당시 한 종합편성채널 기자는 "데스크에서 빨치산 같은 자극적인 제목을 달아야 한다며 압박이 심하다. 요즘 종편은 시청률이 상상을 초월한다. 평상시에는 영 점 몇 프로 나오는데 유병언 얘기만 나오면 4%대까지 시청률이 올라간다"고 말했다.

이런 상황을 가장 반겼던 건 박근혜 정부였다. 돼지머리로 올린 유병언이 도주했고, 체포작전이 장기화하며 세간의 관심은 온통 유병언으로 쏠렸기 때문이다. 정부 책임론은 온데간데없었고, 세월호는 유병언의 단독범행처럼 사람들의 뇌리에 각인됐다. 유병언을 왜 수사하는지에 대한 근본적 접근은 사라진 채, 검찰이 그려놓은 '사이비종교 지도자의 처참한 말로'의 논픽션 이야기에 대중을 홀리도록 한 것이다.

인천지검 수사팀 일부 검사들은 정부의 이런 프레임 전환에 검찰이 동원되자 불편한 기색을 보이기도 했다. 인천지검 수사팀 핵심 관계자는 "처음 특별수사팀 구성 지시가 내려왔을 때 인천지검은 전혀 준비가 안 돼 있었다. 여기로 사건이 올지도 몰랐던 거다. 인천지검이 초이스된 데는 윗선에서 서로 익스큐즈가 됐기 때문 아니겠나. 나라고 이 와중에 이런 수사를 하고 싶겠나"라고 말했다.

유병언, 시체로 발견되다

최재경 인천지검장은 주위의 비판을 의식한 듯 여러 차례 오해를 사지 않도록 검사들에게 주의를 당부한다고 해명하기도 했다. 최재경은 유병언에게 출석을 통보한 직후 사석에서 만나 "수사팀이 제일 조심하는 부분이 너무 홍보한다는 소리"라고 했다. 그는 유병언이 도주하자 검찰이 유병언의 위변장 사진까지 내걸고 현상수배를 한 직후 이렇게 털어놓기도 했다.

"예전에 모셨던 어른 한 분이 전화를 주셨다. '아무리 급해도 검사가 위변장 사진을 배포하고 그러면 안 된다. 경찰이 했다고는 해도 경찰 지휘는 검사가 하는 거다'라고 한마디 하시더

라. 주의해서 살피겠다고 정중히 말씀드리기도 했다."

인천지검의 이런 분위기와 달리 검찰 지휘부는 '유병언 책임 프레임' 전환에 올인한 박근혜 정부에 적극 동조하는 행보에 나섰다. 김진태 검찰총장은 2014년 5월 25일 일요일 인천지검을 방문해 격려했다. 당시는 인천지검이 유병언과 장남 유대균 검거에 총력을 기울이며 철야근무를 하고 있었다. 유병언과 유대균에게 내건 현상 수배금도 각각 5000만 원, 3000만 원에서 5억 원, 1억 원으로 늘렸다. 검찰총장이 수사 중에 일선 지검을 일요일에 방문하는 경우는 굉장히 드물다. 그만큼 검찰총장이 다급했고, 검찰총장 윗선은 더 다급했다는 뜻으로 읽혔다. 하지만 김진태가 세월호 침몰의 국가 부실 책임 사건을 수사한 광주지검을 공식 방문했다는 보도는 없었다. 이는 검찰이, 정부가, 유병언 수사에 얼마나 올인하고 있는지 보여주는 단적인 대목이다.

유병언 수사가 세월호 사건에서 어떤 의미를 갖고 있었는지 보여주는 당시 수사팀 관계자의 이야기가 있다. 검찰이 세월호 사건을 실적 경쟁으로 여기는 이야기를 스스럼없이 하는 것도 놀랐지만, 세월호 침몰 같은 국가재난 사건에서 어떻게든 국가의 책임론을 숨기려 동원된 검찰의 도구적 자아를 당연시한 인식에 한 번 더 놀랐다.

"김한식은 사실 우리(인천지검)가 먼저 조사했는데 목포 검경 합동수사본부가 데려갔다. 사실 이런 거는 검찰총장님이 결정해서 정리해주셔야 한다. 김한식은 업무상과실치사 공동정범을 어디까지 위로 올라가 볼 것인지와 관련돼 있다. 판례를 보면 김한식까지도 많이 올라간 거다. 이게 최대치 아니겠나. 과거 서해 페리 사건도 그렇고 말이다. 김한식은 우리가 먼저 조사했지만 수사팀이 많이 양보했고, 목포 쪽 후배 검사들 사기도 있고 해서 그냥 그쪽으로 가져가라고 했다."

당시 국가의 책임론과 관련해 가장 중요한 문제는 업무상과실치사 혐의를 누구에게 적용할지였다. 박근혜 정부는 어떻게든 해경과 청와대로 업무상과실치사 혐의의 잉크가 번지는 것을 막으려 했다. 당연히 혐의 적용의 최대치를 민간 영역으로 한정 지으려 했고, 그 대상은 유병언 일가 또는 그 일가가 소유하고 있는 세월호 관계사의 임원들이었다. 당시 동시에 수사를 벌이고 있던 인천지검과 목포지청 검경합동수사본부는 민간 영역으로 사실상 책임론의 가이드를 한정하는, 김한식 청해진해운 대표 처벌을 서로 하겠다고 소유권 다툼을 빚는 양상을 보이기도 했다.

유병언은 2018년 6월 12일 전남 순천의 한 매실밭에서 변사체로 발견됐다. 시신이 크게 훼손된 나머지 검찰과 경찰이 사체로 특정하지 못한 채 40일이 흘렀고, 7월 22일 유전자 감식 결과 유병언으로 최종 확인돼 수사는 비극적 결말을 맞았다. 이 비극은 유병언 사망으로 끝나지 않았다. 최재경 인천지검장은 유병언 검거 실패의 책임을 지고 대검에 사표를 제출했다. 유병언의 시체 보고와 관련해, 발견 당시 최재경이 김진태 검찰청장에게 보고하지 않았다는 데 대해 책임을 지고 사의를 표명했다는 이야기가 대검에서 흘러나왔다.

하지만 이와 관련해 사실관계가 다른 이야기가 있다. 인천지검 수사팀 관계자는 "최재경 지검장에게 보고하러 갔다가 우연히 최 지검장이 순천에서 발견된 시체 보고를 대검 쪽에 하는 전화 통화를 옆에서 듣게 됐다. 통화 내용으로 볼 때 김진태 총장인 것으로 보였다. 최 지검장은 그런 문제로 총장과 사실관계를 다투는 모습을 보이고 싶지 않아 혼자 책임을 다 떠안고 그만두려 했다. 인천지검 차장, 부장도 전부 사표를 냈지만 최 지검장이 반려했다"고 말했다. 당시 김진태 검찰총장 책임론까지 거셌지만 김진태는 끝까지 임기를 채웠다. 아마도 누군가 그의 임기를 지켜줬고, 채워줬을 것이다. 그 임기라는 것은 정권의 보상이었을지도 모른다.

검찰총장이 임기를 채운 건 최근 몇 년 사이 김진태 검찰총

장이 처음이었다. 김진태가 왜 그토록 임기에 집착했는지는 알
수 없다. 검찰총장은 하루를 했든 임기를 채웠든 역사에는 모두
같은 검찰총장으로 남는다. 검찰총장은 임기를 채웠느냐가 아니
라 어떻게 그만두었느냐로 평가된다.

제2의 윤석열 사태?

청와대는 세월호 사건의 수사 주체를 크게 세 개로 나눴다.
애초에는 두 개였다. **첫째는 목포지청 검경합동수사본부, 둘째
는 인천지검 특별수사팀**이다. 당시 대검이 낸 자료를 보면, 세월호
선박 운항 및 운용 과실과 승객구조, 출항 과정 및 감독기관은
검경합동수사본부가 담당하고, 해운사 및 선주와 관련된 유병
언 수사는 인천지검이 맡았다.

그런데 검경합동수사본부가 승객구조 관련 수사를 하던 중
세월호 선장과 선원뿐만 아니라 해양경찰청의 구조 부실 정황이
속속 드러났다. 검경합동수사본부가 해경 수사를 계속 진행할
경우 수사 주체인 경찰이 제 식구인 해경을 겨눠야 하는 모순된
상황이 빚어지게 된다. 별도 수사팀을 구성해 해경 수사 문제를
떼어내야 한다는 여론이 비등했다. 그리고 그렇게 해야만 했다.
수사는 실질적 내용도 중요하지만 불필요한 오해를 사지 않도록

형식적 모양새도 중요하다.

이렇게 되자 광주지검이 바빠지게 됐다. 목포지청 검경합동 수사본부를 지휘하던 광주지검은 직접 수사팀(이하 해경 수사팀)을 구성하기로 했다. 변찬우 광주지검장과 이두식 차장검사는 윤대진 형사2부장에게 수사팀장을 맡겼다. 이 해경 수사팀은 2014년 5월 말 구성됐다. 세월호 사건이 발생한 지 무려 40여 일 지난 시점이다. 청와대는 이 수사팀 구성을 탐탁지 않아 했다.

박근혜 정부는 해경 수사를 노골적으로 부담스러워 했다. 해경의 구조 부실 수사는, 정부의 책임론을 법적으로 규명하겠다는 의미가 담겨 있었다. 세월호 수사의 최종 책임자인 청와대를 정면으로 겨냥하는 수사였다. 정상적인 상황이라면 세월호 침몰 직후 개시했어야 할 수사지만 법무부를 통한 청와대의 보이지 않는 외압으로 수사가 후순위로 밀려났다.

실제 수사팀 구성부터 만만치 않았다. 광주지검이 수사팀을 구성한 뒤 외부에서 검사를 파견 받으려 할 때 몇몇 검사는 대검 지시를 받고 광주로 내려가다가 전화를 받고는 다시 소속 검찰청으로 돌아가는 일도 발생했다. 어렵게 구성된 해경 수사팀은 수사 시작부터 난관에 봉착한다. 그것은 청와대에 임명된 지 한 달도 채 되지 않은 사람 때문이었다.

우병우는 박근혜 정부가 세월호 사고 수습에 한창이던 2014

년 5월 12일 청와대 민정비서관에 임명된다. 전임 이중희(연수원 23기) 민정비서관보다 4기수 선배인 그가 후배의 다음 자리로 왜 갔는지, 박근혜 정부와 인연이 없었던 그가 어떤 연고로 청와대에 입성했는지를 두고 서초동 법조타운과 관가에서는 여러 풍문이 나돌았다. 박근혜 정부 청와대 안에서는 그 이전 해인 2013년 국정원 정치 개입 사건 수사에서 검찰을 완전히 장악하지 못했다는 내부 비판이 커지면서 곽상도 민정수석(민정비서관은 이중희)으로는 힘들다는 목소리가 힘을 얻었다. 그런 와중에 세월호 침몰로 박근혜 정부가 벼랑 끝에 몰려 정부 책임론을 둘러싼 검찰 수사의 필요성이 확대되던 시점에서, 우병우의 민정비서관 기용은 당시 청와대로서는 필연적 귀결이었는지 모른다. 더군다나 김영한 민정수석은 김기춘 비서실장의 신임을 얻지 못하며 청와대 내부 헤게모니 다툼에서 힘을 잃고 있었다.

우병우 민정비서관이 검찰 머리 위에 앉은 순간 광주지검 관계자가 내놓은 말은, 향후 어떤 일이 벌어질지 우병우를 아는 모든 검사가 예견했음직한 상징적 표현이다.

"정권 초에 곽상도가 민정수석 됐을 때는 암울했다. 그런데 우병우가 민정비서관이 됐을 때는 전부 '큰일 났다'는 반응이었다."

불길한 예감은 늘 예외 없이 들어맞는다. 사고는 2014년 6월 5일 광주지검 해경 수사팀이 해경 본청을 압수수색을 하며 벌어졌다. 해경 수사팀은 이날 목포와 진도, 인천을 압수수색을 하러 오전 7시 광주지검을 출발했다. 오전 9시부터 집행된 목포와 진도 압수수색은 별 탈 없이 진행됐다. 그런데 오전 11시 인천에 도착해 압수수색을 집행하려던 수사팀에 문제가 발생했다. 현장에서 최상환 해경 차장이 검찰 압수수색을 사실상 막아선 것이다.

광주지검에 있던 윤대진 수사팀장은 현장에 있던 팀원으로부터 최상환이 압수수색에 전혀 협조하지 않고 어딘가 사라져 연락도 닿지 않아 압수수색 영장을 집행할 수 없다는 보고를 받았다. 문제가 된 압수수색 대상은 해경 본청 부속건물 내 전산 서버였다. 이 서버에는 세월호 사건 이후 구조 및 사고 수습 과정에서 청와대와 해경 사이에 주고받은 모든 통신 내역과 자료가 보관돼 있었다. 검찰 입장에서는 구조 부실 문제를 수사하려면 반드시 압수물 확보가 필요했지만, 청와대 입장에서는 자료를 내줄 경우 아킬레스건이 될 우려가 컸다. 자료를 줄 수 없다는 해경 쪽과 영장 범위에 들어 있다는 검찰이 현장에서 대치하는 국면이 5시간 넘게 이어졌다.

오후 4시가 조금 넘은 시각, 윤대진 수사팀장 휴대전화에 발신자 우병우의 이름이 떴다. 우병우와 윤대진은 사실 가까운 사이다. 우병우는 예전부터 수사를 잘하는 후배 윤대진을 많이 아꼈다. 우병우와 윤대진은 2001년 이용호 특검에 함께 파견을 갔고, 2011년에는 대검 중수부에서 각각 수사기획관과 중수2과장으로 일하며 부산저축은행 수사의 손발을 맞추기도 했다. 당시 우병우가 윤대진에게 연락한 것은 서로 연락이 한동안 뜸하다가 오랜만에 건 전화였다. 윤대진은 민정비서관으로 화려하게 부활한 우병우의 이름 석 자를 본 순간 어떤 이야기를 꺼낼지 직감했을 것이다.

> **우병우** 혹시 광주지검에서 해경 인천 사무실 압수수색하고 있습니까.
>
> **윤대진** 세월호 구조 관련 사항에 대한 제반 의혹사항에 대해 광주지검에서 수사팀을 편성해 착수했고, 압수수색 영장 발부받아서 해경 본청을 압수수색하고 있습니다.
>
> **우병우** 상황실 경비전화 녹음돼 있는 전산 서버도 압수수색합니까.
>
> **윤대진** 하려고 합니다.
>
> **우병우** 해경에서는 압수수색 대상이 아니라고 하는데 어떻습니까.

윤대진 제가 보고받기로는 영장상 범죄 사실과 관련 없는 자료가 저장돼 있는 녹음파일 전산 서버도 압수수색 대상이라고 보고받았습니다. 영장에 기재된 압수수색 대상이니 압수수색을 할 수밖에 없습니다.

우병우 상황실 경비전화 통화내역 중에는 청와대 안보실 등과 통화한 내역도 저장돼 있어 대외적으로 국가안보상 문제가 있을 수 있다고 하는데 꼭 압수수색을 해야겠습니까.

윤대진 영장에 압수수색 대상으로 기재돼 있는 이상 압수수색을 안 하면 오히려 직무유기입니다. 압수수색은 불가피합니다. 다만 세월호 사고와 무관하고 대외적으로 보안이 필요한 통화내역이 있다면 그 부분은 유출되지 않도록 보안에 각별히 유의하겠습니다.

우병우 알겠습니다.

윤대진과 우병우

특수수사로 산전수전 다 겪은 우병우와 윤대진은 당일 통화 중 흐른 공기의 무게감만으로도 서로가 서로에게 무엇을 말하려 하는지 알고 있었을 것이다. 전화를 건 우병우는 대놓고 압수수색을 못하게 할 수는 없지만, 전화 자체가 가진 메시지를 윤대진이 읽을 것이라고, 또는 읽어줬으면 했을 것이다. 윤대진 역시 그 누구보다 잘 아는 우병우의 전화 한 통이, 굳이 우병우가 원하는 바를 명시적으로 밝히지는 않더라도, 어떤 무게감인지, 무엇을 해달라는 것인지 알았을 것이다.

하지만 둘 다 말 한마디가 법적으로 어떤 문제를 야기할 수 있을지 알았기에 칼 한끗 벗어나지 않도록 정도를 지키되 각자의 입장을 관철하려 했음이 느껴졌다. 윤대진은 애초 압수수색을 철회할 의사가 1도 없었다. 그리고 그런 윤대진을 잘 아는 우병우도 어쩌면 저 정도 선에서 의사를 전달하면서 타협했을지도 모른다. 신임 민정비서관이었던 우병우로서는 이 사건을 통해 검찰에 지분이 있다는 점을 청와대에 어필하는 시험대라고 생각했을 수 있다.

문무일 검찰총장은 과거 특수수사로 유명한 사법연수원 24기 여환섭과 25기 윤대진을 이렇게 비교한 적이 있다.

"(여)환섭이는 하나를 물면 아주 깊숙하고 집요하게 파고 들어간다. 피의자 입장에서 보면 나중에 할 말이 없게 만들어 버린다. 그냥 망연자실하게 되는 거다. (윤)대진이는 스타일이 완전 다르다. 무대뽀로 앞으로 쫙 밀고 들어간다. 끝까지 그렇게 간다. 탱크처럼 다 깔아 엎어버린다. 그러면 보통은 중간중간 정리가 잘 안 되는데, 대진이는 겉보기와 달리 굉장히 빠르다. 잔가지까지 다 정리하며 상대 후방까지 쓸어버린다. 당하는 사람은 황당한 거다. 그래 놓고 당사자 불러서 가지 쳐줄 건 쳐주고 그러겠다고 한다. 사람 다 죽여 놓고 별것도 아닌 걸 정리해준다고 하니 거의 정신적 혼란에 빠진다. 대진이를 보면 무섭다는 생각이 든다."

윤대진은 어쨌든 우병우와는 창끼리 맞붙는 상황은 피하되 원하는 바를 지켜내려 했던 듯 보인다. 그는 이를 곧장 변찬우 광주지검장에게 보고했고, 논란을 아예 제거하기 위해 압수수색 장소와 대상을 구체적으로 특정한 영장을 법원에서 새로 발부받기로 했다.

그런데 여기서 생각하지 못했던 문제가 생겼다. 압수수색 장소는 인천이고, 영장 발부 법원은 광주였다. 새 영장을 광주지법에서 받아다 인천으로 전달해야 하는 시차가 생겨났다. 수사팀은 부랴부랴 새로 영장을 작성하는 동시에 광주지법에 전화로 심사를 요청했고, 광주지법 영장전담 판사가 오후 7시께 새 영장을 발부했다. 이 영장이 인천에 도착한 시각은 그날 자정 무렵이었다. 저녁 내내 인천 해경 압수수색 현장에 있던 수사팀 검사는 혹시라도 모를 압수수색 증거물 훼손 우려를 대비해 광주지법에서 영장이 올 때까지 해경 본청 상황실 서버 자료가 있던 부속건물을 떠나지 못했다. 이날 압수수색은 자정을 넘어 다음 날 새벽까지 진행됐다.

청와대는 우병우 민정비서관을 전면에 내세워 왜 그토록 해경 본청의 상황실 서버 자료가 압수수색 되는 상황을 막으려 했던 것일까. 이유는 간단하다. 그만큼 치명적이었기 때문이다. 이 서버에는 세월호 침몰 사실을 청와대가 최초 인지한 2014년 4월 16일 오전 9시 14분 이후 국가안보실 상황실장과 해경 본청 상황실 사이의 통화 내용이 고스란히 담겨 있었다. 청와대는 당시 YTN 보도로 세월호 침몰을 인지한 뒤 해경 본청 상황실과 평균 3분 간격으로 통화한다. 청와대 관계자는 현장 구조에는 전혀 관심이 없었고, 윗선에 보고해야 한다며 집요하게 현장 영상과 구조 인원수를 보고해달라고 독촉했다. 청와대 국가안보실의 이런 상황 인식과 대응 태도는 사고 현장의 구조 활동을 물리적으로 방해했다. 세월호에서 승객을 구출해야 할 시점에, 123정 대원들은 눈앞에서 세월호가 기울어지고 있음에도 청와대 보고를 위해 사진과 동영상을 찍고 사람 수를 세느라 아무런 구조 조처를 하지 않았다.

청와대는 박근혜 대통령의 '7시간 의혹'이 증폭되던 당시, 이 자료들이 해경 바깥으로 나간 뒤 수사와 재판을 통해 공개되는 상황을 미연에 방지하려 한 것으로 추측된다.

이런 사실은 인천지검의 유병언 수사에 가려져 당시에는 외부에 전혀 공개되지 않다가 2년이 훌쩍 지난 2016년 12월 박근혜 대통령 특검 초기 〈한겨레〉를 통해 최초로 보도됐다. 그리고 인천지검의 유병언 수사에 묻힐 뻔한 또 다른 진실의 이야기가 있다. 바로 청와대와 법무부, 대검찰청의 수사 방해 의혹이다.

뒤늦게 드러난 진실

유병언 수사가 비극으로 끝남과 동시에 2014년 6월 두 달가량의 인천지검 파견 근무를 마치고 경제부로 복귀한 나는 이후 2년 6개월을 세월호와 무관하게 보내고 있었다. 그렇게 더러 신문과 방송에서 마주친 세월호 희생자들은(나는 세월호를 이야기할 때 안산 단원고 학생들과 함께 다른 희생자들도 함께 다뤄졌으면 한다) 매번 마지막 그 바닷속으로 나를 끌어당겼다. 삶이 끝에 다다랐음을 알고 운명을 받아들여야 하는 사람의 공포는 우리가 이해라는 영역으로 공감할 수 없다. 아이들의 두려움, 남은 가족의 슬픔, 그리고 그들을 외면하다 못해 억압하는 국가의 현실 속에, 어쩌면 나는 2년 6개월의 시간을 관찰자의 시점으로 편히 남아 직업적 소명 의식을 외면하고 있었는지 모른다.

2016년 10월 최순실 씨의 존재를 본격적으로 해부한 〈한겨레〉 보도 이후 JTBC의 태블릿PC 보도와 검찰 수사로 박근혜 정부의 깃발이 반쯤 기울었을 무렵인 2016년 12월 9일, 국회는 최순실 씨의 박근혜 정부 국정 농단 특검 법안을 통과시켰다. 2016년 12월 중순 특검 출범을 며칠 앞두고 편집국 법조팀 선배한테서 전화가 왔다.

"특검팀에 파견을 와야 할 것 같다."
"법조팀 후배들이 잘하고 있어서 제가 딱히 도움 되지도 않을 겁니다. 법조팀을 오랫동안 나와 있어서 오히려 폐가 될 수도 있습니다."
"편집국에서는 이미 그렇게 결정을 했어. 너만 오케이 하면 돼."
"네, 알겠습니다."

순식간에 결정된 특검 파견 통보에 박근혜 정부의 마지막을 〈한겨레〉 지면에 기록해야 하는 운명에 다시 놓이게 됐다. 그리고 세월호 사건도 다시 운명처럼 나에게 다가왔다.
특검 수사는 박근혜 대통령과 최순실 씨보다는 이재용 삼성전자 부회장과 우병우 민정수석에 초점이 맞춰져 있었다. 이미 서울중앙지검이 박근혜 대통령과 최순실 씨의 공모 행위를 한차 례 훑고 지나간 터였고, 이 두 명을 공소장에 올리는 것은 예고 된 일이었다. 이재용 부회장 역시 박근혜 대통령과 뇌물의 공여 자와 수뢰자로 엮이는 관계였기 때문에 법원의 구속영장 문턱을 넘어서는 일이 문제였지, 공소장 리스트에 오를 것이란 짐작은 능히 할 수 있었다.

문제는 우병우였다. 사실 특검 수사 초만 해도 우병우의 혐의 는 또렷하지 않았다. 각종 인사에 개입했다거나 이석수 특별감 찰관의 감찰을 방해했다는 의혹 등도 민정수석의 업무 범위 경 계를 오가는 행위로 해석할 여지가 있었다.

특검 파견을 앞두고 검찰 수사결과 발표와 그동안 보도된 신 문 스크랩을 검토하고 있던 어느 날 〈한겨레〉 강희철 기자의 연 락을 받았다. 광주지검의 세월호 수사 외압과 관련한 취재 내용 을 알려주며 함께 알아보자는 이야기였다. 사실 강기자가 기사 를 바로 써도 될 정도로 취재해놓은 상태였으나 밑바닥 취재로 팩트의 조각을 좀 더 탄탄히 끼워 넣자는 취지였다. 그렇게 한 땀 한 땀 꿰어 2016년 광주지검 세월호 수사과정에서 있었던 정 부 외압 보도를 구체적으로 재구성할 수 있었다. 2014년 유병언 수사에 가려져 있던 광주지검의 해경 구조 부실 수사로 시계추 를 다시 돌려보자.

광주지검 해경 수사팀은 2014년 4월 16일 세월호 침몰 현장에 가장 먼저 도착했던 해경 123정의 김경일 정장에게 승객구조 실패의 책임을 물어 업무상 과실치사 혐의를 적용하기로 했다. 변찬우 광주지검장은 〈대구매일신문〉과의 인터뷰에서 김경일 정장 처벌의 불가피성을 이렇게 설명했다.

"해경 경비정이 도착했을 때 배는 기울어 있었지만, 완전히 침몰하지는 않았다. 배 안으로 들어가 대피방송만 했더라도 절반 이상의 인명을 구조할 수 있었다. 이 경비정은 세월호에 접근조차 하지 않고 주변에 물에 빠진 사람에만 관심을 갖는 등 구조에 적극적이지 않았다. 해경 책임도 도망간 선장 못지않게 크다고 판단했다."

해경 수사팀은 2014년 7월 2일 '세월호 진도 여객선 침몰 해경 수사 내부 검토보고서'라는 제목의 문건을 수사팀 의견으로 정리해 대검에 보냈다. 총 20쪽으로 된 이 보고서는 123정장 관련 조사결과 및 처리 의견, 혐의 여부 및 처리 의견으로 구성됐고, "업무상 과실 치사상죄를 의율해 123정장의 구속영장 청구 의견임"이라는 내용이 담겼다. 대검은 이를 법무부로 다시 보냈다. 그런데 이때부터 법무부와 대검, 광주지검의 핑퐁게임이 시작된다. 법무부는 광주지검 해경 수사팀의 보고서를 그대로 받아주지 않았다. 123정장의 업무상 과실치사상 혐의를 검찰이 적용할 경우 이는 국가의 구조 부실 책임을 법적으로 인정하는 셈이었다. 법무부는 '해경이 죄가 되겠냐'며 몇 가지를 보완·검토하라는 지시를 대검을 통해 광주지검 해경 수사팀으로 여러 차례 보냈다.

일반적으로 법무부와 대검, 수사팀의 관계에서 법무부는 청와대, 대검은 법무부와 수사팀 사이에서 이견을 조율하는 역할을 한다. 검찰에선 흔히 혐의 적용과 신병 처리 등 수사의 주요 결정을 할 때, 법무부와 대검 등 지휘부가 수사팀 의견을 마음에 들어 하지 않을 경우 이런저런 꼬투리를 잡아 결재 사인을 내주지 않는다. 대놓고 지시하면 사후적으로 책임 문제가 발생하기 때문에 이런 방식으로 에둘러 반대 의견을 수사팀에 전달하는 것이다.

법무부와 대검, 수사팀의 보완 지시와 재보고는 그해 7월 말까지 반복된다. 법무부는 심지어 "성급한 결론을 내릴 것이 아니다"라며 사실상 업무상 과실치사상 혐의 적용을 바꾸라는 취지로 불편한 심기를 내비쳤다. 하지만 광주지검 해경 수사팀은 구속영장 청구 의견을 끝까지 굽히지 않았다.

양쪽의 지루한 공방이 이어지다 결국 광주지검 해경 수사팀은 2014년 7월 28일 김경일 정장을 임의로 소환해 조사하다가 다음 날 새벽 3시 긴급체포했다. 압수된 김경일 정장의 항해일지에서 죽고 싶다는 내용의 글이 발견돼 자살을 막기 위한 불가피한 체포였다는 것이 수사팀의 표면적 이유였지만, 실상은 가타부타 답을 주지 않고 결론을 미루기만 하는 법무부와의 줄다리기에서 더는 지체할 수 없다며 승부수를 던진 것이었다.

당장 김경일 정장의 구속영장을 청구하려면 영장에 혐의를 기재해야 했다. 수사팀은 업무상 과실치사상, 허위공문서 작성 등의 혐의를 적용하려 했지만, 법무부는 '신중한 검토가 필요하다'며 끝까지 업무상 과실치사상 혐의 적용을 못하게 종용했다. 이 혐의가 빠진 구속영장은 법원에서 기각됐다. 법원은 '영장에 기재된 피의사실만으로는 구속의 필요성과 상당성을 인정하기 어렵다'는 사유로 '왜 핵심 혐의를 빼고 영장을 청구했느냐'는 지적을 넌지시 표현하기도 했다.

세월호 침몰 50여일 만인 2014년 5월 말 시작된 광주지검 해경 수사는 국가의 구조 부실 책임만은 인정할 수 없다는 청와대와 법무부의 벽에 가로막혀, 한편으로는 정부가 책임론의 대리 희생양으로 내세운 유병언의 도주극에 가려져, 그해 유난히 더웠던 여름의 태양 아래 흐물흐물 뭉개져 있었다. 박근혜 정부가 해경 123정장의 업무상 과실치사상 혐의 적용에 알레르기 반응을 보였던 이유는 무엇일까.

그 이유는 바로 선거였다. 흔히 검찰 수사가 잡음을 낼 때 정치 일정을 잘 따져보면 쉽게 답이 나오는 경우가 많다. 법무부와 대검이 각각 쥐고 있는 인사권과 예산권으로 검찰 수사를 쥐락펴락하는 청와대의 의중을 살피면 그 배경을 능히 짐작해낼 수 있다.

2014년은 선거의 해였다. 2014년 6월 4일 제6회 지방선거, 7월 30일과 10월 29일 재보궐선거가 잇따라 예고돼 있었다. 특히 여당 의원들의 지방선거 차출로 7월 30일 재보궐선거는 규모가 꽤 커졌고, 당시 새누리당이 선거에서 패배하면 과반 의석이 붕괴해 여소야대 정국으로 변모하는 국면이 전개될 터였다.

선거는 집권여당에 대한 중간평가 도구다. 2013년 한창 권력을 휘두를 집권 첫해를 국정원 대선 개입 사건으로 망친 박근혜 정부는 세월호 침몰을, 보듬어야 할 국가적 재난이라기보다는 하루빨리 진화해야 할 귀찮은 사건·사고 정도로 인식했던 것 같다. 한때 광주지검 해경 수사팀 구성과 관련해 인상을 쓰며 "불난 집에 불을 못 끈 소방관이 무슨 책임이 있느냐"고 했던 청와대 한 관계자의 상황 인식은 이를 잘 대변해준다.

당시 사정을 잘 아는 검찰 관계자는 "청와대 목적은 하나였다. 업무상 과실치사상 혐의를 적용하더라도 선거 이후로 하라

KBS 기자와 우병우

는 것이었다. 광주지검 해경 수사는 국가 책임 문제도 걸려 있었
지만, 정권의 중간평가 의미가 담긴 선거 판도를 가르는 문제도
걸려 있었다. 세월호 사건을 정략적으로 판단했던 거다. 대통령
의 표현을 빌려 쓰자면 정말 나쁜 사람들"이라고 말했다.

청와대가 우병우를 세월호 국면에서 민정비서관으로 영입한
이유도 여기서 찾아볼 수 있다. 박근혜 대통령과 김기춘 비서실
장은 2013년 검찰의 국정원 대선 개입 사건 처리과정에 불만이
많았다. 청와대 뜻을 거슬러 공직선거법 위반 혐의를 적용해 기
소한 검찰도 마음에 들지 않았지만, 무엇보다 검찰을 제대로 장
악하지 못한 곽상도 민정수석과 이중희 민정비서관도 눈에 거
슬렀다. 검찰을 보다 강하게 쥐고 흔들 수 있는 인물이 필요했고,
그렇게 선택된 인물이 우병우였다. 그리고 우병우를 중심으로

한 광주지검 해경 수사 방해 시나리오는 다음과 같은 지휘계통
으로 진행됐다.

수사 방해 주인공들

우병우 당시 청와대 민정비서관은 사법연수원 동기(19기)인
김진모 대검 기획조정부장을 통해 김진태 검찰총장의 의중을
파악하며 상황 관리를 했고, 황교안 당시 법무부 장관은 김주현
법무부 검찰국장을 대리로 내세워 사법연수원 동기(18기)인 변
찬우 광주지검장을 마크했다. 우병우는 김진모와 서울대 동기로
고시공부를 할 때 같이 스터디 모임을 했을 정도로 친한 친구다.
검찰 내에서 선후배 누구에게도 까칠하기로 소문난 우병우와
유일하게 서로 편하게 욕을 섞어가며 얘기할 정도로 가까운 사
이다. 더군다나 이명박 정부에서 김진모가 청와대 민정비서관을
하며 검찰에 있던 우병우 인사를 잘 챙겨줬기 때문에, 입장이 정
확히 뒤바뀐 박근혜 정부에서 우병우와 김진모는 더없이 좋은
궁합을 자랑했다.

형사사건인 세월호 수사는 김진모 대검 기조부장의 지휘 업
무 범위가 아니었음에도 김진모가 대검의 관련 업무 처리에 사
사건건 개입한 점을 미뤄보면 이를 잘 알 수 있다.

김주현 법무부 검찰국장과 변찬우 광주지검장은 광주지검의 해경 수사 처리를 놓고 잦은 다툼을 벌였다. 실제 김주현이 총대를 메고 청와대 뜻을 관철하려 백방으로 뛰었다는 검찰 내부 증언들이 여럿 있다.

당시 사정을 잘 아는 검찰 한 관계자는 "애초 광주지검에 해경 수사팀을 만들 때부터 법무부와 대검이 이를 못하게 했다. 김주현 법무부 검찰국장은 변찬우 광주지검장을 전담해 맡았다. 대검 검사장급 간부들은 변찬우 광주지검장보다 기수도 낮은 데다 수사를 못하게 할 명분이 없다 보니 직접 엉겨 붙을 수가 없었다. 그러니까 김주현이 나선 것이다"라고 말했다.

또 다른 검찰 한 관계자는 "김진태 검찰총장은 윤대진 수사팀장을 여주지청에서 데리고 있었던 인연이 있다. 법무부와 광주지검의 신경전이 길어지니 나중에는 대검에서 따로 윤대진에게 '123정장 업무상 과실치사상 혐의를 적용해도 좋다. 다만 재보궐선거는 끝나고 하는 것이 어떠냐'는 취지로 주문했다"고 말했다.

청와대를 후광에 업은 법무부 검찰국이 광주지검의 업무상 과실치사상 혐의 적용과 관련해 수사보고서에 빨간펜을 그으며 석 달 가까이 '보완·검토 지시'를 하자, 변찬우 광주지검장이

2014년 9월 초 검사장직을 걸고 나섰다. 업무상 과실치사상 혐의를 공소장에 쓰지 못하게 하면 기소한 뒤 책임을 지고 사표를 내겠다는 최후통첩을, 김진모 대검 기조부장을 통해 우병우 청와대 민정비서관에게 전달했다. 변찬우는 자신이 총대를 메지 않으면 윤대진 수사팀장과 팀원들이 '제2의 윤석열 사태'를 일으킬 우려가 있다고 보고, 후배들이 다치지 않도록 모든 일을 자신의 책임 아래 뒤처리를 할 생각이었다. 업무상 과실치사상 혐의를 빼려면 목을 치라고 배수진을 친 것이다.

변찬우를 잘 아는 검찰 관계자는 "변찬우는 검사 생활하면서 다른 검사에 비해 평탄한 길을 걸었다고 자신을 생각했다. 그래서 세월호 사건 때 법무부와 갈등이 지속하며 일찌감치 검사장직을 내려놨다. 그리고 나니까 마음이 정말 편했다고 하더라. 사실 변찬우와 광주지검 수사팀 검사들은 수사 중에 세월호 사고 현장을 여러 차례 방문했다. 그 아이들 생각에 차마 사건을 검찰 지휘부 뜻에 휘둘려 처리할 수는 없었을 것"이라고 말했다.

광주지검 해경 수사팀은 마지막으로 두 가지 방안을 대검에 올렸다. 공히 업무상 과실치사상 혐의는 적용하되 구속영장을 재청구하는 1안과, 불구속 기소하는 2안이었다. 대검은 2014년 9월 말 공소심의위원회(공심위)를 개최해 대검 검사장급 부장 7명이 모여 업무상 과실치사상 혐의 적용 여부를 놓고 토론을 벌였다. 6명은 법률가 입장에서 볼 때 혐의 적용이 불가피하다고 의견을 모았으나, 단 한 명만이 끝까지 집요하게 반대 의견을 고수했다. 바로 김진모 대검 기조부장이었다.

당시 상황을 잘 아는 검찰의 한 관계자는 "보는 사람에 따라 평가는 갈리지만, 최소한 세월호 사건만 놓고 보면 김진모는 정치 검사 이상도 이하도 아니었다"고 말했다.

대검은 김진태 검찰총장 명의로 업무상 과실치사상 혐의를 적용해 불구속 기소한다는 의견을 최종적으로 확정해 법무부에 전달했고, 2014년 10월 초 수사팀 원안대로 공소제기가 진행됐다. 수사가 시작된 지 무려 4개월이 지난 시점이었다. 광주지검의 판정승으로 끝날 것만 같았던 승부는 이듬해인 2015년 1월 초 검찰의 한 공식 모임 자리에서 황교안 당시 법무부 장관의 한마디로 불길한 징조를 드리운다. 황교안은 광주지검 해경 수사를 지휘한 검찰 고위관계자를 앞에 두고 "휘하 부장검사 하나 제대로 관리를 못하느냐"고 면박을 줬다고 한다. 여기서 황교안이 가리킨 부장검사는 윤대진이었다.

곧이어 단행된 검찰 정기인사에서 법무부는 대검과 광주지검의 해경 수사 라인을 깡그리 좌천시켰다. 변찬우 광주지검장과 이두식 광주지검 차장은 당시 인사 이후 검찰을 떠났고, 윤대진 수사팀장은 대전지검 서산지청장과 부산지검 2차장 검사로 지방에서 떠돌이 생활을 하게 된다. 검찰의 한 관계자는 "우병우 당시 민정비서관이 사석에서 '변찬우는 내가 청와대 있는 한 절대 고검장은 안 된다'는 말을 했다고 들었다"고 말했다.

그로부터 1년여가 지난 2015년 11월, 대법원 2부는 업무상 과실치사상 등 혐의로 항소심에서 징역 3년을 선고받은 김경일 해경 123정장의 상고심에서 상고 기각으로 유죄를 확정했다. 재판부는 판결문에서 사고 당일 오전 9시 30분 현장에 도착한 김경일 정장이 약 45~50도가량 기울어 있던 세월호의 선체 상태를 고려할 때 "승객들이 빨리 배에서 내리지 않으면 선박에서 빠져나오지 못하고 익사하는 상황에 이르게 된다는 점을 예상할 수 있었다"고 밝혔다. 광주지검 수사팀이 직을 걸면서까지 수개월간 상부의 지시에 불응하며 새겨 넣으려 했던 한 문장도 판결문에 고스란히 담겼다.

123정이 세월호에 접근해 대공 마이크 등으로 하선 방송을 실시하거나 승조원이 갑판에 승선해 하선을 유도했다면 승객들이 밖으로 나오거나 바다로 뛰어들 수 있는 상황이었다.

김정필

6

되살아난 망령

유우성 간첩조작 사건

얼치기 기자

법조기자들은 보통 서초동 검찰청과 법원 인근에 모여 있다. 30개가 넘는 매체에 소속된 200여 명의 기자가 대법원, 서울고등검찰청, 서울중앙지방법원 기자실을 중심으로 상주하며 기사를 쓴다. 법조기자는 크게 두 부류다. 검찰 기자와 법원 기자. 검찰과 법원 모두 큰 틀에서 사법부에 속하지만 담당하는 역할과 성향이 다르기 때문에, 출입하는 기자들 역시 비슷하게 차이가 난다.

경험상 검찰 기자들은 공격적이고 저돌적인 사람들이 많다. 수단과 방법을 가리지 않고 진행 중인 수사 내용과 상황을 알아내는 것이 주요한 임무다 보니 그에 맞는 성향이 모이는 것 같다. 법원 기자들은 상대적으로 차분하고 분석적인 경우가 많다. 몇 달씩 법정에서 팽팽한 싸움 끝에 만들어진 판결문의 법리와 논리 구조를 주로 다루기 때문일 것이다. 이런 성향 차이는 취재에 도, 기사에도 그대로 묻어난다.

기자의 소양은 기사에 드러나기 마련이다. 기본적인 지식도 영향을 미치지만, 취재원을 얼마나 많이 그리고 깊이 아느냐가 기사의 질을 좌지우지한다. 그래서 검찰 기자는 검사를, 법원 기자는 판사를 한 명이라도 더 만나려고 애쓴다. 욕심 있는 기자들은 일주일에 3, 4번씩 새벽 늦게까지 저녁 자리, 술자리를 만들어 가며 취재원 만들기에 매진한다. 학연과 지연, 취미와 종교, 사돈에 팔촌을 팔기도 하고. 취재원과 가까워질 수만 있다면 수단과 방법을 가리지 않는다. 겉모습만 놓고 보면, 서초동 곳곳에서 어슬렁대는 브로커들과 큰 차이가 느껴지지 않을 정도다. 모두가 그런 것은 아니지만, 기자와 취재원을 가깝게 만드는 가장 유용한 매개는? 술이다.

내가 속했던 법조팀은 업무 강도가 꽤 높은 편이었다. 술로 찌든 평일 근무에, 보통 격주에 한 번꼴로 주말 근무가 돌아왔다. 휴일 근무를 맡은 날은 보통 오전 9시까지 서초동으로 출근한다. 그날 신문에 나온 내용과 당일 메인 뉴스에 내보낼 아이템을 보고하는 것으로 하루를 시작한다. 새벽 7시 30분에 보고를 해야 하는 평일과 달리 휴일 근무는 비교적 여유로운 편이다.

휴일 근무 중에서 인기가 높은 날은 토요일이다. 방송의 경우 토요일 메인 뉴스는 프로그램 길이가 짧아서 부담이 적다. 법조 이슈가 없으면 종일 회사에서 찾지 않는 날도 있다. 그런 날에는 조용한 서초동 기자실에 앉아 나름대로 여유 있는 하루를 만끽하곤 했다. 여유라고 해봐야 기자실에 죽치고 앉아 졸다 깨다 하면서 한 주간 내달린 주독(酒毒)을 푸는 정도지만.

2013년 4월 27일 토요일. 유가려 씨의 기자회견이 있었던 그날도 서초동에 큰 이슈가 없는 꽤 청명한 날이었다. 모처럼 맞이한 토요 근무, 가벼운 마음으로 기자실에 들어설 때쯤 한 통의 문자가 날아들었다. 민주사회를 위한 변호사 모임(이하 민변)에서 보낸 긴급 기자회견 공지 문자였다.

'토요일 아침에 긴급기자회견이라니. 감이 이렇게 떨어지나?'

문자를 보자마자 든 생각이었다. 습관처럼 전화를 걸어 기자회견의 개요를 묻고, 영상 기자를 신청한 뒤 터덜터덜 민변 사무실로 향했다. 따가운 햇볕 사이로 사람 없이 휑한 골목들이 눈에 들어왔다. 도로 하나를 건너 술집들이 즐비한 서초동 골목의 작은 빌딩 5층. 나를 포함해 채 10명이 안 되는 기자들이 모여 있었다. 둘러보니 법원 기자들이 많았다. 나는 검찰 기자였다.

미리 받아든 보도자료를 뒤적이는 동안, 겁에 질린 듯 움츠린 유가려 씨가 변호사들과 모습을 드러냈다. 얼마나 울었는지 눈두덩이 부은 채 눈이 벌겋게 충혈된 상태로. 유가려 씨는 기자회견 내내 조용조용한 목소리로 발언했다. 인터뷰하다 말고 눈물을 흘리며 잠깐씩 말하기를 쉬기도 했다. 그럴 때마다 나란히 앉은 변호사 3명은 핏대를 높이며 국정원을 비난했다. 변호사들은 나름대로 준비한 자료와 사진들을 내밀며 열변을 토했다.

기자회견 요지는 국정원이 강압 수사로 가짜 간첩을 만들었다는 것이었다. 국정원 수사관들이 유가려 씨를 윽박지르고 협박하고 때리고 구슬려서 자기 오빠가 간첩이라는 허위 진술을 받아냈다는. 쉽게 믿을 수가 없었다. 기자회견 내내 나는 고개를 갸웃거리며 생각했다.

'아니, 지금이 어느 시대인데 용공조작을….'

내용 자체는 충격적이었다. 그런데 왜 이걸 토요일 아침에 발표하지? 미심쩍었던 나는 혼자 조용히 민변 발표에 허점은 없는지, 제시하는 주장의 근거가 논리적인지를 따지기 시작했다. 기자회견 내용은 매우 논리적이고 빈틈이 없었다. 그래도 좀처럼 믿어지지 않았다. 이 정도 사안이면 국정원은 물론 검찰과 청와대 모두 발칵 뒤집혀 관계자들이 뛰어다녀야 할 텐데. 오늘은 토요일 아닌가. 누가 이런 사이즈의 폭로를 토요일 아침에 하나. 취재를 마치고 점심시간이 다 되도록 그 어떤 움직임도 감지되지 않았다.

국정원 대변인에게 전화를 걸었다. 국정원의 입장을 물었다. 격앙된 기자회견장 분위기와 달리, 국정원 대변인의 반응은 매우 담담하고 차분했다. 다소 황당하다는 뉘앙스였다.

"오전에 국정원이 간첩을 조작했다는 기자회견이 있었는데 알고 계시죠?"

"허허. 그렇다면서요? 황당하네요."

"그렇게 말씀하시고 끝낼 일은 아닌 것 같은데요?"

"사건이 진행 중이라 자세한 내용을 말씀드릴 수는 없습니다만. 지금이 어느 때라고 폭행으로 진술을 강요합니까? 민변이 지금 많이 무리하는 거 같습니다."

"민변이 내놓은 증거들이 꽤 자세하던데요?"

"민변이 사과 안 하면 법적 대응을 세게 할 겁니다. 재판이 진행 중이니 조금 지켜보시죠."

기자회견에서 제시된 몇 가지 근거를 들이대며 질문을 이어갔지만 비슷한 대답만 반복됐다. 여유 있으면서도 꽤 단호한 말투. 아직 1심 판결도 나오지 않은 상황이다. 호들갑 떠는 기자들도 없고, 카메라가 단체로 번쩍대지도 않는. 긴가민가했지만 이내 김이 빠졌다. 전날 먹은 술도 아직 덜 깼는데. 기자회견 내용을 어떻게 처리해야 할지 판단이 잘 서지 않았다.

판단하기 모호할 때, 기자들이 하는 못된 습관이 있다. 자세히 보고해서 책임 떠넘기기. '나는 열심히 취재해서 보고했는데 위에서 판단을 잘 못한 거다'라는 명분을 만들어 피해가고 싶을 때 하는 본능적 대응이다. 솔직히 그날 내가 그랬다. 취재 내용을 비교적 자세히 적어 내부 게시판에 올리고는 데스크에 전화를 걸었다. 내 보고를 받은 데스크는 법조팀 선배가 아닌 휴일 근무 중인 다른 팀 고참 기자였다. 한참 공들여 설명한 보고에 돌아온 선배의 질문은 짧았다.

"선배, 취재정보에 내용 올렸습니다."
"봤다. 그래서 리포트 하자고 말자고?"
"어떻게 하는 게 좋을까요?"
"큐시트 이미 다 찼는데. 네 생각은 어때?"

배려하는 말투 사이로 서로 떠넘기는 공. 선배는 어쨌는지 모르겠으나 솔직히 나는 판단하기 싫었다. 핑퐁게임이 이어지다 잠깐 침묵이 흘렀고, 대답했다.

"리포트 시간 안 나오면, 30초 단신이라도 가시죠."
"그래. 알았다."

나는 굳이 다른 부서의 뉴스들을 빼고 이 기사를 내보내야 한다고 주장하지 않았다. 한두 시간 기자회견 내용을 취재한 것으로 국정원과 검찰이 간첩을 조작했다고 비판하기가 솔직히 겁이 났던 거다. 게다가 현장에는 주요 매체 기자들도 별로 오지 않았다. 누가 특종을 한 것도 아니고, 물 먹은 것도 아니다. 한 템포 느리게 쫓아간다고 비난이 쏟아질 것 같지 않았다. 하지만 마음 한구석 찜찜하니 2분 가까운 리포트 대신 30초 정도의 단신 기사를 넣자고 한 것이다. 비겁한 행동이었다.

지상파 뉴스의 30초 단신 기사는 통상 뉴스 말미에 배치되기 때문에 전국에 방송되지 않는다. 그때는 각 지역의 기사들이 나가는 시간이기 때문이다. 그러니까 그날 내 단신 기사는 수도권 사람들만 봤다. 눈물범벅이던 기자회견장 분위기가 전혀 담기지 않은, 무미건조한 석 줄짜리 기사가 방송을 탔다. 앵커 혼자 후루룩 읽는 단신 뉴스. 8시 뉴스 말미에 33초 동안.

서울시 공무원 간첩조작, 국가정보원이 조작

탈북자 출신의 서울시 공무원 유모 씨가 국내 탈북자 200여 명의 신원 정보를 북한에 넘긴 사건이 국가정보원의 조작이었다는 주장이 제기됐습니다.

민주사회를 위한 변호사 모임은 국정원이 유씨 간첩 행위의 유력한 증거라고 제시한 여동생의 진술이 회유와 협박에 의한 허위자백이었다며 사진 등 관련 증거를 제시했습니다.

이에 대해 국정원은 "민변이 유씨 여동생의 감성을 자극해 진술을 번복하게 유도했다"며 민변이 사과하지 않을 경우 법적 조처를 하겠다고 밝혔습니다.

아무도 책임지지 않아도 되는, 매우 공정한 것처럼 보이는 기사. '의혹이 제기됐는데, 이놈은 이렇다 하고 저놈은 저렇다 한다'는 기사. 그래놓고는, '다른 지상파 기자들은 현장에도 안 왔고, 메인뉴스에도 단신조차 내지 않았다'고 떠올리며 자신을 위로했다. 아주 잠깐 으쓱한 기분도 느꼈던 것 같다. 무식하면 용감하다 했던가. 유가려 씨의 그날 기자회견은 지상파 뉴스에도, 주요 일간지에도 전혀 언급되지 않았다.

주말이 지나서도 이 문제를 다루는 언론은 많지 않았다. 기자들의 질문과 문제 제기가 없으니 검찰도 딱히 공들여 해명하지 않았다. 그렇게 희대의 간첩조작 사건의 첫 폭로는 마치 없던 일처럼 지나갔다. 〈한겨레〉와 〈시사인〉, 〈뉴스타파〉가 끈질기게, 그리고 〈연합뉴스〉가 가끔 이 사건을 다뤘을 뿐 대부분의 매체는 보도 자체를 하지 않았다. 그 기자회견이 얼마나 엄청난 내용을 담고 있었는지, 유가려 씨가 어떤 과정을 거쳐 그 자리에 나왔던 것인지를 소상히 알았다면. 그랬어도 기사를 그렇게 썼을까? 내 판단과 처신에 문제가 있었다는 걸 알게 된 것은 그로부터 시간이 꽤 흐른 뒤였다.

의사를 꿈꿨던 청년

기자회견 내내 눈물을 흘리며 억울함을 토로하던 유가려 씨는 함경북도 회령 출신이다. 회령시는 함경북도 북쪽 끝에 있는 인구 15만 도시로, 두만강을 사이에 두고 중국 연변과 마주 보고 있다. 유씨는 북한에 거주하는 중국인, 즉 재북 화교였다. 흔히 화교와 중국인을 혼동하는 경우가 있는데 엄밀히 말하면 재북 화교는 북한 국적자도, 중국 국적자도 아니다. 이들은 두 나라 여권이 있을 뿐 국적은 없다. 중국이든 북한이든 국적자가 되려면 대개 3년이 넘는 기간 동안 복잡한 심사를 거쳐야 한다. 그래서 재북 화교들은 중국 여권과, 북한의 외국인등록증을 가지고 국적 없이 사는 경우가 많다. 중국과 북한에서 이방인 취급을 받는 셈이다. 유씨는 위로 오빠 한 명이 있었는데 이들 남매는 증조부 때부터 4대째 북한에서 살았다. 두 사람은 자신을 중국인이 아닌 북한 사람이라 생각하며 살았다.

유가려 씨의 오빠 유우성 씨는 왜 간첩으로 의심을 받아 구속된 것일까? 결정적인 이유는 동생 유가려 씨 때문이다. 가려 씨는 7년 전 탈북한 오빠를 따라 한국에 들어왔는데 국정원에서 탈북자 조사를 받다가 "우리 오빠는 간첩이다"라고 자백했다. 그리고 국정원은 가려 씨 진술을 토대로 오빠의 간첩 혐의를 입증해줄 증거들을 수집했다. 하지만 이른바 스모킹 건에 해당하는 딱 떨어지는 물증은 구하지 못했다. 오로지 진술, 말뿐이었다. 유가려 씨가 하나뿐인 오빠를 간첩으로 지목한 이유를 알기 위해서는 먼저 유우성 씨 개인 스토리를 알아야 한다.

유우성 씨는 함경북도 경성에 있는 경성의학전문학교를 졸업하고 회령에서 제일 큰 회령시 제1 병원에서 일했다. 북한은 우리처럼 의대를 졸업하고 따로 전문의 자격증을 따야 하는 것이 아니라, 도별로 설립된 의과대학을 졸업하면 곧바로 의사가 된다. 그뿐만 아니라 북한에는 남한에 없는 '준의사' 제도라는 게 있는데, 준의사는 7년 과정의 의과대학이 아닌 4년제 고등의학 전문대학을 졸업한 사람들이 대상이다. 우성 씨가 바로 이 준의 사였다.

북한은 의사라 해도 월급과 배급 사정이 그리 좋지 않다. 그래서 의사들이 환자들에게 뒷돈을 받아 생활비를 충당하는 경우가 많다. 유씨가 탈북을 결심한 건 2004년, 유씨가 회령시 제1병원에서 준의사로 근무하던 때다. 하루는 수술하는 도중에 갑자기 전기가 나갔다. 그래서 유씨는 집도의가 수술하는 내내 그 옆에서 손전등을 들고 수술을 보조했다. 손전등 아래서 2시간 가까이 진행된 수술이 제대로 됐을 리 없다. 결국 봉합과정에 문제가 생겼고 환자는 염증에 시달렸다. 명백한 의료사고였지만 전신 마취 상태였던 환자는 이런 사실을 몰랐고 본인 비용으로 다시 수술을 받았다. 유씨는 이 일을 겪은 뒤 북한에서 의사로 사는 데 회의를 느껴 탈북하기로 마음을 먹었다.

유우성 씨는 중국 여권이 있었고 친척도 중국에 있었으므로 중국 국적을 취득할 수도 있었다. 하지만 유씨는 스스로 북한에서 태어나 김치찌개와 된장국을 먹고 컸고, 한글을 쓰고 말했기에 자신을 북한 사람이라 여겼다. 중국 국적을 갖는다 해도 그곳에서 외국인으로 살아갈 것이 분명했고, 무엇보다 중국은 한

국보다 의료 수준이 떨어졌다. 2004년 당시는 노무현 정부 때로 김대중 정부 이후 남북관계가 급속도로 호전되던 시절이었다. 유씨는 본인의 의사 경력을 활용해 남한에서 의대에 진학해 의사가 되면, 나중에라도 뭔가 중요한 역할을 맡을 수 있지 않을까 생각했다. 유씨가 위험부담을 기꺼이 감수하고 중국 아닌 한국행을 택한 이유다.

하지만 북한을 탈출해 한국으로 가는 것은 매우 위험할 뿐 아니라, 비용도 상당히 많이 드는 일이었다. 유씨는 중국에 사는 외당숙에게 도움을 청했다. 형편이 넉넉했던 외당숙은 브로커에게 줄 돈을 빌려주고, 자기 집에서 유씨가 탈북자 친구들에게 필요한 정보를 수집하도록 도와주었다. 고등학교 동기 중에 탈북해서 한국에 정착한 사람들이 많았던 터라, 유씨는 친구들을 통해 탈북에 필요한 정보들을 얻었다. 돈과 정보가 모이자 유씨는 탈북 브로커를 소개받은 뒤 중국과 베트남, 태국을 거쳐 한국으로 넘어왔다. 국경을 넘는 과정에서 위험천만한 순간을 만나기도 했다. 유씨는 국정원 합동신문센터에서 3개월 동안 머물면서 조사를 받았고, 이후 하나원에서 지정해주는 대전에 정착했다.

대전에 터를 잡은 유씨는 바로 의사가 될 방법부터 찾았다. 전국에 있는 의과대학 8곳에 원서를 넣고 시험을 봤다. 하지만 유씨가 미처 생각하지 못한 변수가 있었다. 영어. 유씨는 영어 점수가 안 나와 그해 8개 대학에서 모두 떨어졌다. 단기간에 영어 실력을 늘리는 건 생각만큼 쉽지 않았고, 영어시험 없이 의사가 될 수 있는 방법도 마땅치 않았다. 그래서 유씨는 이듬해인 2005년, 영어시험을 보지 않는 대구 가톨릭대학교 약학과에 원서를 넣었고 합격했다. 하지만 한국에서 의사가 되겠다고 탈북한 유씨에게 약학과는 적성에 맞지 않았다. 결국 한 학기를 다니지 못하고 휴학했다.

막막함과 답답함이 엄습했다. 외당숙에게 빌린 탈북자금도 갚아야 하고, 의대시험을 준비하려고 영어학원에라도 다니려면 돈이 필요했다. 마땅한 일을 찾지 못했던 유씨는 막노동을 시작했다. 건축 현장을 전전하며 닥치는 대로 일해 돈을 벌었고, 남는 시간에는 중국어 과외를 하며 영어학원에 다녔다. 그러다 현실의 벽이 너무 높다는 사실을 깨달은 유씨는 결국 의사의 꿈을 접었다. 그리고 연세대학교 중어중문학과에 3학년으로 편입했다. 이후 졸업장을 받기까지 무려 5년이나 걸렸다.

악바리처럼 지내던 2006년 초, 유씨는 북한에 계신 어머니 병세가 악화했다는 소식을 들었다. 유씨 어머니는 선천성 심장 기형이었다. 여동생도 그런 어머니를 닮아 심장이 좋지 않았다. 유씨는 어머니를 중국에 있는 친척집으로 불러 그곳에서 치료를 받으시게 했다. 그리고 베이징에 있는 병원에서 심장 수술을 했는데 수술 덕분에 병세가 호전되기 시작했다. 한국에 돌아온 유씨는 북한에 계신 어머니와 한 달에 두세 번씩은 꼭 통화했다. 본인이 계획했던 의대 진학도 실패했고, 힘들게 하루하루 살아가고 있던 유씨에게 어머니와의 대화는 유일한 안식이었다. 유씨를 끔찍이 아꼈던 어머니도 힘들어하는 아들을 각별히 위로하고 격려했다.

2006년 5월 21일 저녁, 유씨는 여느 날처럼 어머니와 통화를 하고 있었는데 갑자기 전화가 끊겼다. 곧바로 전화했지만 응답이 없었다. 갑자기 불안감이 엄습했다. 유씨는 중국에 있는 친척에게 전화를 걸어 무슨 일인지 알아봐 달라고 부탁했다. 그리고 초조히 기다리기를 꼬박 하루, 외당숙에게서 전화가 왔다. 외당숙은 어머니가 갑자기 돌아가셨다는 충격적인 소식을 전해주었다.

회령 집 창고에서 유씨와 통화를 하고 있던 어머니는 갑자기 울리는 초인종 소리에 전화를 끊었다. 어머니가 급히 휴대전화를 숨기는 동안 아버지가 문을 열어주었는데, 전파탐지기를 든 보위부 요원 3명이 집으로 들이닥쳤다. 북한에서는 휴대전화를 사용하다 적발되면 처벌을 받는다. 보위부 요원들은 전파탐지기로 집안 곳곳을 훑으면서 휴대전화를 안 내놓으면 가족 모두 감옥에 보내겠다고 소리를 질러댔다. 그러는 와중에 사색이 된 유씨 어머니가 쇼크를 일으키며 쓰러졌다. 그리고 다시 눈을 뜨지 못했다. 어머니가 돌아가시는 걸 지켜보던 유가려 씨 눈이 뒤집혔다. 유씨는 보위부 요원들의 멱살을 잡으며 소리쳤다.

"너희가 우리 어머니를 죽였다. 어머니 살려내라."

다시 북한으로

가슴이 미어졌다. 믿을 수가 없었다. 내 전화 때문에 어머니가 돌아가셨다니. '안부만 묻고 빨리 전화를 끊을걸, 아니 그냥 다른 날 전화를 할 걸…' 쓸모없는 생각을 거듭하며 유씨는 하염없이 눈물을 흘렸다. 분통함에 잠을 잘 수도, 밥을 먹을 수도 없었다. 가만히 있을 수 없었던 유씨는 그 길로 중국 여권을 챙겨들고 연길로 향했다. 그리고 예전처럼 재북 화교 신분으로 회령에 들어갔다. 회령 집에 도착한 유씨는 어머니 관을 끌어안고 하염없이 울었다. 북한도 우리처럼 삼일장이 일반적인데, 유씨는 어머니 곁을 조금이라도 더 지키고 싶었다. 그래서 오일장을 고집했다. 먹지도 못하고 자지도 못하고, 오열하다 체념하다를 반복하면서 어머니 장례를 치렀다.

어떻게 갔는지 모르는 닷새를 보내고, 유씨는 2006년 5월 27일 회령에 어머니 묘를 모시고는 외삼촌과 함께 중국 연길로 나왔다. 이후 장춘에 있는 친척집을 거쳐 여자친구와 함께 베이징으로 갔는데, 중간에 조카에게 수두가 옮았다. 며칠간을 펄펄 끓는 고열과 통증에 시달렸다. 어른들이 잘 안 걸리는 수두에 걸린 건, 유씨가 일주일 넘게 넋이 나간 채 지내면서 면역력이 떨어진 탓이었다. 유씨는 베이징에서 여자친구의 간호를 받으며 며칠을 지내다 한국으로 돌아왔다. 유씨가 2004년 탈북 이후 북한에 들어간 것은 이때가 전부였다.

1년이 흐르고 2007년 12월, MB가 대통령에 당선됐다. 김대중, 노무현 정부 10년간 진전됐던 남북관계는 이때부터 급속도로 얼어붙기 시작했다. 이 무렵 국정원은 유씨가 북한에 다녀왔다는 첩보를 입수해 내사를 시작했다. 그리고 2009년 6월, 국정원은 공식적으로 유씨의 입북 사건을 수사했다. 적용된 혐의는 국가보안법 위반이었다. 유씨는 국정원 수사관 앞에서 자신의 입북 사실을 순순히 털어놓았다. 하지만 시간이 지나도 조사는 좀처럼 끝나지 않았다. 1년 넘게 수사가 이어지는 동안 유우성 씨는 극심한 스트레스로 우울증 치료를 받았다. 신앙심으로 고통을 극복해보려고 성당에 열심히 나가기도 했다. 어머니 장례 때문에 북한에 갔던 사건 말고도, 유씨는 서울 동부지검에서도 조사를 받았다. 프로돈 사업 때문이었다. 프로돈 사업이란 보통 화교들이 주로 하는 사업인데, 탈북자들이 북한에 있는 가족에게 돈을 송금할 수 있도록 도와주고 그 대가로 수수료를 챙기는 일을 말한다. 좋게 말하면 송금 중개업이고 나쁘게 말하면 밀무역 브로커다.

프로돈 사업 방식은 이렇게 돌아간다. 북한에 돈을 보내고 싶어하는 탈북자가 중국에 있는 화교에게 돈을 송금하면, 화교는 이 돈으로 중국에서 물건을 사서 북한에 들어간다. 그리고 탈북자 가족들에게 그 물건을 건네면 탈북자 가족은 그 물건을 팔아 현금을 챙기는 식이다. 이 과정에서 전달책인 화교들은 수수료를 뗀다. 유씨는 화교 신분인 아버지와 여동생이 북한에 남아 있었고, 중국에도 친척들이 살고 있었기 때문에 프로돈 사업을 위한 최적의 조건을 갖춘 셈이었다.

동부지검은 유씨가 초범이고, 통장만 빌려준 것이라는 판단에 2010년 3월 기소유예 처분을 내렸다. 그리고 프로돈 사업으로 기소유예 처분이 내려진 지 4개월 후, 검찰은 유씨 입북 사건에 대해서도 불기소 처분을 내렸다. 공소시효가 끝난 데다 어머니 장례를 위해 방북한 점을 참작한 결과였다. 유씨는 뛸 듯이 기뻐했다. 모든 혐의가 말끔히 해결됐다고 생각했기 때문이다.

이제 대한민국이 자신을 국민으로 인정했다고 생각한 유씨는 학업과 여러 활동에 더 열심히 매달리기 시작했다.

2011년 6월, 연세대를 졸업한 유씨는 탈북자 출신으로는 처음으로 서울시 계약직 공무원에 합격했다. 서울시 복지정책과 생활보장팀에서 기초생활보장 수급자 관련 업무를 맡았다. 장애인, 독거노인, 어린이, 탈북자 등을 대상으로 하는 일이었다. 계약직이었기 때문에 하루 평균 4시간, 1주일에 20시간을 근무했다. 월급이라고 해봐야 한 달에 고작 100만 원 정도를 받았기 때문에 먹고 살기엔 빠듯했지만, 그래도 탈북자 최초 공무원이었다. 탈북자들 사이에서 유씨는 일종의 롤모델로 여겨졌다.

복지 분야의 전문성을 갖추고 싶었던 유씨는 이듬해인 2012년 2월, 연세대학교 행정대학원 사회복지학과 석사과정에 등록했다. 일과 공부를 병행하는 게 쉽지 않았지만, 그래도 직원 중에서 가장 먼저 출근하고 늘 궂은일에 앞장섰다. 중간중간 기회가 생길 때마다 대학을 비롯한 이런저런 곳에서 강연도 하고, 통일 관련 방송 프로그램에도 출연했다. 하루하루 묵묵히 성실하게 사는 것. 유씨가 할 수 있는 것이라고는 오로지 그것 말고는 없었다.

여동생의 탈북

어머니가 돌아가신 후, 유가려 씨는 아버지 유진룡 씨와 둘이 회령에서 살았다. 어머니가 돌아가신 지 4년쯤 지나 아버지는 20살 넘게 차이가 나는 여성을 만났다. 이 여성이 한국에 있는 언니와 전화를 하고, 언니한테 돈을 전해 받느라 가려와 친해진 것인데, 네댓 달 가까이는 아예 아버지와 같이 살았다. 가려와 이 여성은 처음엔 사이가 좋았으나 한집에 살면서 점점 사이가 나빠졌다. 가려는 이 여성이 아버지 돈을 받아내면서 다른 남자를 만나는 것에 분개했다. 싫은 소리를 잘 못 하는 아버지가 이용당한다는 생각이 들었다. 상황이 이쯤 되자 아버지도 가려와 이 여성이 한집에 사는 것이 힘들다고 판단했다. 가려와 싸움이 나자 아버지는 여성을 내보냈다. 천성이 착했던 아버지는 적지 않은 돈을 여자 손에 들려 보냈다. 그렇게 집을 나간 여성은 넉 달쯤 지나 탈북했고 2011년 2월 한국에 들어왔다. 그해 여름, 유가려 씨는 아버지와 함께 북한을 떠나기로 마음먹는다. 북한 집을 팔고, 어머니 묘를 중국 연길로 이장하고, 두 사람은 친척이 있는 중국으로 이사를 나왔다.

아버지와 동생이 중국으로 이사 나오던 2011년의 끝자락, 서울시 공무원이던 유우성 씨는 국정원 대북파트 직원을 만났다.

가족이 없던 유씨는 먼저 연락을 해온 이 직원과 금방 친해졌다. 어느 날 국정원 직원이 유씨에게 재북 화교 신분을 이용해 북한에 들어가기 쉬우니 북한에 가서 자료 빼오는 일을 해보면 어떠냐고 제안했다. 유씨는 엄두가 나지 않아 단칼에 거절했다. 이후 유씨는 탈북자들에게 들려오는 북한 소식을 전해주며 이 사람과 점점 더 가까워졌다. 1년쯤 지나자 유씨는 조금 깊은 이야기도 하기 시작했다. 동생 가려 씨를 한국에 데려오고 싶다는 뜻을 내비친 것이다. 그 국정원 직원은 자기 동기들이 합동신문센터에 있으니 도와주겠다며 동생을 데려오라고 했다. 유씨는 고생해서 자리도 잡았겠다, 국정원 직원들이 도와주면 그래도 쉽게 한국에 정착할 수 있겠다는 생각이 들었다. 그래서 유씨는 동생 가려 씨에게 탈북을 권유했다. 한국에 올 생각이 없는 아버지는 그냥 중국에 남겠다고 했다. 고민하던 가려 씨는 그렇게 탈북을 결심했다.

2012년 10월 30일, 유우성 씨는 동생 가려 씨를 데리고 상하이 공항에서 비행기를 타고 제주 국제공항으로 들어왔다. 두 사람은 입국심사대 앞에서 헤어졌다. 곧 다시 만날 것이라 생각하면서. 입국심사대에서 가려 씨는 본인을 탈북자라 신고했고, 우성 씨는 심사대를 통과해 밖으로 나왔다. 동생이 걱정됐지만 그래도 아는 국정원 직원에게 미리 이야기해 두었으니 잘 될 거라 생각했다. 가려 씨는 그날 오후부터 저녁 늦게까지 이런저런 조사를 받고, 거의 자정이 다 되어 국정원 중앙합동신문센터에 도착했다. 칠흑 같은 어둠이 내린 합신센터에 들어서자 차갑고 썰렁한 작은 방이 배정됐다. 가려 씨는 피곤함과 두려움이 섞인 묘한 기분으로 한국에서의 첫날 잠을 청했다.

우성 씨는 동생과 헤어지기 직전까지도 절대로 재북 화교라는 사실은 말하지 말라고 당부했다. 화교는 정부가 지원하는 탈북자 대상이 아니기 때문이다. 가려 씨는 오빠의 말을 그대로 따랐다. 국정원 조사를 받는 내내 자신을 회령 출신의 북한 주민이라고 이야기했다. 처음에는 모든 일이 계획대로 진행되는 것 같았다. 길지 않은 조사를 받고 나면, 오빠와 함께 한국에서 살 수 있을 것이라 기대했다. 동생의 조사가 빨리 끝날 것으로 생각했던 우성 씨도 같은 마음이었다. 남매의 기대는 정확히 일주일 만에 처참히 무너졌다.

협박과 폭행

가려 씨가 합신센터에 들어온 지 일주일째 되는 날, 거짓말이 탄로 났다. 국정원 직원들은 거짓말을 했다는 사실을 집요하게 물고 늘어졌다. 조사실로 들어선 조사관이 가려 씨에게 다짜고 짜 욕을 퍼부었다. 쌍년으로 시작된 욕은 금세 구타로 이어졌다. 국정원 직원들은 서로 역할을 나눠 가려 씨에게 필요한 진술을 받아냈다. 금방이라도 감옥에 집어넣을 것처럼 욕하며 윽박지르는 사람, 머리채를 잡아 흔들고 발로 차고 물통으로 머리를 때리는 사람, 사람들을 불러 그 앞에 세워놓고 모욕을 주는 사람…. 그런 대접이 너무 심하다 싶을 때쯤 누군가 등장해 가려 씨를 보듬어 주면서 위로했다. 물론 그런 따뜻함은 원하는 대답을 얻어내기 위한 술책이었다.

가려 씨는 CCTV 카메라가 달린 방에서 살아야 했다. 끊임없이 반성문과 진술서를 쓰라고 강요받았고, 사실 그대로를 쓰면 욕을 먹고 혼이 났다. 그렇게 아주 조금씩 조금씩 국정원 직원들이 원하는 사실들을 나열해 가며 진술서를 썼다 지웠다 썼다 지우기를 반복했다. 국정원 직원들이 만족할 만한 진술 요지는 간단했다.

"오빠가 간첩이라는 사실을 인정하라. 그걸 입증할 근거를 내놓아라."

하늘이 내려앉은 기분이었다. 다 잘 될 거라고 했는데, 오빠

말을 따랐다가 이 지경이 됐으니 나는 앞으로 어떻게 되는 걸까. 오빠가 간첩이라니 도대체 이게 무슨 말인가. 만나서 차근차근 자초지종을 묻고 싶은데 오빠를 만날 방법이 없었다. 국정원 직원들은 오빠가 간첩이라는 사실을 인정하면, 감옥에 짧게 갔다가 나와서 남매가 같이 한국에서 살 수 있다고 했다. 그리고 국정원에서 그렇게 할 수 있도록 도와주겠다고 했다. 하지만 아닌 걸 맞다고 할 수는 없었다. 모르는 걸 안다고 할 수도 없었다. 가려 씨의 부인이 길어질수록 국정원 직원들의 괴롭힘과 윽박지름의 강도도 높아졌다. 그렇게 6개월이 흘렀다. 변호사도 없이, 그 어떤 권리도 듣지 못한 채. 견디다 못한 가려 씨는 자살을 시도하기도 했다.

정작 거짓말을 밥 먹듯 내뱉은 것은 국정원 직원들이었다. 이들은 가려 씨가 법을 잘 모른다는 사실을 이용해 한국에서는 간첩죄보다 진술을 뒤집는 죄가 훨씬 더 크다고 위협했다. 그리고 간첩이라는 사실을 인정하면 남매가 함께 한국에서 살 수 있지만, 인정하지 않으면 바로 추방된다고도 다그쳤다. 이들에게 정당한 절차와 원칙이라는 것은 존재하지 않았다.

오빠가 어머니 장례 때 말고는 북한에 들어온 적이 없다, 오빠는 물론 나와 아버지는 보위부 일을 한 적이 없다, 간첩 활동이라니 금시초문이다… 이런 진술은 할 때마다 혼이 났다. 사실을 이야기해도 "사실대로 이야기하라"는 말만 돌아왔다. 국정원 직원들은 간첩이라는 사실을 불지 않으면 오빠와 함께 감옥에 보낸 뒤 추방하겠다고 으름장을 놨다. 그러면서 "간첩임을 인정하면 감옥에는 가겠지만, 기간도 줄여주고 그 이후에는 함께 한국에 정착하도록 도와주겠다"고 했다. 간첩 혐의로 한국에서 추방되면 중국에서 국적을 얻는 건 사실상 어렵다. 오히려 북한으로 강제 송환돼 처벌을 받을 가능성이 크다.

추방이라는 카드 앞에서 가려 씨는 결국 국정원 직원들이 원하는 진술을 하기로 했다. **"오빠가 간첩이고 북한 보위부에서 훈련을 받고 북한을 여러 차례 드나들었다"**는 진술. 가려 씨는 자신이 오빠로부터 탈북자 정보를 인터넷 메신저로 받은 뒤 이를 USB에 담아 북한 보위부 간부에게 전해주었다고 했다. USB를 건네기 위해 두만강을 맨몸으로 건넜다고도 했다. USB를 어디서 샀는지, 어떤 방식으로 정보를 받았는지 같은 세세한 내용도 함께 진술했다. 진술의 상당수가 국정원 직원들이 자세한 내용을 먼저 묻고, 가려 씨는 맞다고 대답한 뒤에 불러준 내용을 외우는 식이었다. 국정원 직원들은 가려 씨가 결국은 오빠를 돕는 것이라고 힘주어 말했다. 그 진술을 토대로 2013년 1월 10일, 유우성 씨는 자택에서 간첩 혐의로 체포되어 이틀 후 구속되었다.

특종, 간첩, 동아일보

뭉글뭉글한 새벽공기가 얼굴을 감싸던 2013년 1월 22일, 그날은 혹한이 잠시 걷힌 푸근한 겨울 날씨였다. 아침 7시가 조금 넘어 서울고등검찰청 기자실에 도착했다. 그날따라 유난히 1층 로비 구석구석 벽 보고 서있거나 쪼그리고 앉아서 통화하는 기자들이 많다.

'조간신문에 뭐가 또 나왔구나.'

누군가가 단독 기사를 썼을 때 흔히 보는 풍경이다. 해당 기사를 쓴 기자만 여유롭고 나머지는 이리저리 전화를 돌리기 바쁜 상황. 보통 이런 날 아침에는 서울중앙지검의 대변인 격인 차장검사와 수사를 현장 지휘하는 담당 부장검사 전화기에 불이 난다. 이 경우 검사들은 그래도 면식이 좀 있는 기자와 조금 더 성의 있게 통화한다.

물론 통화 내용은 "수사 중인 내용이라 확인해줄 수 없습니다"라는 멘트의 반복이 대부분이지만. 기자 수십 명의 전화가 한꺼번에 몰리다 보니 잘 모르는 기자 전화는 아예 받지 않는 일도 많다. 낙종했는데 검찰 관계자들과 통화가 안 돼 오보인지 아닌지조차 모르는 상황. 기자가 당할 수 있는 최악 중의 최악이다. 이런 일을 피하기 위해 법조기자들은 시간이 날 때마다 검사 판사들을 붙들고 술을 마시고, 밥을 먹고, 차를 마셔댄다고 해도 과언이 아니다.

기자실에 들어서니 공용 테이블에 떡하니 펼쳐져 있는 신문, 〈동아일보〉다. 1면 톱 제목에서 패기가 느껴진다. '탈북자 1만 명 정보 통째로 북에 넘긴 정황' 탈북자 출신 서울시 공무원이 간첩 혐의로 구속됐다는 내용이었다. 기사 내용으로 봐서는 국정원에서 취재가 된 것으로 보였다. 내용이 맞느냐는 질문에 중앙지검 공안1부장과 2차장검사의 반응은 예상을 벗어나지 않았다.

"수사 중인 내용이라 확인해 드릴 수 없습니다."

오전부터 종합편성 채널을 중심으로 뉴스를 틀 때마다 관련 기사가 흘러나왔다. 채널을 가리지 않고 얼굴을 들이미는 평론가, 변호사 패널들은 자극적인 제목과 내용에 요리조리 살을 붙여가며 이슈를 부풀렸다. 하지만 이때는 박근혜 전 대통령이 지명한 이동흡 헌법재판소장 후보자의 자질 문제가 떠들썩하던 때다. 이 후보자의 특정업무경비 유용 의혹이 터져 나와 전국이 시끄러웠는데, 하루 걸러 한 번씩 부적절한 사용처를 고발하는 기사가 봇물 터지듯 터져 나왔다. 그날도 이 후보자가 특정업무 경비를 자신의 MMF 계좌에 넣었다는 단독 기사가 나왔다. 이런 상황 때문에 유우성 씨 간첩 기사는 생각만큼 많은 주목을 받지 못했다. 석 달 후 열린 유가려 씨의 긴급 기자회견 자리에 주요 매체 기자들이 별로 오지 않았던 이유도 그 영향이 컸다.

검찰은 2013년 2월 27일 유우성 씨를 재판에 넘겼다. 간첩과 관련된 범죄 혐의는 모두 9가지. 국가보안법상 특수잠입, 편의제공, 탈출, 회합통신, 국가기밀 수집 전달…. 유씨 남매는 생전 처음 보는 무시무시한 내용에 어안이 벙벙했다. 유우성 씨 입장에서 환장할 노릇은 이 모든 내용을 동생 가려 씨가 인정했다는 사실이었다. 검찰은 2월 27일 유씨를 재판에 넘겼다. 그리고 3월 4일에 유가려 씨에 대한 증거보전 재판을 열어달라고 법원에 신청했다. 증거보전이란 절차대로 재판을 진행했다가는 증거물이 없어질 것 같으니, 본격적인 재판 전에 먼저 재판장 앞에서 증거가 진짜인지를 따져 보고 싶다는 말이다. 유우성 씨 사건은 증거가 유가려 씨 증언밖에 없었기 때문에, 검찰 입장에서는 유가려 씨가 재판 때 마음을 바꿔 '옛날에 진술한 게 거짓말이다'라고 해버리면 꼼짝없이 지게 된다. 그래서 유가려 씨 마음이 바뀌기 전에, 재판장 앞에서 유가려 씨 진술이 맞다는 확인 도장을 찍어두고 싶었다.

제주공항 입국심사대에서 헤어진 남매는, 그렇게 4개월 만에 수원지법 안산지원 법정에서 모니터를 앞에 두고 마주 앉았다. 가려 씨가 법정이 아닌 영상증언실에 국정원 여직원 둘과 함께 앉아 있었기 때문이다. 판사 김한성, 검사 이시원, 한정화, 변호인은 천낙붕, 장경욱, 양승봉, 김용민, 김진형, 김유정. 가려 씨는 수의를 입고 등장한 유우성 씨 모습을 보고 기겁했다. 국정원 직원들이 그동안 자신을 조사하면서 오빠가 잘 지내고 있고, 본인도 간첩 혐의를 인정하고 있다고 말해왔기 때문이다. 포승줄에 묶여서도 자신은 간첩이 아니라고 단호히 외치는 오빠의 모습을 보면서 가려 씨는 혼란에 빠졌다. 검찰과 변호인 측의 치열한 공방이 밤늦게까지 이어졌다. 가려 씨는 재판 내내 계속 울었다. 우성 씨도 분하고 서러운 마음에 눈물을 흘렸다. 우성 씨와 변호인단은 동생이 누구의 조력도 받지 못한 채 4개월 동안 합신센터에 갇혀 조사를 받았다는 사실에 분개했다.

　　증거보전 재판이 있고부터 두 달 후인 2013년 4월 26일, 서울중앙지방법원에서는 유가려 씨에 대한 인신 구제청구재판이 열렸다. 가려 씨가 6개월간 변호인도 없이 조사를 받은 것에 대해 국정원과 검찰이 인신보호법을 위반했다는 소송이 제기된 것이다. 우성 씨의 부탁으로 천주교 인권위원회가 위촉한 변호사들이 소송을 냈다. 인신 구제청구는 보통 정신병원에 감금된 사람을 구해낼 때 하는 경우가 많아서 가려 씨가 대상이 되는지에 대해서는 의견이 분분했다. 법원은 이 소송에 대해 각하 결정을 내렸다. 소송 자체를 할 필요가 없다는 뜻이다. 국정원은 4월 24일 화교 신분인 유가려 씨에 대해 비보호 결정을 내리고 5월 23일 전에 출국시키기로 했다.

재판부는 유가려 씨에 대한 비보호 결정이 내려졌으니, 출국할 때까지 본인이 원하는 곳에 머물 수 있는 상태라 유가려가 합신센터에 수용된 것으로 볼 수 없다고 판단했다. 그러면서 가려 씨에게 "지금 당장 본인이 가고 싶은 곳에 가도 된다"고 말했다. 국정원은 물론 소송을 한 사람들도 전혀 예상 못한 판결이었다. 변호인은 환호했고 국정원은 당황했다. 이윽고 유가려 씨를 누가 데려갈 것인가를 두고 실랑이가 벌어졌다. 변호인단과 국정원이 서로 '나랑 같이 가자'고 가려 씨에게 애걸하는 상황이 벌어졌다. 유씨는 딱 하루만 변호인들과 지낸 뒤에 합신센터로 돌아가겠다고 하고는 변호인들을 따라나섰다. 그리고 그날 저녁 국정원 수사관들이 간교한 거짓말로 자신을 농락한 사실과 자신의 진술 때문에 오빠가 억울하게 잡혀갔다는 사실을 소상히 알고는 분노했다. 그래서 그날 밤 기자회견을 열어 이런 사실을 만천하에 알

리기로 용기를 냈다. 화창한 봄날의 토요일 아침, 얼치기 기자였
던 내가 참석한 기자회견은 그렇게 열렸다.

오프닝 vs. 클라이맥스

유가려 씨를 주인공으로 한 영화라면 그날 아침 민변 기자회
견은 절정으로 치닫기 직전 상황쯤 될 거다. 하지만 이런 심각한
사정을 전혀 모르는 기자들에게 그 기자회견은 그저 밋밋한 오
프닝에 불과했다. 아는 만큼 보인다 했던가. 10명이 채 안 되는
기자들의 덤덤하고 무심한 반응, 기사로조차 다루지 않은 주요
언론들. 검사들의 한마디를 듣기 위해, 다른 기자들보다 조금 더
긴 통화를 위한 술자리를 만드는 데 온 사력을 다할 때 빚어지는
촌극이라 해야 할까. 물론 그런 수고 때문에 때로는 검찰 내부의
부당한 소식을 들을 수 있으니 무조건 싸잡아 비난할 일은 아니
겠으나, 적어도 나를 비롯한 지상파 기자들은 그때 해야 할 역할
을 하지 못했으니 입이 열 개라도 할 말이 없다.

유가려 씨는 오빠의 1심 재판이 끝나기 전인 2013년 7월
3일 중국으로 추방됐다. 유우성 씨는 무더위가 기승을 부리는
8월 22일 1심 선고를 받았다. 유씨가 수감됐던 서울구치소의 보

무죄선고 후 인터뷰에 응하는 유우성 씨

안과장은 유씨를 조금 특이하게 기억하고 있다. 간첩 사건 피의
자 중 가장 많은 면회자가 찾아온 사람. 유달리 억울하다는 소리
를 많이 질러 곱지 않게 보던 교도관들도 1심 재판이 끝나갈 무
렵에는 유씨에게 관심을 보이고 응원하는 사람들도 생겼다. 검
찰은 유씨에게 간첩죄를 물어 7년을 구형했다.

그러나 법원은 유씨에게 여권법 위반과 북한이탈주민보호법
위반 혐의에 대해서만 책임을 물어 징역 1년에 집행유예 2년을
선고했다. 화교 신분을 숨기고 탈북자라고 속여서 정부 지원금
을 받은 것에 대한 처벌이었다. 국정원과 검찰이 주장한 간첩 혐
의 9가지에 대해서는 전부 무죄를 선고했다. 유씨는 변호인들과
함께 기쁨의 눈물을 흘렸다.

비공개로 진행되던 유씨 재판이 공개로 전환되고부터는 법원 출입기자들이 유씨 재판 진행을 취재했다. 하지만 대중의 주목을 받는 인물이나 사건이 아닌 이상, 재판 도중에 비중 있는 기사가 나가는 일은 많지 않다. 뉴스 시간이 제한적인 방송 뉴스의 경우는 더 그렇다. 그나마 기사화될 수 있는 건 1심 선고 정도인데, 2013년 8월 22일 지상파 3사 뉴스에 유우성 씨 무죄 소식은 나오지 않았다. 죄 없는 사람을, 간첩이 아닌 사람을 간첩으로 몰았다는 판결이었는데도.

당연히 크게 다뤘어야 맞는데, 이럴 때 또 발동하는 기자들의 나쁜 습관이 있다. '아직 확정된 게 아니지 않으냐'는 논리. 판결이 확정될 때까지 길게는 수년이 걸리는데 말이다. 〈뉴스타파〉와 〈한겨레〉, KBS 〈추적60분〉 같은 프로그램이 이 사건을 충실히 보도했지만, 다른 언론들이 모두 눈을 감으면서 국민적인 관심까지는 불러일으키지 못했다. 그저 관심을 갖지 않고 보도를 충실히 못 했을 뿐이라면 차라리 낫다. 종편을 중심으로 '그래도 유우성은 간첩이다'라는 식의 주장이 담긴 방송이 이어졌다. 평론가를 자청하는 패널들의 아무 말 대잔치 속에 유씨에게 붙여진 간첩이란 꼬리표는 좀처럼 떨어지지 않았다.

조작 그리고 촌극

　1심에서 간첩 혐의에 대해 전부 무죄가 나오자 검찰과 국정원은 매우 당황했다. 그래서 무리수를 두기 시작했다. 검찰은 2심 재판부에 유씨의 간첩 혐의를 입증해줄 새로운 증거가 발견됐다며 유씨가 북한에 들락거린 출입 기록이 담긴 문서를 제출했다. 1심 때는 검찰이 내세운 증거가 전부 동생 유가려 씨의 진술을 토대로 한 것이어서, 결과를 뒤집으려면 진술보다 훨씬 강력한 '딱 떨어지는' 물증이 필요했다. 수세에 몰린 국정원은 중국에 파견 나가 있는 직원들을 총동원해 검찰이 요구한, '딱 떨어지는' 물증을 찾아온 것이다. 유우성 씨는 2004년 탈북한 이후 다시 북한에 들어간 것은 어머니 장례 때 한 번뿐이라며 기록이 있을 수 없다고 펄쩍 뛰었다. 그리고 중국 연길에 있는 친척을 통해 본인의 북한 출입 기록을 발급받아 재판부에 제출했다. 변호인은 검찰이 문서를 위조했다고 주장했다.

　유씨가 중국과 북한을 오간 기록이 담긴 문서. 검찰과 변호인 둘 중 하나는 가짜 서류를 낸 거다. 변호인이 위조 의혹을 제기하자, 국정원은 자신들이 제출한 출입 기록이 진짜라는 확인서를 중국 정부에서 받아 제출했다. 그러자 변호인도 자신들의 문서가 진짜라는 중국 정부의 확인서를 제출했다. 그렇게 검찰이 법원에 낸 문서가 3개, 변호인이 낸 문서는 2개였다. 검찰도 변호인도 이제는 돌아올 수 없는 강을 건넜다. 법원은 이 문서들을 전부 모아다가 중국대사관에 어느 것이 진짜인지 가려 달라고 보냈다. 재판부는 진짜라는 확인을 받은 문서만 증거로 채택하겠다고 고지했다.

검찰은 내심 중국대사관의 답변을 받는 데 시간이 오래 걸리거나, 이도저도 아닌 애매한 답변이 올 것으로 기대했다. 중국과 북한이 특수 관계이기 때문이다. 변호인단의 생각도 크게 다르지 않았다. 그래서 변호인 측은 재판부에 "중국대사관의 답변이 없더라도 재판의 결론을 내려 달라"고 요청했다. 중국은 그동안 한국과 북한이 연관된 일에 공식적인 입장을 밝힌 적이 없었다. 적어도 공식적으로는 한국과 북한 사이에서 중립적인 입장을 취하는 모양새를 만들고 싶어했기 때문이다. 그러나 중국대사관은 모두의 예상을 깨고 2014년 2월 14일 아주 명쾌한 회신을 보내왔다.

중화인민공화국 주대한민국대사관 영사부는 서울고등법원에 경의를 표하며, 귀 법원으로부터 송달된 사건번호 2013노2728 국가보안법 위반(간첩) 등의 사실조회서를 통해 요청하신 서류의 진위에 대해 아래와 같이 회신하여 드리는 바입니다.

1. 중국의 관련 기관을 통해 조사한 바에 따르면, 유가강의 변호인이 제출한 연변조선족자치주 공안국에서 발급된 '출·입경 기록조회 결과'와 싼허변방검사참에서 발급된 '정황설명서'의 내용은 모두 사실이며, 이 두 문서는 합법적인 정식 서류입니다. 검사 측에서 제출한 허룽시 공안국이 선양 주재 대한민국총영사관에 발송한 공문 등 3건의 문서는 모두 위조된 것입니다.

2. 한국 검찰 측이 제출한 위조 공문은 중국 기관의 공문과 도장을 위조한 형사범죄 혐의를 받게 되며, 이에 대해 중국은 법에 따라 조사를 진행할 것입니다. 범죄 피의자에 대한 형사 책임을 규명하고자 하오니, 위조문서의 상세한 출처를 본부에 제공해주실 것을 협조 부탁드립니다.

다시 한 번 숭고한 경의를 표하는 바입니다.

중화인민공화국 주대한민국대사관 영사부
2014년 2월 13일

서초동 기자실은 발칵 뒤집혔다. **증거를 위조했다니, 그것도 중국대사관이 그 사실을 확인해줬다니.** 무고한 사람을 간첩으로 몰아세운 것도 모자라 자신들의 잘못을 덮으려고 남의 나라 공문

서를 위조했다. 한 번도 아니고 무려 세 차례나. 있을 수 없는 일이었다. 민변은 즉각 기자회견을 열고 이번 사건을 희대의 날조극으로 규정했다. 그리고 검찰의 즉각적인 항소 취소와 책임자에 대한 엄중한 처벌, 피해자에 대한 사죄와 보상 등을 촉구했다.

검찰 담당자들에게 전화를 걸었다. 전화기 너머로 느껴지는 검사들의 상태는 패닉 그 자체였다. 그 상황에서도 검찰은 저녁 늦게 브리핑을 열고 "서류들이 국정원을 통해 입수된 것이라 발급 절차상 문제는 있을 수 있지만 사실에는 부합한다"는 말도 안 되는 주장을 거듭했다. 그러면서 진상조사팀을 구성해 경위를 밝히겠다고 밝혔다. 상황이 이 지경이 되고 나서야 지상파 뉴스에 이 사건이 보도되었다. 유가려 씨의 폭로가 있은 지 7개월 만에 나온 첫 뉴스였다. 하지만 이런 엄청난 상황에서도 MBC는 그날 메인 뉴스에 이 기사를 내보내지 않았다. 우리 언론이 어느 지경까지 갔었는지를 단적으로 보여주는 사건이었다.

뒤집힌 것은 서초동뿐만이 아니었다. 국회에서도 특검을 도입해 수사해야 한다는 목소리가 나왔다. 그러나 당시 여당이던 새누리당 의원들은 주한중국대사관과 민변 사이에 커넥션이 있는 것 아니냐는 상식 이하의 발언을 하며 검찰과 국정원을 두둔했다. 그리고 언제나처럼 지지부진한 공방이 이어졌다. 이 사건은 사법사상 전례를 찾기 힘든 일임은 물론 중국과의 외교적 마찰까지도 빚어질 사안이었지만 검찰·국정원의 책임 회피와 국회의 공방, 종편의 아무 말 대잔치 속에 금방 대중에 관심에서 멀어져 갔다.

공문서 위조의 진위를 밝히는 검찰 특별수사팀의 수사가 진행됐다. 국정원 직원들과 그들의 사주를 받은 정보원들이 하나둘씩 소환됐다. 하지만 수사의 칼날은 무디기만 했고 수사의 속도는 답답할 만큼 느렸다. 칼자루는 힘없는 실무자들 사이에서만 춤을 춰댔다. 윤갑근 특별수사팀장은 매일같이 기자들을 모아놓고 의미 없는 브리핑을 이어가며 시간을 끌었다. 그러던 중 위조에 가담한 정보원이 영등포의 한 모텔에서 자살 시도를 하는 일이 벌어졌다. 자신의 피로 국정원은 국가조작원이라는 글자를 벽에다 써놓고. 그런가 하면 국정원 직원 중 하나는 차량에 번개탄을 피워 자살을 시도했다가, 부분 기억상실증에 걸렸다는 발표를 하기도 했다. 삼류 막장 드라마에서나 볼 법한 촌극이 심심찮게 이어졌다.

검찰 수사를 통해 국정원이 돈을 주고 공문서를 위조했다는 사실이 드러났다. 하지만 검찰은 누가, 왜 이 일을 기획했는지는 굳이 들추려 들지 않았다. 실무를 담당했던 국정원 과장 선에서 꼬리를 끊고는 그 윗선은 없었다는, 초등학생도 웃을 수사 결과를 내놓았다. 그나마 검찰 관계자는 처벌받지도 않았다. 수사를 담당했던 이시원 검사와 이문성 검사는 정직 1개월, 이들을 지휘한 최성남 부장검사가 감봉 1개월의 징계를 받는 것으로 사건이 마무리됐다. 사실 이들에게는 최소 징역 7년 이상의 징역형이 적용되는 국가보안법상 날조 혐의가 적용되어야 했다. 하지만 검찰은 모해증거위조와 위조사문서행사 등의 혐의만 적용했다. **적용할 수 있는 가장 가벼운 혐의로, 처벌할 수 있는 가장 아랫사람으로 사건을 덮은 것이다.**

검찰의 수사 결과가 나온 다음 날인 2014년 4월 15일, 남재준 국정원장은 이례적으로 대국민 사과를 했다. 국정원은 전날 밤늦게 검찰 출입기자들에게 문자를 보냈다. "남재준 국정원장 입장 발표 예정. 거취 문제와는 상관없이 대국민 사과 내용" 황당했다. 책임지고 그만두지도 않으면서 잘못했다고 말만 하는 게 무슨 의미가 있나. 국정원 직원들은 기자회견이 시작되면 절대 질문하지 말라고 했다. 기자들이 항의해도 같은 말만 반복했다.

오전 10시 등장한 남재준 원장은 3분 정도 준비된 원고를 읽었다. 국정원의 속셈대로 이 장면은 전국에 생중계됐다. 목례를 하고 퇴장하려는 남재준 원장에게 질문 있다고 손을 들었다. 남재준 원장은 고개를 돌려 흘끗 기분 나쁜 표정으로 째려보더니 그대로 퇴장했다. 며칠 후 박근혜 전 대통령은 국정원이 스스로 개혁안을 마련하라며 셀프 개혁을 주문했다. 코미디도 이런 코미디가 없었다.

혹시나 검찰이 피해자에 대한 사과나 합당한 보상을 하지는 않을까 기대했다. 그러나 수사팀장 윤갑근 검사는 그런 것에는 관심이 없었다. 대신 "앞으로는 기사에 유우성이 아니라 리우짜이강(유가강)으로 써달라"고 당부했다. 유씨가 탈북자가 아닌 재북 화교이므로 한국 이름이 아닌 중국 이름을 써야 하는 것 아니냐면서. 유씨의 거짓말을 부각하기 위한 치졸한 꼼수였다. 얼마 후 검찰은 예전 동부지검에서 기소유예했던 유씨 사건을 다시 들춰냈다. 유씨가 프로돈 사업에 통장을 빌려주었던 일을 추가로 수사해서 외환거래법 위반 혐의로 기소한 것이다. 우리나라 검찰이 이토록 저열하고 비겁했단 말인가. 수사팀장을 맡았던 윤갑근 검사는 이듬해 검사장으로 승진했다.

누구 책임인가

국정원이 유가려 씨의 재북 화교 사실을 문제 삼기 시작한 때는 2012년 11월, 대선을 한 달 정도 앞두고 있던 시점이다. 이명박 정부 내내 국정원은 부실한 대북 정보력으로 지탄을 받았다. 김정일이 사망했어도, 북한이 장거리 로켓을 발사했어도 국정원은 눈치조차 채지 못했다. 대신 국내 정치와 선거 개입했다는 의혹이 꼬리에 꼬리를 물었다. 해야 할 일은 하지 않고 하지 말아야 할 일에만 몰두해온 국정원. 정권이 교체될지도 모르는 시기, 국정원을 향한 국민의 개혁 요구에 대비할 카드가 필요했다. 국정원은 유우성 씨의 어머니 장례를 위해 북한에 다녀왔다는 사실도, 프로돈 사업에 관여했다는 사실도, 유씨 가족이 재북 화교라는 사실도 이미 알고 있었다. 그러고도 유씨가 서울시 공무원으로 채용돼 일하는 데 아무런 문제를 삼지 않았었다. 그런 국정원이 갑작스레 유가려 씨의 화교 신분을 문제 삼아 유씨를 간첩으로 만들었다.

서울시 공무원이 탈북자 정보를 북한에 넘겼다는 사실이 회자되면, 자연스레 탈북자에 대한 관리와 감시를 강화해야 한다는 목소리가 힘을 얻을 수 있다. 탈북자에 대한 조사와 관리에 대한 전권을 가진 곳, 우리나라에 국정원뿐이다. 적당한 언론에 먹이를 던져주고 사건을 부풀리면 대공수사권도 강화할 수 있고, 탈북자 관리를 위한 인력과 예산도 늘릴 수 있다. 흠결 있는 탈북자만 잘 골라 요리하면 국정원으로서는 잃을 게 없는 장사다. 국정원은 유일하게 대공 부분만큼은 검찰을 압도하는 수사권을 휘둘러 왔으니, 이까짓 사건 하나 만드는 것은 식은 죽 먹기라고 여겼을 수 있다. 이런 그림을 과장급 실무자 몇 명이 그렸다는 게 이해가 되는가. 승진에 눈이 먼 개인의 일탈이라고 치부하고 말기에는 찜찜한 구석이 한두 군데가 아니다.

음지에서 양지를 지향한다던 국정원은 희대의 허튼짓을 하다 걸려도 고개 한 번 까딱이는 것으로 할 일을 다 했다고 여겼다. 법과 원칙에 따라 공정하게 수사해야 할 검찰은 국정원의 허튼짓에 날개를 달아 주는 데만 온 힘을 쏟았다. 그리고 이들을 감시하고 억울한 이들의 목소리에 귀 기울어야 할 언론은 선후와 경중은 따지지도 않은 채 그저 방향 없는 달리기를 하고 있었다.

만약 〈동아일보〉의 특종이 사실인지 현장을 뒤져보는 기자들이 있었다면, 유가려의 기자회견에 전 언론이 떠들썩하게 반응하고 책임을 캐물었다면, 유우성의 무죄 선고에 검찰의 멱살을 잡아 쥐는 기사가 줄을 이었다면. 그랬다면, 국정원과 검찰이 간첩을 만들고 공문서를 조작하는 범죄를 저지르고도, 저렇게 뻔뻔하게 꼬리를 자르고 대국민 쇼를 할 수 있었을까.

제 역할 못하는 이들이 모여 앉아 술잔을 주고받을 때. 비극은 또 일어난다. 반드시.

김요한

7

비선과 실세

정윤회 문건 사건

방송 바로듣기

우연과 필연

모든 사건은 구조적 원인과 개인의 우발적 행동이 맞물려 빚어 낸 결과물이다. 독일 평전 작가 슈테판 츠바이크가 쓴《광기와 우연의 역사》는 인류 역사의 운명을 바꾼 사건을 필연과 우연의 화학 작용으로 묘사해낸다. 필연은 우연이라는 부싯돌로, 우연은 필연이라는 연료로 점화돼 역사의 각 페이지를 완성한다. 그리고 그 광기와 우연의 역사 이면에는 항상 인간의 탐욕이 엔진 역할을 한다.

박근혜 대통령은 2012년 12월 대선에서 득표율 51.6%로 당선됐다. 아버지 박정희의 5.16 쿠데타를 득표율에 빗댄 우연의 희망과 기대가 넘쳐 났다. 권력은 정점에 서는 순간부터 내리막길을 걷는다. 권력 쟁취는 몰락의 필연을 싹 틔운다.

박근혜 정부를 무너뜨린 건 국가정보원 대선 개입 사건(이하 국정원 사건)이었다. 원세훈 국정원장 시절 국정원 직원들이 지방선거와 총선, 대선에서 여당에 유리하고 야당에 불리한 댓글을 달았다는 의혹이 2012년 대선 과정에서 꼬리가 밟힌 것이다. 박대통령은 검찰의 수사는 받아들이되, 죄는 안 되도록 해야 하는 숙제를 떠안았다. 그렇지 않을 경우 그 결과는 자신의 당선, 즉 정권의 정당성을 부정하는 논리로 귀결된다. 역사는 비선 실세 최순실의 존재로 박근혜 정부가 실각했다고 쓰이겠지만, **구조적 흐름에서 박근혜 정부의 성벽에 처음 균열을 일으킨 건 국정원 사건이었다.**

〈세계일보〉의 정윤회 문건 보도 사건은 청와대 내에서 발생한 권력투쟁의 산물이다. 박근혜 청와대의 구중궁궐은 정권 출범 이후 궐내 이야기가 좀처럼 공개된 적이 없었다. 최순실이라는 비선 실세 탓에 숨길 것이 많았던 박근혜 청와대의 불통은, 자기보호의 최소 방어수단이었을지 모른다. 그런 청와대의 은밀한 속사정이 정윤회 문건으로 일부 세상에 알려졌으니 암투에서 패배한 진영에 대한 승자의 보복은 어느 정도일지 예견된 수순이었다. 정윤회 문건 사건의 이면에는 어떤 진실이 숨어 있었던 걸까.

우선 이 사건의 등장인물인 정윤회와 문고리 3인방(청와대 이재만 총무비서관, 정호성 제1 부속비서관, 안봉근 제2 부속비서관), 박근혜 대통령 동생 박지만, 조응천 청와대 공직기강비서관 등이 어떤 인물들이고, 어떻게 관계를 형성해 왔는지 살펴볼 필요가 있다.

박근혜 청와대 대통령비서실은 정부조직법과 대통령비서실 직제에 근거해 대통령 비서실장 1명과 수석비서관 10명으로 구성돼 있다. 비서실장 아래 수석비서관들 사이에 총무비서관, 부속비서관, 의전비서관, 연설기획비서관이 있다. 권력의 무게는 최고 권력자와의 거리에 반비례한다. 가까울수록 그 무게는 무겁다. 이재만·정호성·안봉근 비서관을 문고리 3인방으로 부르는 이유는 청와대 직제표가 설명한다.

정윤회는 1995년 최태민 목사의 딸 중 5녀인 최순실과 결혼했다. 박근혜 대통령이 아버지 박정희 대통령 사망 뒤 두문불출하다 제15대 국회의원에 당선된 1998년부터 박 대통령의 입법보좌관을 지냈다. 2002년 박근혜 의원이 한국미래연합을 창당한 후에는 총재 비서실장을 역임했고, 2004년 박근혜 의원이 한나라당에 복당했을 때에는 공식 직함 없이 활동했다. 2007년 한나라당 제17대 대통령 후보 경선 과정에서 박근혜 후보가 당선

되면 최태민 목사 일가가 국정에 개입할 것이란 의혹이 제기되자 정치 일선에서 물러났다. 그는 최순실과 2014년 5월 이혼했다.

검찰 조사실의 정호성

2016년 11월 4일 서울중앙지검 1043-2호 검사실. 최순실 국정 농단 수사에 착수한 검찰에 이날 체포돼 수사팀의 유경필 검사와 마주 앉은 정호성 청와대 부속비서관은 어렵게 입을 뗐다. 그는 1998년 처음 박근혜 대통령의 보좌 업무를 시작할 때, 정윤회 비서실장과 함께 일하기 시작하며 최순실을 처음 만났다고 했다. 한 교수의 소개로 면접을 거쳐 박근혜의 보좌관이 된 정호성 비서관은 상관인 비서실장으로 정윤회를 사수로 모셨다고 기억했다. 그는 박근혜 대통령의 핵심 참모는 5명이라고 했다.

"사실 1998년 박근혜 대통령께서 대구 달성군 보궐선거에서 국회의원에 당선돼 의정 활동을 시작하실 때부터 함께 호흡을 맞추며 일했던 멤버들은 정윤회 비서실장, 이재만, 이춘상 (2012년 12월 대선 때 교통사고로 사망), 안봉근, 저 이렇게 5명 이었습니다."

정윤회는 1998~2004년까지 당시 박근혜 국회의원의 비서실장을 역임하며 대통령을 보좌했지만, 2004년 최태민 목사와 박근혜 의원 사이 루머가 퍼지자 박 의원에게 부담을 주기 싫다며 자진해 비서실장을 사퇴했다고 정호성은 회상했다.

조응천 청와대 공직기강비서관은 검사 출신이다. 그는 검찰에 있을 때인 1993년 박지만의 마약 혐의를 수사하다 그와 처음 인연을 맺은 것으로 전해졌다. 2005년 변호사로 개업해 김앤장에서 일하던 조응천은 2011년 박근혜 캠프에 합류하며 박지만을 다시 만난다. 그는 2012년 말 박근혜 대통령 당선 뒤 공직기강비서관에 임명됐다.

2013년 12월부터 일간지와 주간지, 사설 정보지를 통해 김기춘 비서실장 교체설이 정가에 심심치 않게 돌기 시작했다. 여권 인사들의 입을 통해 "김 비서실장 아들이 교통사고로 몸이 불편해 김 비서실장이 심적으로 고통이 심하다", "김 비서실장이 2014년 6월 지방선거 이전에 사표를 낼 가능성이 크다", "김 비서실장이 최근 VIP 전화 외에는 아무 연락도 받지 않는다"는 소문이 돌았다. 하지만 김기춘은 사표를 낼 마음이 전혀 없었다.

조응천 민주당 의원은 이와 관련, 팟캐스트 〈진짜가 나타났다〉에 출연해 "2013년 말 김 비서실장 교체설이 보도되자 그가 날 불러 '어느 놈들이 그러는 건지 해당 보도의 취재원을 확인해

봐라'고 지시했다"고 당시를 떠올렸다.

당시 김기춘 비서실장을 누군가 흔들려는 시도는 분명 존재했다. 그렇다면 왜 흔들려고 했을까. 누구였을까. 당시 청와대 내부 사정을 잘 아는 관계자의 이야기다.

"박근혜 청와대의 최고 권력은 조직 계통상 문고리 3인방이다. 이들은 정권 초 민정라인에서 검찰 장악 실패로 국정원 사건 뒤처리를 깔끔하게 하지 못한 데 항상 불만이었다. 2013년 8월 곽상도 민정수석을 6개월 만에 홍경식으로 바꾸지 않았나. 그때 안 되겠다 싶어 데려온 게 김기춘 비서실장이었다. 이후 채동욱 혼외자 의혹으로 검찰총장을 갈아버리고 김기춘이 그립을 쥐기 시작했다. 문고리 3인방이 마냥 좋아했을 것 같나? 주군 밑에 2인자가 2명은 없는 법이다. 그 순간부터 3인방과 김기춘의 헤게모니 다툼도 생겨났다고 봐야 한다."

김기춘 비서실장의 조사 지시를 받은 조응천 공직기강비서관은 처음엔 "(비서실장 교체설) 기사의 취재원 확인은 힘들다"며 난색을 보였으나, 김기춘은 "그럼, 내가 누구를 시키겠느냐"라고 재차 지시를 내려 조응천은 "알겠다"고 답했다. 조응천은 소속 행정관으로 경찰에서 파견 나와 있던 박관천 경정에게 이 업무를 맡겼다.

박관천 경정은 2014년 1월 6일 김기춘 비서실장 교체설 소문의 진원지가 정윤회와 문고리 3인방이라는 내용이 담긴 '靑 비서실장 교체설 등 VIP 측근(정윤회) 동향'이라는 제목의 동향 감찰 보고서를 작성했다. 그는 이 보고서에서 정윤회가 서울 강남의 식당에서 문고리 3인방을 포함한 청와대 내·외부 인사 10명('십상시'로 표현)을 정기적으로 만나 배후에서 국정을 보고받고 운용을 지시했으며, 김기춘 교체시기를 2014년 초·중순으로 잡고 있다고 썼다. 보고서 작성 열흘 뒤인 1월 16일 박관천의 보고서를 받아본 조응천은 홍경식 민정수석에게 알렸으나 홍경식은 보고 내용에 부담을 느낀 듯 "(김 비서실장에게) 직접 보고하라"고 했다.

당시 사정을 잘 아는 청와대 관계자는 "홍경식 민정수석은 아무것도 몰랐다. 홍경식은 조응천 공직기강비서관에게 보고를 받고는 '나는 아는 게 없으니 알아서 하라'고 했다고 한다"고 말했다.

조응천은 김기춘에게 박관천의 보고서를 들고 가 "문고리 3인방이 정윤회와 이런 사실이 있는지 조사할까요?"라고 물었다. 김기춘은 찬찬히 살펴본 뒤 "일단 가만있어 봐라"며 즉각적인 조사를 보류했다. 청와대에 들어온 지 5개월밖에 안 된 김기춘으로서는 보고서를 확인하고 청와대 실세가 누군지 실체를 파악하고 자신이 어떻게 처신해야 할지 고민할 시간이 필요했던 것으로 보인다. 즉, 문고리 3인방이 과연 자신과 붙어도 승산이 있는 체급의 중량인지 샅바 싸움이 필요했다.

청와대 내 권력투쟁

그런데 일주일 뒤, 박근혜 대통령이 인도와 스위스 국빈 방문에서 돌아온 2014년 1월 23일, 〈서울신문〉 조간에 '김기춘 비서실장 사표… 박 대통령 귀국 후 최종 결심'이란 제목의 1면 기사가 보란 듯이 보도됐다. 이 보도는, 김기춘이 박근혜 대통령에게 두 차례 이상 사표를 냈고, 박 대통령이 '귀국 후 보자'며 순방에서 돌아온 뒤 사표를 수리할 것이라고 했다. 거론되는 후임자도 기사에 들어 있었다. 인사를 둘러싼 배경이 상당히 구체적으로 담겨 있었다. 〈서울신문〉 보도는 박 대통령이 순방에서 돌아오는 날 기사화됐다는 점에서 누군가에 의해 정교하게 설계된 정보 누설이었다. 정보원이 누구였든, 그 정보가 참이든 거짓이든, 일반적으로 인사 기사에는 정치가 담겨 있다.

이정현 청와대 홍보수석은 이와 관련 "김기춘 비서실장에게 직접 확인했다. 전혀, 전혀, 전혀 사실무근이다. '사표를 낼 이유가 없다. 왜 나를 흔들려고 하나? 아들이 자살 기도했다거나, 테러를 당했다거나, 내가 몇 차례 사표를 냈다거나'라며 자신을 흔드는 거에 대해 좀 어처구니없어한다. 김 비서실장이 황당해한다"고 기자들에게 해명했다.

이 보도로 문고리 3인방과 김기춘 비서실장의 헤게모니 다툼은 생각보다 싱겁게 끝난다. 김기춘은 조응천을 시켜 만든 '靑 비서실장 교체설 등 VIP 측근(정윤회) 동향' 문건을 문고리 3인방에게 보고하고는, 정작 자신은 이 싸움에서 슬며시 빠져버리는 술책을 쓴다.

김기춘은 머리 회전이 빠른 인물이다. 검찰 안에서는 '김기춘 말은 그대로 따라 적어도 고칠 게 없다'는 말이 있을 정도로 그는 치밀하다. 김기춘으로서는 대통령으로 향하는 권력투쟁에서 문고리 3인방과의 싸움은 승산이 없다고 냉정하게 판단했음직하다. 조응천은 팟캐스트 '진짜가 나타났다'에서 "김 비서실장이 문건을 문고리 3인방에게 줘버린 뒤부터 청와대 본관에서 '조응천 X새끼' 등의 욕은 물론 '조응천 죽인다'는 말이 나오기 시작했다"고 말했다.

당시 청와대의 한 관계자는 "정윤회 문건 보고가 올라왔을 때 가장 미스테리한 인물이 김기춘 비서실장이었다. 본인이 조사를 시켜놓고는 정작 보고서가 올라오자 자신은 아무 욕심도, 생각도 없다며 그 문건을 안봉근에게 줘버렸다. 그러고는 나중에는 아무것도 몰랐다고 하더라. 김기춘으로서는 정윤회와 박지만 중 어디에 줄 서야 할지 판단이 안 섰던 것 같다. 그러니 본인도 입장을 못 정했고, 옆에서 김기춘을 본 사람들도 이해를 못했던 거다"고 말했다.

문고리 3인방의 권력은 조응천과 박관천이 생각했던 수준을 훨씬 뛰어넘었다. 박근혜 대통령의 눈과 귀, 입 그 자체였다. 정윤회 문건 작성은 사실상 역린을 건드린 셈이었다. 보복은 바로 시작됐다. 박관천은 다음 달인 2014년 2월 청와대를 나와야 했다. 박관천은 JTBC '이규연의 스포트라이트'에 출연해 "상사의 지시로 십상시 문건을 작성했는데 어느 날 할배(김기춘)의 뜻이라며 나에게 청와대를 나가라고 했다. 이것은 할매(박근혜)의 뜻이기도 하다더라"고 말했다.

박관천의 반격

대개 노련한 검사는 수사할 때 피의자가 숨 쉴 수 있는 공간을 조금씩 터주며 진술하도록 압박해 간다. 그렇지 않으면 사고가 나기 일쑤다. 피의자가 허위로 진술하기도 하고, 부당한 수사를 언론에 폭로하기도 한다. 부담감에 자살하는 경우도 더러 있다. 그 업보는 모두 검사에게 돌아온다. 이기는 것이 꼭 이기는 것은 아니다.

박관천 행정관은 2014년 2월 10일 청와대를 나오며 정윤회 문건을 포함해 청와대에서 생산한 서류를 다량으로 들고 나온다. 그는 조응천 공직기강비서관의 이야기를 듣고 서울지방경찰청 정보1분실장으로 승진해 나갈 것으로 알고는 청와대 문건 등을 그해 2월 12일부터 나흘 동안 정보1분실장 자리에 갖다놨다. 그런데 정보1분실 소속 한아무개 경위가 당직 근무 중 박관천의 청와대 문건을 확인하고 대부분 복사를 한다. 한 경위는 같은 달 20일 동료 최아무개 경위에게 복사본을 모두 전달한다. 최 경위는 다시 이 문건을 평소 친분이 있던 〈세계일보〉 조아무개 기자에게 넘겨준다. 결과적으로 정윤회 문건 보도 사건이라는 비극의 씨앗을 뿌린 건 청와대 내부의 권력 다툼이었다. 박관천은 17건의 청와대 문건을 박근혜 대통령 동생인 박지만 쪽에도 전달한다.

청와대가 박근혜 대통령을 에워싼 문고리 3인방과 이들을 견제하려는 공직기강비서관실 라인의 물밑 교전으로 어수선한 사이 《시사저널》에 보도된 한 편의 단독 기사가 미묘한 파문을 일으킨다. 《시사저널》은 2014년 3월 22일 '박지만, 정윤회가 날 미행했다'는 제목의 기사를 실었다. 박지만이 자신을 미행한 오토바이 기사를 붙잡아, 정윤회가 미행을 지시했다는 자술서를 받아냈다는 내용이었다. 궁궐 안에서는 승산이 없다고 판단한 조응천과 박관천이 언론을 활용, 정윤회와 문고리 3인방을 링 밖으로 끌어내 박지만을 끼고 반격에 나선 모양새였다. 정윤회는 이에 대해 "근거 없는 의혹과 터무니없는 억측"이라고 부인했다.

박관천 행정관의 2차 공격은 열흘의 시차를 두고 다시 이어진다. 2014년 4월 2일 〈세계일보〉는 박관천으로부터 유출된 청와대 문건 중 하나를 보도한다. '청와대 행정관은 비리 면책특권'이란 제목으로 1면 헤드라인을 장식한 이 기사는 박근혜 정부 1기 참모진인 3~5급 행정관 5명이 금품과 향응 수수, 품위 손상 등 각종 비위를 저지르다 내부 감찰에 적발돼 소속 부처로 복귀했지만 징계를 받지 않고 새로운 보직을 받았다는 내용이었다.

통상 청와대 내 감찰은 언론 접근이 어려운 고급 정보다. 감찰 정보 유출은 청와대 입장에서는 은밀한 내부 정보가 새어 나간 대형 사고였다. 이 기사를 쓴 〈세계일보〉 조아무개 기자는 이 보도로 같은 해 4월 이달의 기자상을 받는다. 2014년 6월 2일 오전 11시 서울 중구 태평로 프레스센터 19층에서 열린 시상식장 한구석에서는 조기자의 수상을 축하하러 온 눈에 띄는 인물이 한 명 있었다. 바로 〈세계일보〉에 문건을 전달한 경찰이었다.

당시 사정을 잘 아는 〈세계일보〉 관계자의 이야기다.

"원래 청와대에서 유출된 문건이 한 번에 모두 〈세계일보〉로 넘어온 것은 아니다. '청와대 행정관은 비리 면책특권' 보도 문건은 원래 〈세계일보〉와 다른 중앙일간지 한 곳이 동시에 들고 있었다. 그런데 〈세계일보〉는 1면에 보도하고, 다른 언론사는 제대로 보도하지 않았다. 문건을 전달한 경찰 입장에선 일종의 간을 본 것이다. 자신이 정말 믿는 언론사와 힘이 가장 센 언론사 두 곳에 문건을 누설하고, 어느 언론사를 선택해 권력과 싸울지 말이다."

〈세계일보〉의 청와대 내부 감찰 내용 보도 뒤 궁궐 안은 발칵 뒤집혔다. 공직기강비서관실 문건이 외부로 대량 유출된 사실도 감지됐다. 이제 쫓기는 건 정윤회와 문고리 3인방이었다.

상대가 누군지, 어떤 게임을 원하는지 파악한 정윤회는 《시사저널》 보도 다음 달인 4월 10~11일 이틀에 걸쳐 조응천 공직기강비서관에게 전화를 건다. "정윤회입니다, 통화를 좀 하고 싶습니다"는 메시지를 남겼지만, 조응천은 전화를 받지 않았다. 이에 이재만 총무비서관이 조응천에게 전화를 받으라고 했지만 조응천은 끝내 통화하지 않았다.

권력의 갑을 관계에서 설득이 통하지 않는 을을 다루는 방법은 하나다. 제거하는 것이다. 조응천은 문건 유출 파문의 책임을 지고 자리에서 물러나라는 요구를 받는다. 그는 박관천이 청와대를 나간 지 두 달 뒤인 4월 22일 청와대에 사표를 냈다. 그날 민경욱 청와대 대변인은 브리핑에서 "조응천 공직기강비서관은 인생의 다른 길을 걷기 바란다는 본인의 의사에 따라 사표를 제출해 수리에 들어갔다"고 밝혔다. 박관천은 승진해 나갈 줄 알았던 서울청 정보1분실장 자리가 아닌 서울 도봉경찰서 정보보안과장으로 이미 좌천 발령이 난 터였다.

2014년 4월 16일 발생한 세월호 사건 수습에 국정 역량을 쏟아부어야 할 청와대는 이처럼 문고리 3인방을 둘러싼 권력 암투로 멍들어 있었다. 문고리 3인방은 민정수석실에 힘을 실어주고 공직기강비서관실 기능은 최소화하는 방향으로 사정라인을 대폭 손질한다. 2014년 5월 민정비서관은 이중희에서 우병우로, 2014년 6월 민정수석은 홍경식에서 김영한으로 교체한다. 조응천의 사표로 공석이 된 공직기강비서관에는 김앤장 변호사 권오창을 임명한다. 국정원 사건 때 검찰 장악에 힘을 발휘하지 못한 민정수석실은 꼬장꼬장한 캐릭터인 김영한–우병우 라인으로 강화하는 반면, 청와대 내부 감찰은 검사 출신이 아닌 변호사 출신을 기용해 상대적으로 힘을 뺀 것이다.

판도라의 상자를 연 세계일보

세월호 정국으로 한 해가 끝날 무렵인 2014년 11월 〈세계일보〉는 6~7개월가량 들고 있던 청와대 문건을 세상에 공개한다. 집권 2년차를 맞는, 살아 있는 권력과의 싸움을 알리는 신호탄이기도 했다. 11월 24일 〈세계일보〉 월요일자 1면 헤드라인으로 나온 '청, 정윤회 감찰 돌연 중단 의혹' 보도는 정윤회가 정부 고위 공직자 인사에 개입하고 그 대가로 돈을 받은 의혹이 있으며, 이 의혹을 조사한 청와대 행정관이 돌연 조사를 중단하고 소속 기관으로 복귀했다는 내용을 담았다.

당시 사정을 잘 아는 〈세계일보〉 관계자는 이와 관련해 "권력의 핵심을 겨누는 기사였기 때문에 내부 보안이 중요하다고 판단했다. 문건을 입수하고 수개월에 걸쳐 일부 문건을 기사화하며 정보가 외부로 유출되는지 시험하기도 했다. 어느 정도 시기가 됐다고 보고 기사화했다. 당일 기사가 나갈 때 내용을 알고 있던 사람은 편집국장과 주무 기자 정도밖에 안 됐다"고 말했다.

하지만 이 보도는 다른 언론의 시선을 끌지 못했다. 이 보도를 받아 쓴 언론은 거의 없었다. 워낙 예민한 내용인 데다 해당 문건을 갖고 있지 않은 한 관련 의혹을 기사로 쓰기는 부담스러웠다. 〈세계일보〉 기사에는 청와대에서 관련 의혹을 생산한 문건도 제시되지 않았다. 오히려 청와대의 강한 반박 기류에 〈세계일보〉가 밀리는 모양새가 연출됐다. 청와대는 보도 당일 이례적으로 설명 자료를 냈다. 청와대는 "〈세계일보〉의 靑(청와대) 정윤회 감찰 돌연 중단 의혹 기사는 사실이 아니다. 공직기강비서관실은 공직자 감찰이 그 임무이고, 정윤회 씨를 감찰한 사실이 없다"며 사실이 아닌 기사에는 강력한 조처를 하겠다고 밝혔다. 당일 박관천 서울 도봉경찰서 정보보안과장은 〈한겨레〉 기자와 만나 "나와 연관 없는 일이다. 드릴 말씀이 없다"고 했다.

청와대가 기다렸다는 듯이 알레르기 반응을 보인 이유는, 문건이 박관천 경정에 의해 일찌감치 유출돼 언론에 보도될 우려가 있었음에도 이를 사전에 차단하지 못했기 때문이다. 물론 휘발성이 큰 사건인 만큼 사건 보도 초기부터 내용의 확산을 차단하려 한 계산도 깔렸었다.

조응천 민주당 의원은 팟캐스트 '진짜가 나타났다'에서 "〈세계일보〉 보도가 나가기 전에 〈세계일보〉 기자가 한번 만나자고 해서 기사를 무마하려고 한번 봤다. 문건 유출 당시 청와대에 회수하라고 했지만, 정호성 비서관이 회수하지 않았다. 그런 상황에서 〈세계일보〉가 기사를 쓴다고 하는데 내가 무슨 말을 하겠느냐"고 말했다.

청와대가 예상보다 거칠게 나오자 〈세계일보〉는 나흘 뒤인 11월 28일자 1면 헤드라인으로 '정윤회 국정 개입은 사실'이라는 제목의 보도에서 청와대 공직기강비서관실에서 작성한 정윤회 관련 감찰보고서를 공개하며 재반격에 나섰다. 여유롭게 주말을 맞이하려던 금요일 청와대 기자실은 비상이 떨어졌다.

청와대는 보도 당일 '〈세계일보〉 보도에 대한 청와대 입장'이란 제목의 자료를 내어 "오늘 〈세계일보〉에 청와대 관련 보도내용은 사실이 아니다. 보도에 나오는 내용은 시중에 근거 없는 풍설을 모은 이른바 지라시에 불과한 것으로 판단하고, 당시 특별한 조처를 하지 않았다. 청와대는 오늘 안에 고소장을 제출하는 등 강력한 법적 조처를 할 것이다"고 밝혔다. 다급한 나머지 청와대 해명이 수시로 오락가락 바뀌기도 했다. 민경욱 청와대 대변인은 기자들의 질문에 '사실이 아니다'는 말만 반복할 뿐 무엇이 어떤 근거로 아닌지 설명을 내놓지 못했다. 1차, 2차, 3차로 이어진 해명 브리핑 과정에서는 애초 김기춘 비서실장이 정식 문건 형태로 보고받았다고 인정했다가, 최종적으로는 구두로 보고받았다고 말을 바꿨다.

상대에게 맞을 때, 모르는 상태에서 맞는 건 아픔의 크기가 덜하지만, 알고 맞는 건 맞기 전의 두려움이 키운 공포로 고통의 크기가 훨씬 크다. 박근혜 대통령과 온갖 소문이 돌았던 정윤회가 실세라는 내용이 청와대 공식 문건에 등장했으니, 청와대가 당시 받았을 충격은 상상 그 이상이었다. 이 무렵은, 다른 사건으로도 정윤회의 주가가 한껏 달아오른 시기이기도 했다. 바로 가토 산케이 서울 지국장의 대통령 명예훼손 사건이다.

정윤회 밀회설

세월호 침몰 사건 이후 박근혜 대통령의 당일 행적에 대한 여론의 관심이 집중됐다. 박 대통령은 당일 행적의 알리바이를 제대로 제시하지 않아 의혹을 스스로 부추겼다. 하지만 어느 언론도 이른바 박 대통령의 '세월호 7시간' 의혹을 본격적으로 제기하지 못했다. 이때 처음 균열을 깬 칼럼이 〈조선일보〉에서 나왔다. 최보식 조선일보 선임기자는 2014년 7월 18일자 '대통령을 둘러싼 풍문'이란 제목의 칼럼에서 "대통령을 둘러싼 루머들은 얼마 전까지만 해도 증권가 정보지나 타블로이드판 주간지에 등장했다. 양식 있는 사람들은 입에 올리는 것 자체를 스스로 격을 떨어뜨리는 거로 여겼다. 행여 누가 화제로 삼으려고 하면

'그런 들으나 마나 한 얘기는 그만' 하며 말리곤 했다"고 썼다.

　일본 〈산케이신문〉 가토 다쓰야 서울 지국장은 다음 달인 2014년 8월 3일 최 선임기자의 칼럼을 상당 부분 인용해 '박근혜 대통령, 여객선 침몰 당일 행방불명, 누구와 만났나'라는 제목의 기사를 게재했다.

　그런데 이 기사가 실린 후 검찰 움직임이 바빠졌다. '2014년 8월 3일 기사 게재 → 5일 보수단체의 가토 지국장 형사 고발 → 7일 가토 지국장 출국금지 → 9일 가토 지국장 소환 통보 → 18일 가토 지국장 검찰 조사'까지 보름 만에 속전속결로 이뤄졌다. 검찰은 결국 10월 8일 가토 지국장을 명예훼손 혐의로 기소했다. 이 재판으로 정윤회와 박 대통령의 관계는 더욱 이목을 끌었고, 가토 지국장이 "독신녀인 대통령의 남녀관계 보도가 명예훼손인지 의문"이라고 주장한 첫 공판준비기일은 공교롭게도 〈세계일보〉가 정윤회 문건을 보도하기 바로 전날이었다.

　박근혜 정부에서 검찰이란 공장으로 들어오는 사건은 저마다 사연이 달라도 처리 방식은 똑같았다. 이는 김기춘 비서실장과 우병우 민정비서관이 청와대에서 사정라인을 주무르기 시작한 무렵부터다. 정권과 관련한 박근혜 정부의 사건 처리 매뉴얼은 단순했다. 청와대가 검찰권을 사유화해 정적 타작에 나서는 것이다. 여론의 비판? 욕? 그런 것 따위는 별로 신경 쓰지 않았다. 권력은 힘이 있었고, 그 힘으로 눌러 없애면 그만이었다.

〈세계일보〉의 정윤회 보도 당일 오후 6시께 서울 서초구 서초동 서울중앙지검은 출입기자들에게 신속하게 청와대 고소장이 제출됐다는 내용의 메시지를 전했다.

청와대 행정관 비서관 등 8명이 〈세계일보〉 발행인부터 기자까지 6명을 출판물에 의한 명예훼손 혐의로 고소. 주말 동안 검토해 월요일쯤 배당 결정. 피고소인은 모두 〈세계일보〉 사람들이며, 조사과정에서 범법 사실이 드러나면 그것도 수사해달라는 표현이 들어 있음. 배당은 형사 1부(공무원범죄, 명예훼손 범죄 담당)에 될 것으로 보임. 형사 1부는 최근 가토 지국장 기소.

〈세계일보〉 보도가 나온 11월 28일 금요일은 청와대 입장에서 보면 경기 내내 웅크리고 있던 상대에게 역전포를 얻어맞은 기분이었을 것이다. 김기춘 비서실장과 문고리 3인방은 당황한 기색이 역력했다. 정윤회 문건 유출 당사자인 조응천과 박관천은 이미 청와대를 뛰쳐나간 상태라 더는 관리 영역에 있지도 않았다.

이런 위기에서 청와대에 찾아온 주말 이틀은 전열을 정비할 좋은 기회였다. 그리고 청와대에는 우병우 민정비서관이 있었고, 호위무사인 검찰이 있었다. 사건을 '기승전-검찰'로 끌고 가면 굳이 지피지기하지 않아도 백전백승이다.

2014년 12월 1일 월요일 아침이 밝았고, 주말 침묵 모드로 일관한 박근혜 대통령의 입도 열렸다. 수석비서관회의에서 한 그의 말이다.

"저는 취임 이후 오늘까지 국민 여러분께서 위임한 국정 최고 책임자의 임무를 다하고자 혼신의 노력을 다해 왔습니다. 거의 2년 동안 제대로 발 뻗고 쉰 적이 없는 날들이었습니다. (중략) 청와대에는 국정과 관련된 여러 사항뿐 아니라 시중에 떠도는 수많은 루머와 각종 민원이 많이 들어옵니다.

(중략) 만약 그런 사항들을 기초적인 사실 확인조차 하지 않은 채 내부에서 그대로 외부로 유출한다면 나라가 큰 혼란에 빠지고 사회에 갈등이 일어나게 됩니다. 이번에 문건을 외부에 유출하게 된 것도 어떤 의도인지 모르지만 결코 있을 수 없는 국기 문란 행위입니다. 이런 공직기강의 문란도 반드시 바로잡아야 할 적폐 중 하나입니다. 또한 조금만 확인해보면 금방 사실 여부를 알 수 있는 것을 관련자들에게 확인조차 하지 않은 채 비선이니 숨은 실세가 있는 것같이 보도를

하면서 의혹이 있는 것같이 몰아가고 있는 것 자체가 문제라고 생각합니다. 이제 선진국을 바라보는 대한민국에는 이런 근거 없는 일로 나라를 흔드는 일은 없어져야 한다고 생각합니다. (중략) 이 문서 유출을 누가 어떤 의도로 해서 이렇게 나라를 혼란스럽게 하는지에 대해서도 조속히 밝혀야 합니다. 검찰은 내용의 진위를 포함해서 이 모든 사안에 대해 한 점 의혹도 없이 철저하게 수사해서 명명백백하게 실체적 진실을 밝혀주길 바랍니다. 누구든지 부적절한 처신이 확인될 경우에는 지위 고하를 막론하고 일벌백계로 조치할 것입니다. 또한 악의적인 중상이 있었다면 그 또한 상응하는 책임을 물어야 할 것입니다."

박대통령의 표정은 단호했고, 메시지는 분명했다. 문건 유출자를 색출해 책임을 물라는 명령이었다. 물론 보이지 않는 지시 대상은 검찰이었다. 사실상 수사의 결론까지 내버린 박대통령의 발언에 검찰이 할 수 있는 일은 명령을 따르는 것 외에 없었다.

청와대의 충견

흔히 정치적으로 민감한 사건이 검찰의 손으로 넘어갈 때마다 대통령이 한마디씩 거드는 경우가 많다. 이는 그 언급 자체로 부적절한 처사다. 그 말에는 대통령의 관점이 들어갈 수밖에 없고, 당연히 사건 처리와 관련해 방향성이 담기게 된다. 이를 받아들이는 검찰에는 교시와 같다. 수사결과를 발표할 때 대통령의 관점과 조금이라도 어긋나는 대목이 드러나면 인사권자의 뜻을 거스르는 행위가 된다고 검찰은 여긴다.

박 대통령의 교시는 효과를 발휘했다. 서울중앙지검은 이재만 청와대 총무비서관 등에 대한 〈세계일보〉 기자들의 명예훼손 사건은 형사1부(부장 정수봉)에, 정윤회 문건 등 청와대 문건 유출 사건은 특수2부(부장 임관혁)에 배당했다. 특수부 등의 인지부서를 총괄하는 유상범 서울중앙지검 3차장검사가 전체 사건 지휘를 맡았다. 이 배당은 김수남 서울중앙지검장이 김진태 검찰총장에게 건의해 결정됐다.

"사건은 배당부터 시작된다"는 말이 있다. 검찰 사건의 정치적 중립성, 공정성을 판단할 때 첫 리트머스 시험지는 사건이 어느 부서에 배당됐는지 보면 된다. 주요 사건의 경우 형사 고소고발 사건을 처리하는 형사부에 배당하면 수사 의지가 덜하고, 부정부패 및 기업범죄를 다루는 특수부에 배당하면 수사 의지가 강한 것으로 인식된다.

검찰이 '정윤회 국정 개입 의혹' 규명을 다루는 명예훼손 사건은 형사부에, 문건 유출 수사는 특수부에 배당함으로써 이 수사의 초점이 어디에 맞춰져 있는지는 배당 때부터 예견됐다. 이는 '문서 유출을 누가 어떤 의도로 해서 나라를 혼란스럽게 했는지 조속히 밝혀야 한다'는 박 대통령의 뜻과 정확히 부합했다.

검찰 관계자는 "정치적으로 민감한 사건일수록 배당부터 기본대로 해야 한다. 그래야 정치적 오해를 사지 않는다. 오염된 배당은 결과의 공정성도 갉아먹는다"고 말했다.

권력 친화적 배당과 함께 청와대 쪽 고소 대리인 조사로 수사를 개시한 검찰은 2014년 12월 1일부터 본격 수사에 착수했다. 유상범 서울중앙지검 3차장검사는 12월 4일 브리핑에서 "형사1부부터 조사를 진행한다. 그 이유는 명예훼손 관련한 부분에 정윤회 문건 보도내용의 진실 규명이 들어 있기 때문이다. 여기에 문건 유출 부분 수사를 병행한다고 보면 된다. 언론이 정윤회 문건 유출 경위 수사에 방점을 두고 있어서 그렇다"고 말했다. 스스로 우선순위에 두고 싶은 정윤회 문건 유출 경위 수사를, 언론을 핑계 삼아 어쩔 수 없이 해야 한다는 뉘앙스로 읽혔다. 이후 검찰 수사는 정윤회 문건 유출 경위 쪽으로 기울어 수사가 진행된다.

다음은 12월 한 달간 진행된 수사 일지다.

▲ 3일 검찰, 서울경찰청·도봉서·박관천 경정 자택 등 압수수색. 정윤회 문건 유출 의심 박관천 경정 검찰 출석 통보. 정윤회 씨, 〈세계일보〉 기자 3명 명예훼손 혐의로 고소

▲ 4일 박관천 경정, 정윤회 문건 유출 의혹 관련 피의자 신분으로 검찰 출석. 정윤회·청와대 10인 회동 관련 강남 중식당 압수수색. 조응천 전 공직기강비서관 검찰 출석 통보

▲ 5일 조응천 전 공직기강비서관 참고인 신분으로 검찰 출석

▲ 7일 검찰, 정윤회 씨 출석 통보

▲ 8일 검찰, 정윤회 문건 내용 제보 관련 박동열 전 대전지방국세청장 소환 조사. 청와대 압수수색 통해 관련 문건 등 확보

▲ 9일 검찰, 박관천 경정·박동열 전 대전지방국세청장·김춘식 청와대 행정관 등 삼자대면 조사. 문건 유출 가담한 서울경찰청 정보1분실 소속 최아무개 경위·한아무개 경위 등 2명 체포. 한화 S&C 정보팀 직원 A씨 문건 유출 관여 정황 포착해 한화 S&C 사무실 압수수색

▲ 10일 정윤회 씨, 고소인 신분으로 검찰 출석하며 "불장난에 춤춘 사람들 다 밝혀질 것"이라고 함. 정윤회 문건 내용 제보 관련 박동열 전 대전지방국세청장 근무 세무법인 등 압수수색. 문건 유출 가담한 서울경찰청 정보1분실 소속 최아무개 경위·한 아무개 경위 구속영장 청구

▲ 11일 검찰, 청와대 문건 보도 〈세계일보〉 조아무개 기자 참고인 신분

으로 소환 조사

▲ 12일 서울중앙지법, 최아무개 경위·한아무개 경위 구속영장 기각

▲ 13일 최아무개 경위 자살

▲ 14일 검찰, 이재만 청와대 총무비서관 고소인 자격 소환 조사

▲ 15일 박지만 씨, 참고인 신분으로 검찰 출석

▲ 16일 검찰, 〈세계일보〉 조아무개 기자 2차 소환 조사

▲ 17일 검찰, 청와대 문건 유출 혐의로 박관천 경정 체포. 〈세계일보〉
김아무개 기자 피의자 신분으로 소환 조사

▲ 18일 검찰, 박관천 경정 대통령기록물관리법 위반 및 공용서류 은닉,
무고 혐의로 구속영장 청구

▲ 19일 법원, 박관천 경정 영장 발부

▲ 26일 조응천 전 공직기강비서관 피의자 신분으로 검찰 출석

▲ 27일 검찰, 조응천 전 청와대 공직기강비서관 자택 압수수색. 조응
천 전 비서관 구속영장 청구

▲ 31일 법원, 조응천 전 청와대 공직기강비서관 구속영장 기각

서두에서도 언급했든 정윤회 문건 사건은 갑을 관계에 있는
두 세력의 헤게모니 다툼에서 파생됐다. 갑은 정윤회와 문고리
3인방, 을은 박근혜 대통령 동생 박지만과 김기춘 비서실장, 조
응천 전 공직기강비서관, 박관천 전 행정관이다. 김 비서실장은

갑의 샅바를 한번 쥐어보고는 안 되겠다 싶다고 판단한 뒤 링에서 슬쩍 내려와 버렸고, 조응천과 친분이 있던 박지만은 조응천과 박관천의 싸움판에 끌려들어 간 상황이었다. 코너에 몰린 을이 여론전을 하기 위해 장외에서 찾아간 곳이 〈세계일보〉였다.

집권 2년차에 있는 갑과의 싸움이 어떤 결말로 귀결될지는 어려운 예측이 아니다. 그리고 그 승부가 청와대의 홈그라운드인 검찰로 넘어갔다면 더 이야기할 필요가 없다. 다만 정윤회 이슈는 언론 보도 그 자체로 박근혜 정부에 부담으로 작용했다. 검찰 수사가 진행되는 동안은 더욱 주목도가 높아질 수밖에 없다. 이럴 때 권력이 가장 즐겨 사용하는 방법은 사건을 사건으로 덮는 것이다.

여론 정치, 언론 정치

정윤회 문건 유출 사건이 발생한 2014년 12월은 연말 10대 뉴스를 장식할 정도로 주목도가 큰 두 사건이 발생했다. 12월 5일 헌법재판소 재판관 9명은 그동안 논의해왔던 통합진보당 해산 심판과 관련한 마지막 평의를 열고 그달 19일 결정 날짜를 못박았다. 통진당이 해산하고 소속 국회의원 5명이 의원직을 잃은 이 사건이 정치·사회 핵심 이슈로 급격히 떠오르면서 정윤회 문건 보도는 하루아침에 파묻힌다. 땅콩 서비스 불만, 비행기 회항, 대기업 2세의 갑질 등 온갖 흥행 요소를 갖춘 이른바 '땅콩 회항' 사건도 서울서부지검이 12월 11일 대한항공 본사를 압수수색 하며 여론을 급선회시켰다. 땅콩 회항의 이륙에 정윤회 문건 사건은 여론시장에서 급추락했다.

실제 정윤회 문건 사건의 이슈를 전환하려고 정부가 개입한 정황은 안종범 당시 청와대 경제수석비서관과 김영한 청와대 민정수석 업무 수첩에서 엿볼 수 있다.

안종범의 2014년 12월 7일 업무 수첩에는 "실장님 1. 기삿거리 줘야 - 평소보다 많은 홍보 자료 제공 필요"라고 적혀 있다. 12월 9일에는 "헌법 : 언론 자유 but 타인 권리와 명예 훼손하면 안 된다. 언론 올바르게 계도할 필요 있다. 정부 위상 → 국민 이익 위해 필요"라고 적혀 있다.

그해 12월 10일은 최순실의 전 남편 정윤회가 검찰에 출석한 날이다. 김영한 수석비서관의 12월 7일 업무 수첩을 보면 "12/2 예산 통과로 국회 기사 별무 → 문건 사건 보도 빈발 우려 → 기삿거리 풍부히 제공토록"이라는 메모 옆에 김기춘 비서 실장을 가리키는 '長'(장)이 적혀 있다. 정윤회 문건 관련 보도가 다수 생산될 가능성이 크기 때문에 정부가 다른 이슈가 될 만한 자료를 언론에 제공해야 한다는 것으로 보인다.

검찰이 정윤회 문건 사건 수사결과를 발표한 2015년 1월 5일 안종범의 업무 수첩에는 "실장님 1) 정윤회 문건 등 허위 2) 정윤회 박지만 ○○ 박관천 ○○ 3) 〈세계일보〉 허위 보도. 남은 수사 계속"이라고 적혀 있어 검찰 수사 내용을 청와대가 미리 파악하고 있었던 것으로 추측된다.

청와대와 검찰이 유기적으로 정윤회 문건 수사를 조율한 흔적도 있다. 검찰이 이 사건을 형사1부(명예훼손)와 특수2부(문건 유출)로 배당한 2014년 12월 1일 김영한 수석비서관의 업무 수첩에는 "장(비서실장) 령(대통령) 뜻 총장 전달 – 속전속결, 투 트랙"이라는 대목이, 박관천에 대한 압수수색을 한 12월 2일에는 "형사(고소) 사건 vs 정치(의혹) 사건"으로 사건의 성격을 규정하고 "수사의 템포, 범위, 순서가 모든 것"이라는 문구가 있다.

검찰은 정윤회 문건 최종 수사결과 발표장에서 이렇게 밝혔다.

"이번 수사가 지라시나 근거 없는 풍설을 무분별하게 확대·재생산하는 잘못된 풍토를 돌아보고 시정할 수 있는 계기가 되기를 기대한다."

"지라시에 나오는 이야기들이 나라를 흔들고 있어 대한민국이 부끄럽다"고 했던 박근혜 대통령의 청와대 수석비서관회의

'말씀'과 민망할 정도로 똑같은 결론을 낸 것이다. 검찰은 조응천과 박관천을 공무상 비밀누설, 대통령기록물관리법 위반, 공용서류 은닉, 무고 등 혐의로 재판에 넘겼다. 박관천은 별건으로 수사한 뇌물수수 혐의도 공소장에 추가됐다.

물론 정윤회 문건이 풍문을 과장하거나 짜깁기한 흔적이 있다는 검찰의 수사결과가 설득력이 전혀 없는 것은 아니라는 분석도 있다. 증거법적으로 십상시가 만났다는 서울 강남의 중식당 모임이 없었고, 이런 문건을 그대로 인용해 '정윤회 국정 개입은 사실'이라는 제목을 단 〈세계일보〉 보도에도 흠이 있다는 것이다.

검찰 관계자는 "(박관천이 만든 문건은) 뭔가 근거가 없다. 이런저런 사람들 이름도 들어 있고. 보고서를 그럴듯하게 만들어 위에 올리면 그걸 위에서 관심 있게 보고, 이러다 박지만한테도 전달된 거다. 박지만 입장에서는 정윤회가 자신을 미행했다는 설도 돌고 하니까 이런 보고서를 보면 박관천한테 관심을 갖지 않겠나. 그러면 박관천은 박지만에게도 줄을 댈 수 있고"라고 말했다.

경찰 관계자는 "박관천은 위가 원하는 대로 보고서를 맞춰 쓰는 스타일이다. 정보라인 보고서는 사실 엄격한 검증을 받지 않는다. 이렇다더라 저렇다더라 말 그대로 동향을 써내는 거다.

작은 팩트를 그럴듯하게 포장하는 경우가 많다. 박관천은 자기가 쓴 보고서가 이런 식으로 검증받아본 적이 없었을 거다. 물론 아예 없는 얘기는 아니었을 거다. 당사자한테 직접 들었거나 한두 사람 건너 들었거나 했을 거다. 이런 보고서의 장점이자 단점은 일부는 사실일 가능성이 있지만 대부분은 틀리다는 점이다"고 말했다.

다만 검찰은 박관천이 작성한 문건의 손가락이 가리킨 달이 무엇인지에 관해서는 답을 내놓지 않았다. 애초 그런 시도도 하지 않았다. 정윤회 문건에 나온 비선 실세의 국정 개입이 실제 있었는지에 대해서는 애써 외면했다.

검찰은 수사과정에서 가장 기본이라고 할 수 있는 정윤회와 청와대 비서관들의 자택 등을 압수수색하지도 않았다. 정윤회와 이재만 청와대 총무비서관, 김춘식 행정관만을 소환 조사했고, 정호성·안봉근 청와대 1·2 부속비서관, 홍경식 청와대 민정수석은 강제성 없는 서면조사에 그쳤다.

검찰 관계자는 "검찰이 작정하고 수사를 편파적으로 하려면 오히려 겉으로 보이는 소환 조사나 압수수색 등 절차를 그럴듯하게 한다. 그런데 정윤회 문건 수사는 그런 형식도 아예 무시했다"고 말했다.

검찰이 일부러 놓친 것

〈세계일보〉의 정윤회 문건 보도 사건에서 주목해야 할 대목은 바로 이 지점에 있다. 문건에 나온 정윤회와 십상시의 식당 모임 존재 여부가 아니라, 비선 실세로 정권 초기부터 의심을 받아온 정윤회의 국정 개입을 검찰이 수사과정에서 들여다봤다면 역사는 어떻게 달라졌을까. 검찰의 정윤회 문건 보도 당시 정윤회는 최순실과 이혼하기 전이었다. 그의 집을 압수수색했다면 어떤 단서들이 나왔을까. 수사의 기초 조사인 정윤회 휴대전화를 압수해 살펴봤다면, 부인 최순실의 휴대전화를 압수했다면….

검찰이 정윤회 문건 보도 수사에 착수할 당시 모든 언론은 이 사건 취재에 화력을 집중했다. 언론 대부분이 수사 초기에는 단순한 의혹 보도를 이어가다 검찰의 속도 조절에 말리면서 문건 유출 프레임으로 취재 포인트가 쏠리긴 했지만, 정윤회 일가에 대한 전방위 자료를 수집하는 과정에서 최순실에게도 상당히 근접했었다. 최순실 집을 파악해 그 앞에서 뻗치기(기자들이 취재원을 만나기 위해 약속 없이 무작정 기다리는 취재방법)를 하거나 정윤회와 최순실, 딸 정유라가 자주 드나드는 식당을 찾아가 정보를 수집하기도 했다.

2014년 12월 당시 취재 메모에는 이런 대목들이 있었다.

"최순실이 1995년 10월 정윤회랑 결혼하고, 1996년 8월에 딸 정유연(정유라로 개명)이가 태어나."_청와대 관계자

"지금 시점을 기준으로 하면 정윤회는 진짜 실세는 아닌 거 같다. 검찰 조사에서 말하는 거 들어보면 손발이 다 묶였다. 안쓰럽다는 생각마저 든다. 박근혜 대통령 집권 전후로는 모르겠지만 어느 순간부터 정윤회는 청와대 지분이 없어진 듯 하다. 본인 스스로 놓은 건지 누군가에 의해 끈이 떨어진 건지는 모른다. 최순실과 사이가 안 좋아지면서 최가 정윤회 자리를 차지했다는 소문도 있더라."_검찰 관계자

"최순실과 산업은행장 부인이 한 달에 두 번씩 (청와대에) 들어간다고 들었다. 이재만 청와대 총무비서관이 데리고 들어간다고 하더라. 청와대 한 인사가 최순실이 출입할 때 이름을 안 적기에 항의하다가 잘렸다고 한다."_경찰 관계자

박근혜 대통령의 탄핵으로 이어진 최순실의 국정 농단 사건은 2016년 말에 불거졌다. 정윤회 문건이 청와대 내부의 헤게모

니 다툼에 튕겨져 궁궐 밖 언론사의 손으로 넘어간 시기는 2014년 상반기다. 언론사가 이를 보도하고 검찰이 수사한 시기는 2014년 말이다. 2014년은 이미 최순실이 정호성 비서관을 통해 대통령 연설문을 고치거나 문화체육관광부 인사와 행정에 본격 개입하고 있던 때다.

검찰이 권력과 손을 잡지 않고 사정기관 본연의 기능을 했더라면 우리는 2년여의 시간을 잃어버리지 않았을 수도 있다. 권력 눈치를 본 검찰의 악의적 수사는 오히려 최순실의 국정 농단을 은닉시켜주는 도우미 역할을 했다.

정윤회의 검찰 출석 (2014. 12. 10)

청와대는 2014년 말 〈세계일보〉의 정윤회 문건 보도와 검찰 수사가 이어지자, 이듬해인 2015년 1월 23일 제1 부속비서관실(대통령 보좌)과 제2 부속비서관실(영부인 보좌)은 부속비서관실로 통합했다. 또 본인 업무도 아닌 경찰 인사를 좌지우지해 뒷말이 많았던 안봉근 제2 부속비서관을 대통령비서실 홍보수석실 국정홍보비서관으로 발령 냈다. 검찰의 보호막 아래 궐내에서는 당시 무슨 일이 있었는지, 다시 2016년 11월 4일 서울중앙지검 1043-2호 정호성 비서관 조사실로 돌아가 보자.

검사 피의자의 자택에서 압수한 휴대폰 9대에는 2014년 12월 5일 이후 최순실과 주고받은 통화 및 문자메시지 내역이 없는데, 그 이후에는 최순실과 통화를 한 적이 없는 것인가요.

정호성 …그 이후에도 최순실과 통화나 문자를 한 것은 사실이지만 새로운 대포폰을 만들어 자주 통화한 것은 아닙니다. 2014년 11월 말 〈세계일보〉에서 소위 정윤회 십상시 문건에 관한 보도를 했습니다. 정윤회는 2004년 당시 박근혜 의원의 비서실장에서 물러난 이후 대외적인 활동은 자제하고 있었고, 2012년 대선 때도 전혀 활동하지 않았습니다. 그런데도 〈세계일보〉는 정윤회가 마치 비선 실세인 것처럼 사실과 다른 보도를 했습니다. 소위 정윤회 관련 청와대 문건 유출 사건이 터지고 나서는 최순실과 통화하는 것을 줄였고, 이메일로 자료를 주고받는 것도 그만하기로 했습니다.

검사 지금까지의 수사결과를 놓고 보면 2014년 11월 말을 기준으로 정윤회가 비선 실세였던 것이 아니라 최순실이 비선 실세였던 것 아닌가요.

정호성 따지고 보면 그렇습니다. 구체적인 경위는 말씀드릴 수 없지만 〈세계일보〉 보도가 나간 이후 비선 실세 논란이 점점 확산하는 상황에서 그 이전처럼 매일같이 최순실과 청와대 자료를 주고받을 수 있는 형편이 못됐습니다. 사실 〈세계일보〉 십상시 보도가 나왔을 때만 해도 그다지 심각하게 생각하지 않았습니다. 당시 조응천, 박관천이 올렸다는 보고서 자체가 완전한 허구였기 때문에 솔직히 청와대 비서관, 행정관들은 그냥 웃고 말았습니다. 그런데 십상시 보도내용이 완전한 허구임에도 계속해 언론에서 확대 재생산됐고 심상치 않은 상황이 벌어졌습니다. 그래서 대포폰을 이용해 최순실과 통화하는 것도 그만두고, 이메일로 자료를 주고받는 것도 그만하기로 했습니다.

검사 최순실로부터 조언을 그만 받기로 했다면 그에 관한 대통령의 지시가 있었을 것으로 보이는데 어떤가요.

정호성 네, 대통령님의 말씀이 있었던 것이 사실입니다. 제가 먼저 '지금 상황이 이러하니 최순실에게 자료를 보내 의견을 받는 것을 그만두는 것이 좋겠다'라는 취지로 건의를 드렸고, 대통령이 수용하셨습니다.

김정필

3부

양승대 사법농단

2011~2017

8

부당거래

양승태와 박근혜

법치와 준법

"의회는 돈지갑(power of the purse)이 있고, 행정부는 칼(power of the sword)이 있지만, 사법부는 그런 권력이 없다. 사법부의 힘은 공정한 판단에 대한 국민의 신뢰에 바탕을 두고 있다."

_알렉산더 해밀턴, 앨런 더쇼비츠 외

대법원은 법원 출입기자들에게 '미디어 가이드북'을 제공한다. 재판 절차와 용어를 설명하고, 사법부 이해의 폭을 넓혀 어려운 법원 이야기를 기자들이 좀 더 쉽게 국민에게 전달하도록 하려는 취지다. 2016년 미디어 가이드북은 법률가이자 정치인으로, 미국 건국의 아버지 중 한 명인 알렉산더 해밀턴의 경구로 시작한다. 2016년 9월 법원행정처장이었던 고영한은 발간사에서 이렇게 설명한다.

"알렉산더 해밀턴은 의회는 돈지갑이 있고, 정부는 칼이 있는데, 사법부는 삼권분립의 한 부분이라 해도 의회나 정부에 견줄 만한 권력이 없다고 말한 바 있습니다. 그런데도 사법부가 국가의 한 축을 맡고 역할을 할 수 있는 이유는 사법부의 판단에 대한 국민의 신뢰와 존중이 있기 때문입니다."

법과 행정은 다수결이 지배 원리지만, 사법부는 법치주의에 기반을 둔다. 그 법의 해석과 판단은 오로지 헌법과 법률에 의해, 양심에 따라 독립해 심판하는 법관에 달려 있다. 고영한의 말대로 사법부의 권위는 국민의 신뢰에서 나온다. 그래서 법관의 독립이 중요하다. 법관은 사법부에 소속된 것이 아니라 법관 한 명 한 명이 독립된 심판권을 갖는다. 그 독립성이 훼손되면 국민의 신뢰는 무너지고 사법부 권위도 사라진다. 사법부가 이를 통해 지향하는 가치는 두 가지다. 바로 민주주의와 국민의 인권 보장이다. 법관의 독립이 더없이 중요한 이유다.

전직 대법원장이 구치소에 수감된 지금, 도무지 한 문장에 쓰라고 생성되지 않은 이 단어들의 조합이 현실화된 바로 지금, 돌이켜보건대 그때 고영한의 돈지갑과 칼을 향한 발언은 단순히 국민의 신뢰를 강조하려는 취지가 아니라, 입법부와 행정부에 대한 치기 어린 시샘이었을지 모른다. 고영한이 갓 법원을 출입하는 기자들을 상대로 국민의 신뢰와 법관의 독립을 설파하던 당시 사법부의 신성한 고위 법관들은 입법부, 행정부와 부당거래를 하고 있었다. 의회의 돈지갑도, 행정부의 칼도 이들 고위 법관들에게는 그저 부러움의 대상일 뿐, 국민의 신뢰 따위는 대법관 취임사 때나 내놓는 미사여구에 불과했다.

임기 6년 안에, 양승태라는 이름 석 자 앞에 쓸 업적을 남겨야 한다는 대법원장의 사리사욕, 그 대법원장의 권좌에 기생한 대법관들, 그 대법원장이 임명제청권을 쥔 대법관 자리 하나 보고 내달린 고위 법관들의 충성 경쟁 앞에서, 민주주의와 국민의 인권 보장은 어디에도 설 자리가 없었다. 일제 강제노역 피해자들의 한 맺힌 절규는 입법부, 행정부, 사법부 3권 연대의 난장 속에서 한낱 '거래 물품'에 지나지 않았다.

이상훈 대법관은 퇴임을 앞두고 이런 이야기를 꺼낸 적이 있다. "국가가 집회·시위에 엄정 대처할 때 시민들에게 법치주의를 강조한다. 사람들에게 준법을 강조하며 그들이 법을 잘 따르는 것을 법치인 것처럼 이야기하지만, 이는 잘못된 것이다. 법치라는 건 법 집행자들이 법대로 잘 다스리라고 할 때 쓰는 말이다. 왜 자기들이 지켜야 할 법을 자꾸 애꿏은 시민들에게 지키라고 전가하는가."

하루아침 구속 1289명

조금 옛날이야기지만, 어떻게 보면 가까운 과거의 일이기도 하다. 1985년 전두환 정권 당시 이른바 건국대 사태가 발생했다. 네이버 지식백과는 건국대 사태를 이렇게 기록하고 있다. "1986년 10월 28일부터 31일까지 전국 26개 대학생 2000여 명이 서울 건국대학교에 모여 '전국반외세반독재애국학생투쟁연합'(애학투) 결성식을 갖고 발대식을 벌이던 중 교내로 진입한 3000여 명의 경찰과 대치하던 끝에 총 1525명이 연행되고, 이 가운데 1289명이 구속 송치된 사건"

2007년 6월 1일자로 개정된 형사소송법 이전에는 구속 절차가 조금 달랐다. 수사기관이 영장을 청구할 때 첨부하는 증거자료를 법관이 심사해 영장을 발부했다. 별도의 피의자 심문은 필요 없었다. 하루아침에 1289명 구속이 가능한 세상이 불과 30여 년 전 일이다. 이날 법원에서 영장 심사를 담당했던 판사의 이야기다.

"서울지법 시절이다. 하필 그날 당직인데 건대 사태가 터졌다. 검찰이 갖고 온 영장을 보니 정말 형편없이 조사해왔다. 1000여 명의 영장을 넣었으니 당연했을 거다. 사실 그때 바로 직전에 미국문화원 점거 사건이 있어서 검찰 공안 입장에선 무조건 영장이 전부 발부돼야 했다. 그런데 이거는 영장 내용을 보니 학생들이 조직적으로 운동한 게 아니었다. 그날이 애학투인가 무슨 축제 같은 성격의 모임이 있어 다른 학교 학생들까지 놀러왔다. 경찰이 상황을 조작하려고 대학생들 놀고 있는 대학교에 들어가 덮친 거다. 그러니까 대학생들은 뭔지도 모르고 도망가고 어떤 건물로 다 들어가서 본의 아니게 점거하게 된 거다. 사실 그게 대학생들이 점거한 게 아니고 경찰이 거기 감금한 거다. 웃지 못할 상황이 벌어진 거다. 여담이긴 한데, 그 대학생 중 김지형 대법관 처제(이화여대)도 있었다. 축제 놀러왔다 감금된 거다.

아무튼 검찰이 들고 온 영장을 보는데 혼자서는 도저히 안 되겠다는 판단이 들었다. 그래서 그날 다른 판사 10명이 투입돼 영장을 검토했다. 당시 대검 공안부장이 우리 방에 와서 판사들 일일이 돌며 머리를 90도로 숙여 절하다시피 했다. 그런데 우리가 아무리 봐도 안 되겠는 거는 안 되겠다고 생각했다. 그래서 수십 명 영장은 기각했다. 다음 날 〈조선일보〉를 보니 1000여 명 영장 발부가 제목이 아니라, 수십 명 영장 기각이 제목이었다."

잠시 잊고 있던 야만의 시대는, 우리가 민주주의를 당연히 여기는 그 순간 슬며시 우리 곁에 고개를 들고 부활한다. **우리가 과거의 불행한 역사를 매일 경계하지 않으면 어렵게 뿌리내린 헌법적 가치는 조금씩 침식당하게 마련이다.**

이명박 정부 마지막 해인 2012년 5월. 1년에 한두 번 치르는 대검 중수부의 권력형 비리 수사를 취재하고 나면 대검 출입기자들에게는 한동안 평화가 깃든다. 그동안 밀린 약속도 잡고, 모처럼 일찍 귀가해 가족들과 저녁 시간을 보낸다. '중수부 건물 세입자(출입기자)들은 놀 수 있을 때 놀아야 한다'는 말을 만들어 잠시나마 자유를 만끽하는 명분으로 내세우기도 한다.

대검 중수부는 그해 5월 18일 이명박 대통령의 최측근 최시중 전 방송통신위원장과 박영준 전 국무총리실 국무차장이 구속기소된 파이시티 사건 수사를 사실상 마무리했다. 특종 경쟁으로 몇 달 동안 살벌한 공기가 흐르던 대검 기자실에도 훈풍이 들었다.

그런데 그해 5월 24일 예고된 대법원 선고 목록 사건 하나가 기자들 눈에 띄었다. 대법원은 매월 둘째, 넷째 주 목요일 선고기일을 열었다. 바로 일제 강제노역 피해자들이 미쓰비시중공업 등 일본 기업들을 상대로 낸 손해배상청구 소송 상고심이었다.

1, 2심은 모두 원고가 패소한 상태였다. 원심은 "일본에서 확정 판결된 사안으로 외국 판결을 승인할 수 있는 법규에 따라 그 판결을 받아들인다. 우리 법률을 적용해 판단하더라도 민법의 소멸시효 10년이 지나 원고의 청구를 기각한다"고 밝혔다.

당일 선고가 예정된 대법원 사건 중 사회적 파급력이 큰 사건은 출입기자들이 사전에 어느 정도 선고 결과를 가늠할 만한 정보를 수집해야 했다. 오후 늦게 갑자기 전혀 엉뚱한 방향으로 상고심이 선고돼 지면을 펼쳐야 할 경우, 대비할 시간이 턱없이 부족해 미리 사전 취재로 준비해야 했다. 이날 오전부터 대법원과, 원고 쪽 변호사들로부터 들려온 내용은 대법원이 원심을 깨고 일제 강제노역 피해자들의 손을 들어줄 가능성이 크다는 이야기였다. 예상대로 대법원은 원심판결을 깨고 원고 승소 취지로 사건을 서울고법으로 돌려보냈다. 일본 최고재판소 판결을 우리 대법원이 뒤집은 것이다.

이 사건 소송이 걸린 시간은, 원고들이 2000년 5월 1일 소장을 접수했으니 2012년 기준으로 무려 12년이었다. 그에 앞서 원고들은 1995년 일본에서 소송을 제기했으나 2007년 일본 최고재판소에서 원고 패소 판결이 확정됐었다. 대법원 판결 내용을 요약하면, 일본 판결은 일제 강제노역 자체를 불법이라고 보

고 있는 대한민국 헌법의 핵심가치와 정면으로 충돌하고, 손해
배상 주체인 피고 쪽 일본 기업들이 일제 강제노역을 한 기업들
과 동일성이 인정되며, 1965년 6월 22일 맺은 한·일 청구권협
정에 원고 쪽 청구권이 포함되지 않아 유효하다는 것이다.

가장 중요한 문제는 일제 강제노역 피해자들이 해당 일본 기
업들을 상대로 실효적인 손해배상을 받을 수 있는지였다. 강제
노역 피해자들의 소송을 대리한 최봉태 변호사의 이야기를 듣
고 싶었다.

"한겨레 김정필입니다. 축하 드립니다."
"감사합니다."
"오늘 판결로 손해배상 받을 길이 열린 셈인데요, 실제 가능
할까요?"
"일단 파기환송심에서 손해배상 금액을 산정해 판결하고 대
법원이 최종 확정판결하면 그때부터 피고 쪽 일본 기업을 상
대로 가압류 등 집행 절차를 밟을 수 있습니다. 일본 기업들
이 손해배상에 불응하면 두 가지 문제가 발생합니다.
첫째는 해당 일본 기업의 한국지사가 일본 본사의 종속법인
이면 가압류 등 집행을 할 수 있습니다. 둘째는 한국 법인이
일본 본사와 별개의 독립법인이면 우리 법원이 집행할 수 없

기 때문에 다시 일본 법원을 상대로 민사소송을 내야 합니다. 그런데 설령 다시 소송이 가능하다고 해도 나이 여든 넘은 원고들이 또다시 최소 수년간 소송을 해야 할 수도 있습니다. 이번 소송이 걸린 시간만 12년입니다."

그런데도 이날 대법원 판결은 일제강점기에 나라도 인생도 잃은 강제노역 피해자들에게 한 줄기 빛이자 희망이었다.

대법원은 이날 오후 '일제 강제동원 피해자의 미쓰비시중공업, 신일본제철을 상대로 한 손해배상 및 임금지급 청구에 관한 대법원 판결 관련 보도자료'란 제목의 설명 자료를 기자실에 배포했다. 하지만 이 보도자료의 한 대목이, 그 누구도 감당할 수 없는 파문을 몰고 올 것이라고는 전혀 예상하지 못했다.

Ⅲ 본 판결의 의의

3. 한·일 청구권협정의 해석을 통하여 청구권협정으로 원고들의 청구권이 소멸하지 않았다고 판단함.

모든 행동에는 동기가 있다. 어떤 사소한 움직임도 예외가 없다. 하물며 범행에는 반드시 동기가 있다. 검사의 공소장도, 판사의 판결문도, 기자의 기사도 마찬가지다. 피의자와 피고인, 취재

대상의 행위 동기를 파악하는 데서부터 일이 시작된다. 그 매듭을 풀지 못하면 결론은 대개 부실해진다.

박근혜와 양승태. 대통령과 대법원장. 행정부 수반과 사법부 수장. 이들은 어떤 동기에서 한·일 청구권협정을 매개로 범행을 모의하게 된 것일까. **결론부터 말하면, 양승태는 대법원장 임기 내 숙원사업인 상고법원 도입이, 박근혜는 아버지 박정희 대통령이 맺은 한·일 청구권협정의 효력 유지가 범행 동기였다.**

윌리엄 태프트의 사법 개혁

임기 6년의 우리나라 대법원장은 행정부의 대통령만큼 사법부에서 막강한 권한을 갖는다. 대법원장은 전국 법관의 전보·승진 인사를 결정하고, 대법관 13명의 임명제청권, 헌법재판소 재판관 3분의 1인 3명의 지명권도 행사한다. 대법관 임명제청권은 실질적으로는 임명권처럼 행사된다. 대법원장의 힘은 바로 여기서 나온다고 해도 과언이 아니다.

2012년 상반기는 검찰 몫 대법관 임명을 놓고 각축전이 벌어졌다. 이전까지 검찰 몫 대법관 추천은 법무부가 맡아왔다. 법무부가 후보 4명을 추천했는데 양승태 대법원장이 전부 못마땅해한다는 말이 돌았다.

당시 사정을 잘 알고 있던 한 검사는 "안창호 고검장은 대전고 출신이라서, 김홍일 고검장은 BBK 사건에 관여된 검사라서, 길태기 법무부 차관은 고려대 출신이라서, 김병화 지검장은 고검장이 아니라서 마음에 들지 않는다는 거였다"고 말했다. 대법관 임명 절차는 대법원장이 후보를 제청해야 대통령이 임명할 수 있는 구조라 대법원장이 제청하지 않으면 대통령도 어떻게 할 수 없다.

대법관 임명에 대법원장의 힘이 절대적이다 보니 웃지 못할 해프닝도 있었다. 검사장 출신의 한 변호사 이야기다. "대법관은 대법원장이 쥐고 흔드는 자리다. 양승태가 예뻐하던 지방의 한 법원장 ○○이 있었다. 양승태가 ○○에게 다음 대법관 임명 때 준비해 놓으라고 했고, 실제 그 시기가 다가왔는데 신체검사에서 큰 병이 발견됐다. 결국 양승태가 다른 후보 임명을 제청했고 ○○은 치료에 전념해야 했다. 반전이 여기서 일어났다. ○○의 진단 결과가 오진으로 밝혀진 거였다. 당시는 힘들었겠지만 ○○ 입장에서는 지금 사법농단 사태를 보면서 어떤 생각이 들지 궁금하다."

이명박 대통령 임기 후반부인 2011년 이용훈 후임 대법원장 인사는 정치권에서도 상당한 관심사였다. 2011년 2명, 2012년

4명의 대법관을 대법원장이 임명 제청하게 돼, 개혁 성향의 전임 이용훈 체제 대법원 구조를 보수로 변모시킬 수 있었다. 이명박 정부 입장에서는 2011년 대법원장 임명이 그 어느 때보다 중요한 이유였다.

사실 2011년 8월 이용훈 대법원장 후임이 지명될 당시 양승태는 최우선 카드가 아니었다. 그해 2월 대법관에서 퇴임한 양승태는 이명박 대통령의 대법원장 지명을 앞둔 8월 초까지만 해도 미국 서부 캘리포니아 주에 있는 존 뮤어 트레일 도보여행을 하고 있었다. 그는 청와대의 검증동의서 요청에도 응하지 않았다. 양승태는 8월 10일에도 국내에 있는 지인들에게 9월 초에 들어가니 그때 보자는 메시지를 전했다.

양승태를 잘 아는 한 지인은 "양승태 퇴임 전인 2010년 12월 정봉주 의원 사건 상고심이 있었다. 그 사건 주심이 양승태였다. 양승태가 대법원장이 되고 싶었다면 정봉주 사건을 합의에 넣어 상고기각하고 BH(청와대)에 확실하게 사인을 보냈을 거다. 하지만 양승태는 합의에 넣지 않고 퇴임했다"고 말했다.

대법원장 임명을 놓고 청와대는 긴박하게 돌아갔다. 대법원장 지명 일주일 전, 유력 후보는 목영준 헌법재판소 재판관과 박일환 대법관이었다. 굳이 따지자면 목영준 재판관이 유리한 고지에 있었다. 그런데 목 재판관이 너무 젊다는 이유로 비토하는 의견이 고개를 들었다. 결국 청와대 쪽에서 미국에 있던 양승태에게 급히 연락했다. 존 뮤어 트레일 도보여행은 인근 국립공원을 지나 진입하는데, 그 국립공원을 벗어나면 휴대전화 연결이 안 됐다. 불행인지 다행인지 양승태가 국립공원 경계선에 있을 즈음 연락이 닿았다. 양승태는 당시 상황을 취임 기자회견에서 이렇게 회고했다.

"당시 계획대로 도보여행을 떠났다. 도보여행을 떠나면 전화가 안 터진다. 터지는 구역은 존 뮤어 트레일 입구와 5일 지난 뒤 나오는 마을이다. 내가 동의서 제출을 안 해 후보군이 좁혀진 것으로 알고 있었다. 집에 안부전화를 하면 후임자가 정해졌을 만한데도 아직 결정이 안 됐더라. 그 과정에 여러 친지가 '법원에 몸담고 있었으면 무엇을 할지 선택권은 국가에 줘야 한다'는 비판성 권고가 많았다. 그런 취지에서 임명권자에게 선택권을 넓혀 드리는 게 나라를 위하는 길이라고 생각했다. 청와대 쪽에 내가 마음을 돌리겠다고 하고 도보여행을 내려왔다."

그런데 양승태의 기억과는 조금 다른 이야기를 하는 법원 관계자들도 있다. 당시 대법원장 지명 상황을 잘 아는 청와대 관계자는 "도보여행 중인 양승태를 전화로 설득한 것은 맞다. 그때 양승태가 되물은 말은 '시켜주는 것이 확실하냐'였다. 확답을 요구한 것이다. 청와대에 오케이 사인을 주고 전격적으로 딜이 성사된 거다"고 말했다.

양승태가 대법원장을 원했든 원하지 않았든 중요한 것은 그가 대법원장이 됐다는 점이다. 이용훈 사법부에서 양승태 사법부로 대법원이 옷을 갈아입은 것이다. 법조계 안팎에서는 양승태 사법부의 보수화를 우려하는 목소리가 나왔다. 하지만 양승태를 잘 아는 선·후배 판사들은 그의 판결 성향 자체가 보수적이라고 분류하기는 어렵다고 입을 모았다.

양승태와 함께 근무한 한 판사는 "전원합의체를 기준으로 이용훈 대법원장과 양승태 대법관이 의견 낸 거는 전부 똑같았다. 한 가지만 달랐다. 종교 자유 관련 학교를 상대로 소송을 낸 이른바 강의석 사건에서 양승태는 학교 쪽 손을 들어줬다. 그것 외에는 없었다"고 말했다.

양승태는 보수적이라는 외부 평가를 불편해했다. 그는 "대학 때 선배들이 나를 반골이라고 했다. 전통이라도 합리적이지 않으면 따르지 않아서 그랬던 모양이다. 그것은 지금도 마찬가지다. 사안에 따라 입장이 다를 뿐 일률적으로 누구는 보수다, 누구는 진보다 하지 않았으면 좋겠다"고 말했다.

대법원장 취임 무렵부터 이명박 정부 말까지 양승태의 행보는 안정에 무게를 뒀다. 이는 2011년 9월 그의 취임사와 기자간담회에서도 엿볼 수 있다.

"아마도 실타래처럼 얽힌 문제점을 알렉산더의 칼과 같이 단칼에 해결할 길은 없다. 모든 건 서서히 하나씩 차근차근 풀어나가는 게 올바르다고 생각한다."_취임사 중에서

"이용훈 대법원장이 추진했던 일은 과거부터 계속 내려오던 대법원의 일관된 정책이다. 나도 그것을 이어받을 것이다. 차별화해서 보지 않았으면 한다."_기자간담회 중에서

양승태는 전임 이용훈으로부터 이런 조언도 들었다고 했다.

"이용훈 대법원장이 나에게 그러더라. 자신은 취임 초에 좀 많이 들떴었다고. 그래서 뭔가 아이디어를 마구 밀어붙이고 하다 보니 잡음도 생겼다더라. 나에게는 그러지 말라고 했다. 나는 앞으로 '양승태는 뭐하는 거야'라는 말이 나올 정도로 굼뜨게 하려고 한다."

그는 실제 그랬다. 대법원장 초기에 그는 존재감을 드러내지 않으려 했다. 양승태 대법원장 초기 대법원에서 재판연구관으로 근무했던 한 판사는 "임기 초반에는 별로 사심이 없어 보였다. 이용훈 대법원장은 취임하자마자 대법원장 측근 보좌 자리를 전부 다 자기 사람으로 갈았다. 반면 양승태 대법원장은 그대로 유지했다. 그때 양 대법원장이 한 말이 '우리 사법부에 있는 판사들은 전부 똑같은 내 식구지, 누구는 어디 편이고 그런 게 있겠나. 정기 인사 있을 때까지 자리를 옮기지 말라'였다"고 말했다.

양승태를 높게 평가하는 진보 성향의 대법관도 있었다. 한 대법관은 "대법관 시절 합의를 들어가면 상대방 입장에서 가장 기가 세게 느껴졌던 인물이 양승태. 머리가 좋다. 평소 말을 많이 안 하다가 결정적인 순간 한마디를 하는데, 그게 날카롭다"고 말했다.

물론 취임 당시 양승태를 바라보는 우려의 시각도 있었다. 박근혜 정부 발생한 사법농단의 일단을 예견한 듯한 양승태 주변 사람들의 걱정 어린 평가였다.

"양승태는 완고한 성격이다. 조직 장악력이 뛰어나 사법행정을 통해 재판에 영향을 줄 가능성이 있다."_한 고위 법관

"대가 곧다. 부러질지언정 휘어지지 않는다. 이게 부정적인 상황에서 곧으면 사고가 날 수 있다." _대법원 판사

"이용훈은 사람을 굉장히 잘 다룬다. 여우 스타일이다. 외부에는 강한 이미지였지만 대법관한테는 함부로 하지 않았다. 전원합의체 때도 자신이 먼저 의견을 내세워서 특정한 방향으로 몰지는 않았다. 하지만 양승태는 그렇게 할 가능성이 있는 캐릭터다." _양승태와 비슷한 시기 대법관을 지낸 변호사

양승태를 둘러싼 평가는 엇갈렸지만, 후보자를 거쳐 취임했을 때까지 일관되게 그가 언급한 단어가 있다. 바로 상고법원(또는 상고허가제)이다. 양승태 대법원장 인사청문회 때 이는 어느 정도 예견됐다.

홍일표 위원 혹시 미국 대법원장 중에 특별히 좋아하거나 기억나는 분이 있으십니까?
양승태 대법원장 후보자 미국 초기 단계에서 매디슨 대법원장이 미국의 사법 질서를 세우신 분으로 존경을 받는 것으로 알고 있습니다. 그리고 최근에는 (윌리엄) 태프트 대법원장이 또 사법 개혁을 이루신 분으로 존경받는 것으로 알고 있습니다.

당시 양승태의 '태프트 발언'을 지켜본 한 헌법재판소 재판관의 분석이다.

"양승태가 윌리엄 태프트 연방대법원장을 가장 존경한다고 했더라. 우리가 역사책에서 배운 가쓰라-태프트 밀약에 등장하는 그 태프트 맞다. 여기서 주목할 점은 밀약이 아니라 태프트다. 그는 루스벨트 다음으로 대통령을 했는데 그 뒤에 대법원장을 한 독특한 이력을 갖고 있다. 태프트의 최대 업적은 미국 법원 개혁이다. 그것은 바로 대법원이 맡는 사건 수를 확 줄인 거다. 그래야 대법원이 살 수 있다고 봤다. 양승태가 태프트를 존경한다고 한 것은 그 부분이다. 양승태의 목적은 대법원 사건 수를 줄이는 거다."

대통령 3명과의 동거

양승태는 대통령 3명과 임기를 동행했다. 헌법적 원리인 삼권분립은 교과서에 등장하는 이론일 뿐, 의회의 돈지갑과 행정부의 칼을 굳이 다시 들먹이지 않더라도, 현실의 삼권은 지배·종속 관계에서 벗어나지 못한다. 행정부가 사법부 수장의 인사권을, 입법부가 사법부 곳간의 열쇠를 쥐고 있기 때문이다.

월리엄 태프트 발언으로 상고법원 도입의 목표를 분명히 한 양승태로서는 임기 중 가장 많은 시간을 보내야 할 박근혜 정부가 최적의 행정부 파트너였을 것이다. 제왕적 대법원장 체제에서 양승태가 이런 시나리오를 머릿속에 구상하고 있었다면 사법부의 손에 맡겨진 사건은 정권의 입맛에 따라 춤을 출 수밖에 없는 구조에 놓인다. 박근혜 정부에서 대법원이 그토록 미뤄 조지며 천덕꾸러기 취급을 했던 일제 강제노역 사건은, 이명박 정부에선 강제노역 피해자의 손을 들어준 대법원의 파기환송 당일 정부가 외교부를 통해 두 손 들어 환영의 메시지를 전파한 사건이기도 하다. 그런 측면에서 한 사건이, 예컨대 양심적 병역 거부 같은 사건이, 진보와 보수 정권 사법부에 따라 판결이 들쭉날쭉한 현상은 법적 안정성과 사법부 신뢰에 바람직하지 않다.

검찰의 한 고위 간부는 "검찰은 정권의 개고, 법원은 정권의 동반자"라고 했다. 다소 지나치게 들리는 이 말이, 그다지 지나치지 않았다는 사실을 우리는 일제 강제노역 사건의 재판 거래에서 확인했다. 모든 거래는 서로의 이해관계가 맞아야 한다. 일제 강제노역 사건으로 손을 잡은 박근혜와 양승태 사이 검은 거래의 이면에는 어떤 이해관계가 감춰져 있을까.

양승태 대법원 2년차인 2013년 2월 출범한 박근혜 정부는 아버지 박정희 대통령이 1965년 한·일 청구권협정을 주도한 당사자라는 점을 의식해, 앞서 일제 강제노역 피해자들의 일본 기업을 상대로 한 손해배상 소송에서 나온 이명박 정부 대법원의 파기환송 판결이 마음에 들지 않았다. 이에 절차적 문제점이나 외교적 문제점을 지적하며 결론이 번복되어야 한다는 태도를 보였다.

일제 강제노역 사건은 2013년 7월 서울고법이 대법원 판결 취지에 따라 강제노역 피해자들에게 각 1억 원을 지급하라며 원고 일부 승소 판결을 선고했고, 한 달 뒤인 그해 8월 재상고 사건이 대법원에 접수됐다. 외교부는 다음 달인 9월 2일 청와대에 '강제노역 재상고 사건과 관련해 대법원을 상대로 외교적 문제점을 설명하며 최대한 신중한 판결을 유도하는 노력이 필요하다'는 취지로 보고했다. 외교부는 9~10월에는 임종헌 법원행정처 차장에게 정부 불만 및 요청사항을 여러 차례 전달했다. 요구사항은 노골적이었다.

"위 대법원 판결이 1965년에 체결된 한·일 청구권협정에 배치되는 내용임에도 불구하고 사전에 외교부의 의견을 청취하지 않은 문제가 있다."

"위 강제노역 재상고 사건 재판에서 조기에 선고되지 않도록 해주고,

정부의 의견 개진 기회를 제공해주며, 국제적 차원의 의미와 파장 등을 고려해 전원합의체 회부를 통해 보다 신중히 판단해달라."

임종헌 법원행정처 차장과 양승태 대법원장, 차한성 법원행정처 처장(2011년 10월~2014년 2월), 박병대 법원행정처 처장(2014년 2월~2016년 2월) 등 수뇌부는 사법부가 추진하는 각종 정책을 이에 연동시켜 청와대와 정부의 협조를 얻어내고, 그에 대한 대가로 정부 요청사항을 강제노역 재상고 사건 재판 등에 적극적으로 반영하기로 마음을 먹었다. 강제노역 재상고 사건은 2012년 5월 24일 대법원 판결의 기속력(법원이 자기가 한 재판에 스스로 구속되어 자유롭게 취소·변경할 수 없는 효력)으로 인해 대법원 전원합의체 판결을 통해서만 결론을 변경할 수 있었다. 이들은 외교부 의견을 최대한 반영할 수 있는 여건을 조성해 전원합의체를 유도하고, 재판을 고의로 지연시키는 두 가지 방향으로 전략을 구상했다.

외교부는 2013년 9월 23일 일제 강제노역 재상고 사건 재판에 대한 외교부의 의견 반영을 위해 미국 법정조언자 제도 도입의 필요성을 검토했고, 임종헌에게 외교부 의견을 절차적으로 반영할 수 있게 해달라고 요청했다. 사실 외교부 의견서 제출은 임의 절차로, 의견서 제출이 없더라도 재판 진행에는 전혀 문제

없었다. 그런데도 법원행정처는 민사소송법 개정은 시간이 많이 소요되는 탓에 대법원규칙을 도입하는 방안을 검토해 민사소송규칙 개정에 착수했다.

법원행정처는 2015년 1월 6일 민사소송규칙 개정안에 대한 법무부 의견 조회 결과, 법률인 민사소송법이 아닌 대법원규칙에 참고인 의견서 제출 제도를 도입하는 것은 법체계에 부합하지 않는다는 이유 등으로 '신중 검토' 의견을 회신받았지만, 대법관 회의를 거쳐 2015년 1월 28일 민사소송규칙 제134조의 2 제1항과 제2항을 신설함으로써 '국가기관 등 참고인 의견서 제출 제도'를 도입하는 뚝심을 발휘했다.

검찰이든 법원이든 조용히 사건을 덮을 때는 결론을 내지 않고 차일피일 들고 있는 방법을 쓴다. 법조기자들 사이에선 이를 '미뤄 조진다'고 표현한다. 대법원은 일제 강제노역 사건을 미뤄 조지기로 한다. 법원행정처는 청와대, 외교부의 요청에 따라 심리불속행 기간을 넘긴 후 판단하기로 작정했다. 대법원 담당 재판부는 심리불속행 기간이 지날 때까지도 재판연구관 검토 보고 등의 절차를 의도적으로 진행하지 않았다.

그런데 2015년 말 변수가 생겼다. 그해 12월 28일 한·일 일본군 위안부 합의가 체결되어 대일 외교 정책에 대한 국민정서가 악화하자 변화의 움직임이 일기 시작한 것이다. 청와대는

2016년 4~5월께 외교부에 "위안부 관련 재단이 6월이면 설립되고 6~7월이면 일본에서 약속한 대로 돈을 보낼 전망이니, 그로부터 1~2월 후 의견서를 제출하고, 모든 프로세스를 8월 말까지 끝내라"는 대통령 지시사항을 전달한다. 외교부는 법원행정처와 논의 결과 양승태의 대법원장 임기가 2017년 9월까지인 점을 고려해 더는 절차를 늦추기 곤란하다는 반응을 확인했다.

임종헌은 2016년 9월 29일 외교부 2차관 조태열을 만나, 전원합의체 회부 안건을 결정하는 소위원회(전합 소위) 위원장인 양승태로부터 지시받은 계획을 전달한다. 양승태의 계획은 이것이었다.

2012년 5월 24일 대법원 판결과 관련해 대법원의 새로운 논의 전개를 위한 계기가 필요한데, 외교부가 법정조언자 제도를 활용해 자료를 제출하면 이를 기초로 전원합의체 회부를 추진할 계획이다. 외교부로부터 의견서 제출절차 개시 시그널을 받으면 대법원은 피고 쪽 변호사로부터 정부 의견 요청서를 접수하여 이를 외교부에 그대로 전달할 예정이다. 4년 전 내려진 판결을 바로 뒤집기에는 적지 않은 어려움이 있을 것이고 현 대법원장 임기 중 결론이 나지 않을 가능성도 있지만, 외교부가 의견서를 늦어도 11월 초까지 보내주면 가급적 이를 기초로 최대한 전원합의체 회부 등 절차를 진행하겠다.

이후 모든 시나리오는 청와대와 외교부의 입김에 따라 작성된 양승태의 작전계획대로 실행됐다. 결국 일제 강제노역 사건은 양승태 대법원장 퇴임 이후인 2018년 7월 27일에야 전원합의체에 회부됐다. 전원합의체는 2018년 10월 30일 상고기각 판결로 원심을 확정했다. 대법원에 재상고 사건이 접수된 지 5년을 넘겨 일제 강제노역 피해자인 원고들의 손해배상청구권을 인정한 원심을 확정한 것이다. 대법원 재판이 지연되는 동안 공정하고 신속한 재판을 받을 권리를 침해받은 원고 9명 중 8명은 선고 결과를 보지 못하고 눈을 감았다.

세상에 공짜는 없다. 법원행정처는 청와대에 '재판 지연'을 선물로 제공한 대가로 적지 않은 실속을 챙겼다. 법원행정처는 2014년 2월 주 UN 대표부 사법협력관 직위 신설, 2017년 4월 주 제네바 대표부 사법협력관 직위 신설 등 재외공관법관 파견에 대한 청와대와 외교부의 적극적 협조를 이끌어냈다. 또 상고법원 입법 추진, 대법관 임명 제청, 한정위헌 결정 관련 헌법재판소와의 의견 대립, 법관 증원 관련해서도 청와대 협조를 요청할 수 있는 유리한 기반을 조성했다.

대법원이 쪽문을 거부한 사연

지금은 두 곳을 자유롭게 오고 갈 수 있는 작은 여닫이문이 있지만, 서초동을 처음 출입했던 2000년대 후반까지만 해도 대법원과 대검찰청 사이는 울타리로 막혀 있었다. 그러던 어느 날 대검 직원들이 불편함을 호소했다. 두 건물 구조상 서초역에서 나와 대검을 오려면 가장 빠른 지름길은 반포대로로 나 있는 대법원 입구로 들어와 대검과 맞닿은 울타리 쪽을 통해 넘어오는 길이었다. 그 울타리가 막혀 있다 보니 대검 정문으로 빙 돌아와야 해 불만이 이만저만 아니었다.

기자들도 불편하기는 마찬가지였다. 대법원에는 법조팀장이, 대검에는 통상 법조팀 넘버2가 출입하는데, 둘이 만나려면 빤히 1~2m 마주 보는 거리를 놓고는 대법원과 대검의 대로변 출입구로 돌아 나와야 했다. 대법원과 대검이 맞닿은 울타리에 폭 1m 정도의 작은 문을 만들자는 논의가 있었지만, 대법원은 탐탁지 않아 했다. 당시 대법원 공보관이었던 오석준에게 불만을 토로했던 기억이 있다.

"도대체 그 쪽문 하나가 뭐라고 왜 안 만들어주는 거예요?"
"이야기는 많이 들어요."

"저 쪽문 하나로 많은 사람이 편할 수 있잖아요."

"그거는 충분히 이해합니다. 그런데 사실 이런 측면도 있어요. 국민이 보기에 법원과 검찰이 가까워 보이는 건 바람직하지 않습니다. 그것이 무엇이든 외형적으로라도, 조금이라도 오해할 만한 일은 가급적 만들지 않는 게 좋습니다."

평소 농담을 주고받을 정도로 기자들을 편하게 대하던 오석준은 이 말을 하던 순간만큼은 얼굴에서 웃음기가 가셨다. 나는 그의 이 답변에 아무런 토를 달지 못했다. 사실 이런 비슷한 경험을 이후에도 몇 차례 겪었다.

대법원 홍보심의관을 맡았던 서동칠과 대검 출입기자 3~4명이 서래마을에서 점심을 먹은 뒤 대검 잔디밭을 지나 산책을 하고 있었다. 이날도 그는 대검을 지나가지 않으려 했으나 대법원으로 가기에는 길을 너무 돌아가야 했고, 짓궂은 기자들이 팔을 잡고 끌어들여 어쩔 수 없이 대검에 발을 들여놨다. 대검 별관 2층 커피숍에서 차를 한잔 하고 가자고 제안했다. 서동칠은 그 순간 "정말 죄송하다"며 진지한 표정으로 이 건물은 판사들이 어떤 이유에서든 들어가면 안 되는 곳이라는 말을 남기고 대법원으로 넘어갔다. 당시만 해도 그의 행동을 이해할 수 없었지만, 법조 생활에 철이 들면서 그가 왜 그런 모습을 보이려 했는지 공감했다.

우리가 평소 보는 이런 판사들의 모습과 달리 사법농단에서 드러난 법원행정처 고위 법관들은 태도가 달랐다. 재판업무가 아닌 사법행정을 담당한다는 이유 하나로 이들은 삼권분립의 예외 지점에 놓여 있다는 착각을 하고 있었는지 모른다. 사실 양승태 대법원에서 사법농단 행태가 만천하에 드러났지만, 역대 어느 정부도 양승태 대법원에서 자유롭다고는 할 수 없을 것이다. 과거 정부 대법원 핵심 요직에서 일했던 한 변호사의 이야기다.

"대법원 조사위가 양승태 대법원의 사법농단 관련 문건을 조사하는데, 과거 정부 대법원에서 작성된 비슷한 문건들도 있었다. 그 내용이 재판 거래와 직접 연관되는 것들로 보이진 않았지만, 문건만 놓고 보면 고개를 갸웃하게 하는 것들도 있었다."

기자가 어떤 사회의 문제점을 취재해보도할 때 그 보도는 완벽할 수 없다. 취재는 완벽한 진실을 구성해 세상에 공개할 수 없다. 그 단서를 제공하는 구실을 할 뿐이다. 그래서 조금 부족하더라도 팩트로 수집된 내용은 최대한 의심하고 보도해야 한다. 다만 사실과 의견은 명확히 구분해야 한다. 의혹을 제기할 때 수집된 팩트에 비해 과도하게 의미를 부여하는 것도 경계해야 한다. 이 원칙 아래에서 지켜야 할 핵심은 최대한 팩트를 확보하고, 수집된 정보만큼만 보도하는 것이다.

최순실 국정농단 사건 때도 그랬지만 양승태 대법원의 사법농단도 마찬가지다. 조금이라도 의심이 드는 단서를 귀로든 눈으로든 확보했다면 보아 넘길 게 아니라 취재 영역에서 할 수 있는 최대치를 다해야 한다. 사실 박근혜 정부 임기 중반에 대법원의 한 관계자한테 들은 이야기가 훗날 사법농단이라는 실체로 재구성될 것이라고는 전혀 상상하지 못했다. 이런 내용이었다.

> "청와대 한 수석이 불러 법원행정처 고위인사(이 인사는 사법농단 수사에서 피의자 신분이 됨)가 청와대에 불려 들어갔다. 한 국회의원(박근혜 청와대에 비판적이었던 야당 인사) 비리 사건 대법원 상고심을 언제 할 거냐고 물었다고 한다. 그 뉘앙스는 유죄 취지로 파기 환송하라는 거였다. 법원행정처 고위인사가 법원에 돌아와서는 이거를 어찌해야 하나 고민에 고민하고 있다고 한다." _2016년 대법원 관계자

> "검찰에서 수사했던 국회 법사위 한 위원 사건이 결국 무죄가 났는데 그 수사했던 검사가 계속 이상하다고 하더라고.

법원이 말도 안 되게 그 위원에게 유리하게 재판을 하더라는 거야. 설마설마하고 검찰이 끌려가다가 정말 무죄가 나는 걸 보고 황당해했다." _2017년 검찰 고위 간부

"2016년 1월에 난데없이 이영렬 서울지검장이 자원외교 관련 강영원 석유공사 사장 무죄 선고에 직접 브리핑을 열고 법원을 정면으로 비판했다. 세상에 법원 무죄 판결 하나에 서울중앙지검장이 언론에 얼굴 들이미는 경우가 어디 있나. 그것도 들어보니 청와대 한 수석이 직접 브리핑을 하라고 주문했다고 한다. 그래서 그 청와대 수석에게 물어보니까 이렇게 얘기를 하더라. '지금 서울중앙지법 판사들이 개판이야. 법원행정처는 청와대에서 관리가 되는데, 고등 판사제도 때문에 서울중앙지법 부장들이 고법 승진으로 안 되니까 인사 걱정 안 하고 자기들 멋대로 판결해. 그림을 줄 수도 없는데 실력도 없어'라고."
_청와대 사정을 잘 아는 검찰 고위 간부 출신 변호사

지나고 보면 기자들이 아는 진실은 거대한 빙산의 일각에 불과하다. 양승태 대법원이 대외적으로 일제 강제노역 사건 재상고심을 미룰 때 물밑에서 청와대와 벌인 일은 그 단면을 보여준

다. 그리고 커튼 뒤에서 꾸민 양승태 대법원과 박근혜 청와대 사이 부당거래의 핵심은 바로 '소인수회의'였다.

은밀한 행정·사법회의체 '소인수회의'

2013년 8월 일제 강제노역 재상고 사건이 대법원에 접수된 직후였다. 그해 11월 15일 국무총리 정홍원은 청와대에서 대통령 비서실장 김기춘, 정무수석비서관 박준우가 배석한 가운데 박근혜 대통령에게 '강제노역 재상고 사건이 확정되면 한·일 관계에 파장이 예상된다'는 취지로 보고했다. 외교부 출신인 박준우 청와대 정무수석은 박근혜 대통령에게 보충 설명을 했다.

"대법원 최종 판결이 나오면 큰 혼란이 오고 일본은 한국이 1965년 체제를 포기하겠다는 뜻으로 받아들일 것입니다. 대법원을 접촉해 판결을 늦추도록 해야 합니다. 강제노역 피해자들에 대한 배상을 위한 재단 설립에 관해 일본은 현재 부정적인 태도를 갖고 있으나, 만일 대법원 판결을 늦춘다면 일본 쪽에서 우리 정부의 노력을 인정하게 될 것이고, 내년 봄까지 양국 정상회담을 준비해 나가는 과정에서 우리 정부가 이 문제를 강력히 제기하게 되면 일본 쪽의 재단 출연 협조

가능성도 없지 않을 것입니다. 다만 청와대와 총리실이 나서면 소문이 날 것이므로 외교부가 하는 것이 좋습니다."

박근혜 대통령은 박준우의 의견을 승인하며 담당부처인 외교부에서 조처하라고 지시했다.

2013년 12년 1월 청와대 비서실장 공관에서 비서실장 김기춘 주재로 윤병세 외교부 장관, 황교안 법무부 장관, 차한성 법원행정처장이 참석한 이른바 '소인수회의'가 은밀히 개최됐다. 그 자리에서 윤병세가 먼저 말을 꺼냈다.

"일제 강제노역 피해자 배상 판결은 국가적 위기상황을 초래할 수 있는 중대한 사안입니다. 입법부, 사법부, 행정부 차원이 아닌 국가적 차원에서 접근해야 합니다. 대법원 심리 과정에서 이 점을 각별히 고려해야 합니다. 배상 판결 확정 시 정치적, 외교적 해결은 불가능해지므로 사법적 해결 외에는 대안이 없는 현실을 고려해 기존 대법원 판결에 대한 재검토가 필요합니다."

회의 참석자들은 일제 강제노역 재상고 사건은 대법원 전원합의체 판결을 통해서만 결론을 변경할 수 있기 때문에 전원합의체 회부를 유도하고, 동시에 재상고심 진행을 지연시키면서 원고인 일제 강제노역 피해자들의 소 취하를 유도하는 투트랙 방안을 추진하기로 입을 모았다. 당근책도 함께하기로 했다. 강제노역 피해자들의 소 취하를 유도하려면 개인적 배상이 필요하다는 것이었다.

이와 관련해선 안전행정부가 주도해 연말을 목표로 특별법에 의한 국내 재단 설립 추진이 우선 제안됐다. 또 한·일 청구권 협정의 수혜기업인 포스코 이사회에서 강제노역 피해자들을 위해 100억 원 출연을 의결했으니 한국 정부와 포스코 등 수혜기업, 일본 정부, 일본 전범 기업이 '2+2' 형태로 기금을 출연해 배상 문제를 해결하는 방안도 논의됐다. 새로 소송이 추가되면 국가적 파장을 염두에 두고 신중하게 판단하고 소멸시효 문제로 2015년부터는 추가 소송이 어려울 수 있다는 내용 역시 의견을 나눴다. 이때 차한성 법원행정처장이 못마땅하다는 듯 한마디를 꺼냈다.

"왜 이런 이야기를 2012년 대법원 판결 때 안 했습니까. 브레이크를 걸어 줬어야죠. 현재 송달 절차는 몇 달 더 지연시키는 것이 가능합니다. 시효 문제가 있긴 한데, 운이 좋으면 1년 이상도 지연할 수 있을지도 모릅니다."

2차 소인수회의는 이듬해인 2014년 10월 열렸다. 앞서 그해 2월 차한성 법원행정처장이 퇴임하고 박병대가 신임 처장에 임명됐다. 김기춘 비서실장은 대통령 비서실장 공관에서 박병대, 윤병세 외교부 장관, 황교안 법무부 장관, 정종섭 안전행정부 장관, 조윤선 정무수석비서관이 참석한 2차 소인수회의를 개최했다. 김기춘은 회의 개최 전 조윤선 수석에게 안전행정부에서 추진하고 있는 강제노역 피해자 재단 설립 진행 상황을 알아보라고 지시했다.

　　윤병세 장관은 1차 소인수회의에 이어 다시 한 번 대법원 심리과정의 중요성을 강조했다. 기존 대법원 판결에 대한 재검토가 필요하다는 말도 거침없이 내뱉었다. 박병대를 비롯한 회의 참석자들은 강제노역 재상고 사건은 대법원 전원합의체 판결을 통해서만 결론을 변경할 수 있으니 전원합의체 회부를 유도하는 방안을 다시 확인했다. 그러고는 '일제 식민지 시대 관련 과거사 사건 계류현황' 문서(2014년 10월 1일 법원행정처 작성)와 '일제 강제동원 피해자 배상판결의 함의와 국가적 부담' 보고서(2013년 12월 1일 외교부 작성)를 서로 주고받았다. 헌법기관인 대법원이 행정부 소속인 것처럼 일개 부처인 외교부와 동등한 위치에서 머리를 맞대고 사건을 논의한 것이다.

사법부의 치욕

기자 대법원에 대한 국민 불신이 거둬달라고 거둬지는 게 아닌데 검찰 수사가 시작되면 받을 의향이 있습니까?

양승태 검찰에서 수사한답니까?

기자 대법원장도 형사 조처를 논의하고 있는데요.

양승태 그때 가서 보죠.

사법농단 수사가 한창이던 2018년 6월 1일, 한가롭게 오현 스님 다비식을 마치고 동해 관광을 하려다 집 앞에 기다리는 기자들이 눈에 밟혀 왔다는 양승태 대법원장은 이른바 '놀이터 기자회견'에서 마치 남의 일 이야기하듯 답변을 이어갔다.

"법원행정처에서 부적절한 행위가 있었다는 지적이 있었고 그런 지적이 사실이라면 그것을 막지 못한 책임이 있다고 통감하고, 고통 받은 사람이 있다면 사과를 드려야 한다고 생각한다."

수사를 받고 말고는 피의자가 선택할 수 없다. 어쩌면 가장 우문인 기자의 질문에 그는 어리석은 답변도 현명한 답변도 아닌 '걔네(검찰)들이 감히 나를?'이라는 반응을 보였다. 어쩌면 이는 법관 생활 40여 년 동안 그의 몸에 밴 습성이, 검찰은 사법연수원 성적이 나쁜 애들이 가는 곳이라는 비뚤어진 인식이 무의식적으로 튀어나왔는지 모른다. 그는 어디 그렇게 되나 보자는 말로 '살아 있는 정의 그 자체'(Chief Justice)의 위엄을 뽐냈다.

그 뒤 7개월여 흘렀을 즈음 검찰은 그의 이름을 불렀고, 그의 신분은 마침내 피의자가 됐다. 2019년 1월 11일 오전 9시, 통상 김명수 대법원장이 서초대로에 있는 대법원 정문을 통해 출근할 시각, 전임 양승태 대법원장이 검찰 출석에 앞서 대법원 정문에 모습을 드러냈다. 그의 뒤에는 "피의자 양승태는 검찰 포토라인에 서라"고 쓰인 현수막이 보였다. 대법원은 정문을 굳게 닫았다. 그토록 사랑한다던 대법원에 퇴임 후 얼굴 한번 내밀지 않던 양승태는 유독 이날만큼은 "전 인생을 법원에서 근무한 사람으로 법원에 들렀다 가고 싶다"고 했다. 그는 재차 "편견이나 선입관을 갖지 말라"고 당부했다.

"우리 법관들을 믿어주시기를 간절히 호소한다. 절대다수 법관은 국민 여러분에게 헌신하는 마음으로 사명감을 갖고 성실하게 하고 있음을 굽어 살펴주시길 바라며 사건에 관련된 여러 법관도 각자 수행하는 과정에서 양심에 반하는 일을 하지 않았다고 저는 믿고 있다. 나중에라도 그 사람들에게 과오가 있다고 밝혀진다면 그 역시 제 책임이고 제가 안고 가겠습니다."

신영철 대법관의 촛불재판 개입 이후 대법원에 취재 기자가 이처럼 모여들기는 처음이었을 것이다. 신영철 촛불재판 개입 당시에는 기자들이 매일 아침 출근하는 대법관들 얼굴에 카메라를 들이밀자 한 대법관은 아예 방송에 못 나가도록 카메라에 브이 자를 그려 보이는 해학이라도 있었지만, 양승태의 대법원 길거리 기자회견은 전직 대법원장의 볼썽사나운 인정투쟁 그 이상도 이하도 아니었다.

양승태는 대법원 앞에 섬으로써 자신을 대법원과 동일시하려 했던 것으로 보인다. 그리고 자신의 재판을 맡을 후배 법관에게 분명한 메시지를 전달했다.

나에 대한 유죄는 당신들의 대법원을 부정하는 것이다.

그는 문제의 법관들을 '그 사람들'이라고 부르며 법률적인 책임에 선을 명백히 그었다. 이 난장판의 선한 피해자라도 되고 싶었던 걸까. 그는 마지막 순간 대법원 앞에 섰지만, 아이러니하게

도 이는 살아 있는 정의의 몰락을 상징하는 비극적 장면으로 역사에 기록됐다. 그는 2019년 1월 24일 새벽 구속됐다.

공교롭게 이날 법원행정처장에 취임한 조재연 대법관은 취임사에서 이런 말을 했다. 변화는 주변에 있는 작은 것부터 시작해야 한다.

"최근 일련의 일들로 사법부의 위상은 끝 모를 정도로 떨어졌고, 법관들과 법원 가족들이 받은 마음의 상처는 너무도 깊습니다. 법복을 입고 법정에 들어설 때의 경건한 자긍심이 전과 다르지 않다고 어느 누가 자신할 수 있겠습니까. 한번 무너진 사법신뢰를 다시 세우는 일은 오랜 시간이 걸리는 지난한 일이 될 것입니다.

이를 위해서는 제도와 의식의 개혁도 필요하지만, 법관들이 처리하는 사건 하나하나에서, 법원 직원들이 마주하는 민원인 한 사람, 한 사람으로부터, 즉 가까운 곳과 작은 일에서부터 국민의 신뢰를 얻는 일이 중요합니다. 그런 의미에서 사법정의와 사법신뢰는 소액사건 심판 법정에서부터 세워져야 합니다. 시·군 법원을 찾아와 호소하는 서민 대중들로부터 가장 먼저 신뢰를 얻어야 합니다."

이명박 정부 때인 2011년 4월 대법원은 시민단체 등이 서울행정법원 등 법원 4곳에 낸 4대강 사업 집행정치 신청 사건에서 4대강 사업이 적법하다고 결정했다. 대법원 전원합의체는 9대 4로 의견으로 이런 결론을 냈다. 주심을 맡았던 이홍훈 대법관 등 4명은 다수의견(4쪽)보다 훨씬 많은 17쪽 분량의 반대의견을 제출했다. 평소 좀처럼 화를 내지 않던 이홍훈은 당시 심리 때마다 얼굴을 붉히며 목소리를 높였다.

그는 4대강 사업 추진의 옳고 그름과는 별개로 찬성과 반대 의견이 갈리는 대규모 정부 사업은 충분한 환경영향평가와 법적 타당성 검토를 해야 한다는 논리를 폈다. 그는 다른 대법관들 면전에서 사법부가 정치권력의 눈치를 봐서는 안 된다고 했다. 그는 이를 사법적 통제라고 설명했다.

이홍훈은 다수의견으로 합의가 이뤄지더라도 역사에 기록되도록 반드시 소수의견을 남기겠다고 했다. 그런데 다수의견 쪽은 결정문에 소수의견을 안 쓰는 방향으로 심리를 이끌어 갔다. 이홍훈은 그건 안 된다고 맞섰다. 그는 거의 한 달 가까이 방에서 두문불출하며 무언의 시위를 했다.

어느 날 이용훈 대법원장이 이홍훈에게 따로 만남을 요청했다. 이홍훈은 이용훈 대법원을 가인 김병로 이후 최고로 꼽을 정도로 이용훈 대법원장을 높이 평가하지만, 의견이 다를 때는 소신을 굽히지 않았다. 이용훈이 먼저 말을 꺼냈다. "사법부 독립은 여전히 진행 중입니다."

이홍훈은 이렇게 말했다. "사법부 독립은 진행 중이 아니라 지키는 겁니다."

이홍훈 대법관이 지키고자 했던 사법부 독립은 지금 어디쯤 있을까.

김정필

일제 강제노역 재상고 사건은 검찰의 사법농단 공소장을 일부 참고했다.

9

최후의 보루

법관의 양심

어떤 판사의 사표

사실 양승태 대법원장 이전에도 사법파동은 5차례나 있었다. 파동의 내용은 전부 다르지만 핵심은 동일하다. **독립성 보장.** **쉽게 말하면 "법대로 판결할 수 있게 해달라"는 것이다.** 정부에 부담을 주는 판결이 나오자 공안 검사들이 판사들을 구속하려 했을 때도(1971년 1차 사법파동) 정권이 대법원장을 꽂아 넣으려 했을 때도(1988년 2차 사법파동) 법관의 신분을 보장하고 법원 내부의 불합리한 관행을 깨라고 주장했을 때도(1993년, 2003년 3, 4차 사법파동) 법원장이 정권에 유리한 판결을 강요했을 때도(2009년 5차 사법파동) 판사들은 이를 거부하며 함께 목소리를 높였다.

그러나 5차례에 걸친 사법파동 모두, 어느 정도 시간이 지나면 법원 스스로 사태를 추스르는 모양새로 정리됐다. 문제를 제기한 이들도 외부의 손길이 수습에 나서는 것에는 반대했다. 사법부 독립이라는 가치가 훼손될 수 있다는 우려 때문이었다. 하지만 양승태 사건은 달랐다. 법원 수뇌부는 여느 때처럼 자체 해결을 하려고 시도했지만 받아들여지지 않았다. 상당수의 판사들은 법원이 칼자루를 검찰로 넘겨서라도 진상을 규명하고 상황을 바로잡아야 한다는 데 동감했다. 판사들의 불만과 불신이 임계점을 넘겨 끓기 시작한 것이다. 무엇이 법원을 이렇게 내몰았던 것일까. 내막을 되짚어 보자.

헌정 사상 초유의 전직 대법원장 구속은 9년차 판사의 사표 한 장으로 시작됐다. 2017년 3월 6일 〈경향신문〉이 "판사들 사법개혁 움직임 저지하라' 대법, 지시 거부한 판사 '인사 조처'"라는 제목의 기사를 1면에 보도했다. 대법원이 일선 판사들의 사법개혁 움직임을 저지하라고 법원행정처 소속 판사를 압박하다가, 해당 판사가 사표를 내자 그를 원래 있던 법원으로 돌려보냈다는 내용이었다. 평소 같으면 화제가 되었을 법한 기사였지만, 당시에는 별다른 주목을 받지는 못했다. 박근혜 전 대통령 탄핵 국면이라 초대형 기사들이 연일 이어졌기 때문이다. 기사가 나온 날 오후에는 사법농단 사건 특검이 최종 수사 결과를 발표했다. 그리고 나흘 뒤인 2017년 3월 10일에는 헌법재판소가 만장일치로 박근혜를 파면했다.

아는 사람들 사이에서만 반짝 회자된, 기사의 주인공은 수원지법 안양지원 소속 이탄희 판사였다. 월드컵이 열렸던 2002년 사법고시에 합격한 이탄희는 군법무관을 거쳐 2008년 수원지법에서 판사 생활을 시작했다. 연수원 성적도, 내부 평가도 비교적 우수했다. 이탄희는 판사 생활 9년 만에 모든 판사가 동경하는 법원행정처 기획조정실 심의관으로 발령 받았다. 법원행정처는 소위 잘 나가는 판사들이 반드시 거치는 곳이다. 그런데 이탄희는 행정처에 발령받은 당일 사표를 냈다. 행정처에 발령받은 판사가 발령 당일 사표를 낸 것도, 원래 있던 곳으로 원복이된 일도 처음 있는 일이었다.

불손한 단체

사건의 발단은 '국제인권법연구회'라는 학회 때문에 벌어졌다. 법원에는 판사들의 연구 모임인 학회가 15개 있다. 일종의 동아리 같은 것이라 생각하면 된다. 여성 판사들이 자동으로 가입되는 '젠더법연구회'를 빼면, 학회 중에서 규모가 가장 큰 게 '국제인권법연구회'다. 이 모임에서는 UN 국제인권법 매뉴얼 번역, 성 소수자 인권에 대한 학술대회, 국제 난민 콘퍼런스, 양심적 병역거부와 대체 복무제도 학술대회 같은 일을 해왔다. 이뿐 아니라 이름답게 사법부와 법관의 독립성, 자율성을 위한 제도의 필요성도 주장해왔다. 이를테면 제왕적인 대법원장과 법원행정처장의 권한을 분산시킬 방법, 전국 판사회의 상설화 같은 것들 말이다. 개혁의 대상으로 지목되는 대법원장과 고위 법관들 입장에서는 눈엣가시 같은 존재였을 것이다.

높으신 분들이 이 학회를 손보자고 나서게 만든 것은 다름 아닌 설문조사였다. 국제인권법연구회의 운영위원회는 2017년 3월 학술대회를 열기로 하고 2월 9일, 전국 판사 3천 명에게 메일을 보냈다. 설문 결과는 학술대회 당일 현장에서 발표될 예정이었다. 수신자 목록에는 대법관들은 물론, 양승태 대법원장도 포함되어 있었다. 질문 중에는 이런 내용이 포함되어 있었다.

1. 대법원장, 사법행정권자의 의중에 반하는 의사 표시를 하면 인사상 불이익을 받을 것이라 생각하나?
2. 상급심 판결에 반하는 판결을 하게 될 경우, 본인이 인사상 불이익을 받을 수 있다고 생각하나?

질문의 패기도 놀랍지만, 더 놀라운 건 판사들의 응답이었다. 메일을 받은 판사 3천 명 중 500명가량 답을 했는데, 첫 번째 질문에 '그렇다'고 답한 사람이 80% 육박했다. 쉽게 말하면 법원

정책이든, 인사 방침이든 '윗분들이 정한 방침을 거스를 수 없다'
고 답했다는 뜻이다. 두 번째 질문에 그렇다고 한 사람은 50%.
응답자 중 절반이 '법과 원칙에 따라 판결하지 못한다'고 답한 것
이다.

질문과 대답의 의미를 이해하려면 먼저 법원 구조를 알아야
한다. 법원 조직을 크게 나누면 '재판하는 곳'과 '행정하는 곳'으
로 나뉜다. 재판하는 곳은 지방법원, 고등법원, 대법원이다. 상급
법원으로 올라갈수록 연차가 높은 판사들이 근무한다. 하지만
판사의 업무는 수평적이고 독립적으로 이루어지는 것이 원칙이
라 모든 재판은 법리에 근거해, 판사의 소신에 따라 이루어진다.
혼란을 막기 위해 관록 있는 이들의 판결이 판례라는 이름으로
존중받기는 하지만, 하급심 판결이라도 법리적으로 문제만 없다
면 판례는 얼마든지 뒤집힐 수 있다.

행정하는 곳은 법원행정처. 대법원과 같은 건물을 쓰고 있
는 이 조직은, 재판 이외의 영역 그러니까 법원의 사무와 행정을
담당하는 곳이다. 법원 조직을 어떻게 구성할 것인지, 법원 운영
은 어떻게 할 것인지, 판사들의 인사를 어찌할 것인지, 예산을 어
떻게 확보하고 어디에 쓸 것인지 등을 다루는 곳이다. 행정처에
는 재판하던 판사들이 일정 기간 파견되어 근무한다. 행정처에

근무하는 동안에는 재판을 하지 않는다. 대법원장 비서 조직이라 불리는 행정처에는 대개 각 기수 에이스들이 파견되는데, 근무를 마치고 좋은 보직을 받는다.

〈경향신문〉이 전수 조사한 결과를 보자. 양승태 대법원장 시절 법원행정처에 근무한 판사 456명 중 법원장과 대법관으로 가는 길목인 고등법원 부장판사로 승진한 사람이 얼마나 될까? 100%. 한 명도 빠짐없이. 이해가 되는가? 판사들에게 행정처는 성공을 위해 반드시 거쳐야 하는 자리다.

이제 설문 조사 내용을 살펴보자. 판사들의 답변을 해석하면 이렇다. "우리 목줄을 쥐고 있는 법원행정처와 그곳에 계신 어르신들의 말씀은 절대 거스를 수 없다. 지장을 받으면 안 되는 재판에도 영향을 받는다." 법관의 독립이 매우 심각하게 위협받고 있다는 뜻이다.

국제인권법연구회에서 이런 문제의식이 공유된 것은 의도치 않게 공개된 고 김영한 전 민정수석의 비망록 때문이다. 2016년 공개된 비망록에는 정권에 유리한 판결을 비판했던 김동진 부장판사에 대한 내용이 담겨 있었다. 김동진 부장판사는 2014년 9월, 원세훈 전 국정원장에게 1심에서 선거법 무죄 판결이 내려지자 '지록위마 판결'이라며 판결에 적용된 법리를 비판하는 글을 법원 내부망에 올린 인물이었다. 며칠 후 작성된 비망록에는 이런 내용이 담겨 있었다.

"비위 법관의 직무배제 방안을 강구해야 한다."
_김동진 부장판사

판사의 직무배제를 청와대에서 논의하다니. 황당한 일이다. 그런데 그 일이 실제로 일어났다. 법원은 김동진 부장판사에게 '법관의 위신을 떨어뜨렸다'며 정직 2개월의 중징계를 내리고 인사 조치했다. 판사들은 법관 인사권을 쥐고 있는 대법원이 청와대와 교감한 뒤 조치를 한 것이라 의심했다. 그래서 2017년 3월에 예정된 국제인권법연구회 학술학회(세미나)에서 대안을 마련하자는 얘기가 나온 것이다. 패기 넘치는 설문은 그래서 작성된 것이었다.

양승태 대법원과 행정처 수뇌부 입장에서는 어쩌면 사법파동에 준하는 사태가 벌어질지 모른다는 위협을 느꼈을 것이다. 그래서 법원행정처 간부급 판사들이 수차례 모여 회의를 열고 대책을 마련했다. 논의 끝에 마련된 대책의 골자는 두 가지였다.

1. 국제인권법연구회 자체를 와해시킨다.
2. 설문조사 결과가 공개되는 걸 막는다.

연구회를 없애라

법원행정처에 학회 자체를 없앨 권한은 없었다. 그래서 생각해낸 방법은 연구회의 회원 수를 줄이는 것이었다. 행정처는 명분을 위해 10여 년 전 쯤 사문화된 예규를 꺼내 들었다. 법원 예규 상에는 전문학회의 중복가입을 하지 못하게 되어 있다. 법원행정처는 이 예규를 근거로 2017년 2월 13일, 법원 내부망에 "중복 가입한 연구회를 정리하라"고 공지했다. "스스로 정리하지 않으면 나중에 가입한 연구회를 일괄적으로 정리하겠다"면서.

똑똑한 판사들은 즉시 행간에 담긴 뜻을 읽어냈다. 국제인권법연구회는 법원 내 학회들 중 가장 마지막에 생겼다. 중복 가입을 정리하고, 나중 가입한 사람을 정리하면 국제인권법연구회 가입자는 절반 이상 줄어든다. 인천지법 김형연 부장판사가 법원 내부망에 공개적으로 항의 글을 올리며 법원행정처의 꼼수를 비판했다. (이 조치는 판사들의 강력한 반발이 이어져 결국 무산됐다.)

공지 사흘 후인 2017년 2월 16일, 법원 수뇌부는 국제인권법연구회 기획팀장이었던 이탄희 판사를 법원행정처로 발령 냈다. 수뇌부는 이탄희가 국제인권법연구회 와해라는 미션을 수행할 적임자라 생각했다. 잘만 포섭하면 갈등 없이 연구회를 분열시킬 수 있다고 여긴 것이다. 적어도 자신들의 생각으로는, 보장된 명예 앞에 자유로운 사람은 없었으니까.

발령 당일 이규진 대법원 양형위원회 상임위원은 이탄희에게 '설문조사 결과가 발표될 국제인권법연구회 토론회 행사를 가급적 작게 열라'면서, '설문조사 결과는 언론에 나오지 않게 조치해달라'고 주문했다. 그러면서 장기적으로 국제인권법연구회를 와해시킬 일종의 로드맵도 제시했다.

'내가 지금 무슨 말을 들은 거지?'

지시를 접한 이탄희는 혼란스러웠다. 풍문으로만 듣던 것들이 사실이었다니. 그도 인간인지라 목전에 놓인 승진의 유혹에 흔들렸을 테지만 넘어가지 않았다. 이탄희는 '이런 일은 형사범죄에 해당한다'며 강력히 항의했다. 예상과 다른 반응에 수뇌부는 당황했다. 그들도 법을 다루는 이들이니 범죄가 될 수 있다는 사실을 모를 리 없었다.

놀란 수뇌부는 부랴부랴 대안을 제시했다. '그 업무는 다른 사람에게 시킬 테니, 너는 신경 쓰지 말아라.' 이탄희는 이 말에 더 크게 절망했다. 불감증의 정도가 심각하다 여긴 이탄희는 판사직을 그만두기로 했다. 전국의 모든 판사들이 그토록 가고 싶어하는, 법원행정처에 발령난 지 2시간 만에 벌어진 일이었다.

이후 사태가 커질 것을 우려한 수뇌부는 이탄희의 행정처 발령만 취소하고 다시 안양지원으로 발령 냈다. 사법 사상 처음 있는 인사였다.

첫 번째 거짓말

3월 6일 〈경향신문〉 보도로 이탄희 판사 이야기가 알려지자, 이튿날 고영한 법원행정처장(대법관)이 진화에 나섰다. 고영한 처장은 내부 전산망에 '최근의 언론보도에 관하여 법관들께 드리는 말씀'이라는 제목의 글을 올렸다. 이탄희 판사에게 연구회 활동 관련해 어떤 지시도 한 바 없고, 본인이 행정처 근무를 원하지 않아 이를 존중했다는 내용이었다. 하지만 이를 곧이곧대로 믿는 사람은 없었다. 법원행정처라는 자리가 어떤 자리인지를 아는 이들에게는 더더욱.

보도 이후 잠잠했던 언론과는 달리, 법원 내부는 발칵 뒤집혔다. 진상조사를 청원하는 글이 잇따랐고, 법원 공무원들은 양승태 대법원장의 사퇴를 촉구하는 기자회견을 열었다. 사태가 걷잡을 수 없게 커질 조짐을 보이자 양승태 대법원장은 이인복 전 대법관에게 전권을 주고 진상조사를 하겠다고 나섰다. 며칠 후에는 임종헌 법원행정처 차장이 사직 의사를 밝혔다. 임종헌은 전국의 판사들에게 억울함을 내비친 메일을 보냈다.

안녕하십니까, 임종헌입니다.

저는 이번 주에 법관 재임용 신청 의사를 철회하였습니다. 오는 3월 19

일은 제가 청운의 꿈을 품고 법관의 길에 들어선 지 꼭 30년이 되는 날

입니다. 이제 그날을 끝으로 30년의 법관생활을 마치려 합니다. 그동안

나름 열심히 살아왔고 부끄럽지 않게 법관의 길을 걸어왔다고 자부하

지만, 세상 일이 그것만으로는 충분치 않고 본인 의지와 관계없이 원하

지 않더라도 일어나는 일이 있는 것 같습니다.

(중략) 최근 언론보도 이후 저는 말로는 표현할 수 없는 참으로 참담한

시간을 보냈습니다. 제 평생 가장 큰 불신과 비난을 받으면서, 자신을

해명하고 강변하고 싶은 억울하고 괴로운 심정이면서도, 진심을 전달하

지 못하고 또 다른 의혹과 불신을 야기할지 모른다는 우려와 걱정에 충

분한 말씀을 드릴 수 없었습니다. 저와 관련된 당혹스런 보도와 일련의

상황들로 인해 충격과 의혹, 상심을 안겨 드린 데 대해 너무나 불편하고

죄송스러운 마음으로 매 순간을 보내야 했습니다. 하지만 저의 30년 법

관생활 동안의 진심을 이해해주시는 날이 오기를 기대합니다.

(중략) 긴 세월 동안 못난 저를 이끌어주시고 격려해주시며 도와주신 모

든 선배, 동료, 후배 법관 여러분들에게 진심으로 감사드립니다. 지난

30년을 돌아보면, 재판을 함에 있어서나 사법행정을 담당함에 있어서

나 사심도 두려움도 없는 무사무외(無私無畏)의 자세로 임하고자 최선을 다했습니다. 하지만, 좀 더 살얼음을 딛는 듯한 자세로 삼가고 또 삼가는 마음이 부족했던 것은 아닌가 반성하게 됩니다. 제가 업무수행 중에 혹시라도 어떻게든 상처를 드린 분들이 있다면 진심으로 용서를 구합니다.

퇴직 의사와는 무관하게, 저는 이번 일과 관련한 조사에 성실히 임할 것이고, 공정하고 객관적인 사실 조사에 의한 결과를 수용하고 책임질 일이 있다면 그에 대한 책임을 질 것입니다. 저 또한 사건의 경위와 관련된 진상이 신속히 규명되고 이번 일이 정의롭게 해결되어 궁극적으로 제가 사랑하는 법원이 발전적 방향으로 나아가는 밑거름이 될 수 있기를 바랍니다.

마지막으로 한 가지 바람이 있다면, 저의 이 퇴직 인사에서만큼은 어떠한 의심이나 추측 없이 저의 진심, 법원을 떠나는 아쉬움과 슬픔만을 읽어주셨으면 하는 것입니다. 그 어느 법관에게도, 특히나 지나온 세월이 30년에 이른다면, 사랑하는 법원을 그만두고 사랑하는 동료 법관 여러분을 떠나기로 하는 결정은, 함부로 내릴 수 없는, 무한한 번민과 고뇌 끝에 내린 가슴 아픈 결단일 것이기 때문입니다. (후략)

고영한 법원행정처장도 임종헌 차장도 사실을 말하지 않았다. 늘 그랬듯 변명과 거짓말로 상황을 무마하려 했다. 그들 입장에서는 억울했을지도 모른다. 충실한 심부름꾼의 역할을 했을 뿐, 자신들은 최종 책임자가 아니라 생각했을 테니. 임종헌 차장의 글에서 간혹 읽히는 억울함도 그것 아니었을까. 나중에 밝혀진 재판 거래에 비하면, 이탄희 판사 사건은 아무것도 아니었으니. 30년 판사직을 그만두면서, 그는 진심으로 본인이 법원을 위해 희생한다 여겼을 것이다.

반복되는 비극

재판 거래는 양승태 대법원장 취임한 이후에 생겨난 것일까? 상고법원 혹은 양승태 개인이 이 모든 사달의 원인일까? 그렇지 않다. 비슷한 사건은 10년 전에도 있었다. 5차 사법파동으로 기록되는 신영철 대법관 재판 개입 사건. 당시 사건을 복기해보면 사안을 바라보는 법원 내부의 시각과 태도, 사건 처리 방식까지 꽤 많은 부분이 유사하다. 잠시 그때 그 사건을 들여다보자.

5차 사법파동은 신영철 대법관이 서울중앙지방법원장이던 2008년 하반기에 일어났다. MB 정부가 광우병 촛불시위로 몸살을 앓던 시기, 검찰의 잇단 기소로 관련 재판이 쏟아지던 때였다. 당시 검찰은 광우병 촛불시위 참가자들을 기소하면서 야간 집회 금지 혐의를 적용했다. 그런데 2008년 10월 9일, 서울중앙지법 박재영 판사가 이 조항이 위헌 소지가 있어 보인다며 헌법재판소에 위헌심판을 제청했다. 중앙지법의 다른 판사는 이 조항으로 구속된 사람의 보석 신청을 허가했다. 법을 어겼다고 재판을 하는데, 법 자체가 잘못됐다며 헌재 판단을 기다리는 상황. MB 정부는 이런 법원의 판단을 매우 불편하게 여겼다.

그러자 2008년 10월 13일, 신영철 서울중앙지방법원장이 촛불시위 재판의 보석을 심사하는 판사에게 직접 전화를 걸었다. 그리고 "시국이 어수선할 수 있으니 피고인에 대한 보석을 신중하게 검토하라"고 말했다. 이후 신영철은 재판을 맡고 있는 형사 단독 판사들에게 이런 이메일도 보냈다.

2008년 10월 14일

오늘 아침 대법원장님께 업무보고를 하는 자리가 있어, 야간집회 위헌제청에 관한 말씀도 드렸습니다. 대법원장님 말씀을 그대로 전할 능력도 없고, 적절치도 않지만 대체로 저의 생각과 크게 다르지 않으신 것으로 들었습니다.

1. 위헌제청을 한 판사의 소신이나 독립성은 존중되어야 한다.
2. 사회적으로 소모적인 논쟁에 발을 들여놓지 않기 위하여 노력하여야 하고, 법원이 일사불란한 기관이 아니라는 것을 보여주기 위해서도, 나

머지 사건은 현행법에 의하여 통상적으로 진행하는 것이 바람직하다.
는 두 가지 메시지였습니다.

구속사건 등에 대하여 더 자세한 말씀도 계셨지만 생략하겠습니다. 참
고로 우리 법원 항소부에서는 구속사건에 대하여는 선고를 할 예정으
로 있는 것 같습니다(저와 상의하여 내린 결정은 아닙니다). 오해의 소지가
있으시면 제가 잘못 전달한 것으로 해주십시오.

2008년 11월 6일

확신하기는 어려우나 야간집회 위헌 여부의 심사는 12월 5일 평의에
부쳐져 연말 전 선고를 목표로 진행되고 있는 것으로 보입니다. 내년 2
월이 되면 형사 단독재판부의 큰 변동이 예상되기도 합니다.

모든 부담되는 사건들은 후임자에게 넘겨주지 않고 처리하는 것이 미
덕으로 여겨지기 때문에, 또 우리 법원의 항소부도 위헌 여부 등에 관한
여러 고려를 할 것이기 때문에, 구속사건이든 불구속사건이든 그 사건
에 적당한 절차에 따라 통상적으로 처리하는 것이 어떠냐 하는 것이 저
의 소박한 생각입니다.

(중략) 또 제가 알고 있는 한, 이 문제에 관심을 가지고 있는 (대법원과 헌
재 포함) 여러 사람들의 거의 일치된 의견이기도 합니다.

메일을 보내기 전, 신영철은 촛불집회 사건들을 특정 재판부에 몰아서 배당했다가 단독 판사들로부터 항의를 받은 바 있었다. 그런데도 사건을 맡은 판사들에게 직접 전화를 하고 메일을 보내 압력을 넣은 것이다. 점잖게 써진 듯 보이는 메일의 요지는 간단하다. "헌재 결정 기다리지 말고 빨리 재판해라." 그리고 "구속된 사람들의 보석 신청을 받아주지 마라." 법원장은 개별 판사의 재판에 관여할 자격이 없는데도.

야간 옥외 집회를 원칙적으로 금지한 법 조항은, 결국 2009년 9월 헌법재판소에서 헌법불합치 결정이 내려졌다. 그러니까 결과적으로 "잘못된 법을 적용해서 빨리 유죄를 선고하라"고 채근한 꼴이 됐다. 명백한 재판 개입이요, 부당한 압력 행사였다.

그로부터 몇 달 후인 2009년 2월 18일, 신영철은 대법관이 됐다. 그러나 취임 한 달 만에 재판 개입 사실이 세상에 알려졌다. MBC가 처음 보도한 이 뉴스의 폭발력은 대단했다. 전국민적인 관심 속에 대법원 차원의 진상조사가 진행됐다. 김용담 법원행정처장을 단장으로 꾸려진 조사단은 "신영철이 재판 진행에 관여하고, 사법행정권을 남용한 것으로 볼 소지가 있다"고 결론 내렸다. 판사회의에서도 500명 가까운 판사들이 재판권 침해라고 결론 내렸다. 여기저기서 신영철의 사퇴를 요구하고 나섰다.

하지만 대법원 공직자윤리위원회가 내린 조치는 허망했다.

'구두 경고와 주의 촉구'. 더욱이 진상조사단은 신영철의 메일에 적혀 있던 "이용훈 대법원장과의 교감이 있었다"는 내용은 자세히 파헤치지도 않았다. 사건이 더 커지는 것을 원치 않았던 것이다. 게다가 모두의 예상을 깨고 신영철은 대법관직에서 물러날 생각이 없음을 분명히 했다. 결국 대법관 6년 임기를 모두 채웠다. 양승태 대법원장과는 3년 남짓 함께 근무했다. 사건 초기 부당함과 대책 마련을 외쳤던 판사들만 입지가 좁아졌다. 이 사건으로 법원 내부에 존재하던 침묵의 카르텔은 전보다 훨씬 더 공고해졌다. '굳이 말해봐야 나만 손해 본다'는 공감대가 굳어진 것이다.

"재판 신뢰에 손상을 초래해 후회와 자책을 금할 수 없다."

2009년 5월 13일, 법원 내부 게시판에 신영철 대법관이 남긴 말이다. 그러나 몇 년 후, 신영철은 자신이 했던 말이 거짓이었음을 자백했다. 퇴임을 앞둔 2015년 2월 3일, 〈조선일보〉와의 인터뷰에서 그가 한 말이다.

기자 6년 전 촛불재판이 여전히 관심거리다. 당시 어떤 상황에서 판사들에게 이메일을 보낸 건가?

신영철 그 전 해에 있었던 촛불집회 참가자들에 대한 재판이 서울중앙지법에만 1400건 넘게 들어왔다. 물론 야간 집회를 금지한 조항에 대한 위헌성 논란이 있고 위헌법률심판이 제청된 상태였지만 그 이유만으로 그렇게 많은 사람의 재판을 일률적으로 미루는 것은 바람직하지 않다. 일부 판사는 위헌 여부가 결정 날 때까지 기다리자는 입장이었지만 나는 유효한 법이 있는 이상 그 법으로 재판을 하는 게 옳다고 봤다. 90% 이상인 단순 참가자의 경우 처벌 수위가 벌금 30만 원 정도인데, 피고인들 입장에서도 빨리 재판을 마무리 짓고 일상으로 돌아가는 게 낫다고 생각했다.

기자 만약 다시 그때로 돌아간다면?

신영철 똑같이 할 수밖에 없다. 지연된 정의는 정의가 아니다. 그때나 지금이나 법관은 재판 당시의 유효한 법에 따라 꾸준히 재판해야 하는 게 숙명이다. 일단 재판을 진행하고 위헌 결정이 난다면 재심 절차에 따라 구제하는 게 올바른 자세다.

양승태 대법원의 재판 거래를 곁에서 지켜보면서, 아마도 신영철은 자신이 매우 억울하다고 여겼을 것이다. 무기력하게 침묵하는 판사들 사이에서, 자신에게 위로를 건네는 후배들을 보면서, 피로감을 들먹이며 이제 그만 덮자고 종용하는 기사들을 읽으면서. 신영철의 억울함은 본인이 무고하다는 확신으로 변했다. 양승태 체제에서 불거진 재판 거래의 내용을 보면, 신영철 대법관 사건은 비교할 수 없이 점잖아 보인다. 신영철 사건의 처리가 지금의 사법농단을 만드는 토양이 됐다는 사실을 부인할 수 없는 이유다.

1차 조사: 눈 가리고 아웅

〈경향신문〉 보도로 이탄희 판사 사건이 알려지고, 임종헌 행정처 차장이 그만두고, 진상조사가 시작됐다. 조사를 받는 자리에서 이탄희 판사는 또 한 번 엄청난 사실을 털어놓는다. 이른바 판사 블랙리스트. 전임자에게서 "컴퓨터에 비밀번호가 걸린 문서가 있는데, 판사들 조사 내용이 담겨 있다"는 내용을 전해 들은 것이다. 이탄희가 직접 파일을 열어보지는 않았지만, 그 자리에서 사실이 아닌 이야기가 오갈 이유가 없었다. 2017년 4월 7일, 이 내용은 다시 한 번 〈경향신문〉에 보도됐다.

당시는 박근혜 전 대통령이 탄핵당하고 대선을 한 달 앞둔 상황이었다. 이번에도 사건은 크게 다뤄지지 않았다. 아는 사람들 사이에서 회자되는 정도였다. 그리고 열흘쯤 뒤인 2017년

4월 17일, 진상조사위가 조사 결과를 발표했다. 조사 결과를 한 마디로 요약하면 이렇다.

국제인권법연구회 세미나를 막으려고는 했지만,

판사 블랙리스트는 없다.

진상조사단은 문제가 된 컴퓨터를 확인하지 못했다. 법원행정처가 제출을 거부했기 때문이다. 대신 이규진 위원이 문서를 2장 건네줬다. 세미나를 주최하는 참가자 명단이었다. 문서 자체가 없다고 하면 너무 거짓말 같으니, 형식적으로 문서를 건네준 것이었다. 진상조사단은 이런 조사를 토대로 "사법부 블랙리스트가 존재할 가능성은 없다"고 못 박았다. 책임 소재도 따지지 않고, 조사해야 할 내용을 제대로 조사하지도 않은 채. 10년 전 신영철 사건과 비슷한 패턴 아닌가? 관행처럼 반복되는 부실한 조사 결과에 전국에 있는 판사들이 들고 일어났다. 전국 법원에서 대표로 뽑힌 판사 100명이 모여 회의를 했다. 그리고 사건을 다시 조사하라고 의결했다. 판사들은 "법원행정처 컴퓨터와 관련자들 이메일을 조사하라"라는 요구를 2017년 6월 21일 대법원에 전달했다.

일주일이 흘렀다. 양승태 대법원장은 추가조사를 거부했다.

대법원장 임기를 석 달 남겨둔 상황, 신영철 대법관 때처럼 시끄러워도 조금만 버티면 된다고 판단했을까. 결국 버티는 놈이 이길 테고 잠깐 시끄러운 것은 지나가면 그만이라고 생각했을지도 모른다. 전국에서 판사들의 성토가 이어졌다. 전국법관회의 의장이었던 이성복 부장판사가 유감을 표명했고, 최한돈 인천지법 부장판사는 사직서를 냈다. 전주지법 군산지원의 차성안 판사는 다음 아고라 게시판에 청원 글을 올리고, 청취율이 가장 높은 라디오 프로그램에 직접 출연해 울먹이면서 사안을 설명하기도 했다. 전국 판사들이 다시 모여 대법원장에 유감을 표명하고 재조사를 촉구했다.

하지만 대법원은 끝까지 꿈적하지 않았다. 이규진 상임위원에게 감봉 4개월의 징계를 내리는 것으로 사안을 마무리할 작정이었다. 모두 분노했지만 양승태 대법원장은 2017년 9월 22일, 아무런 제재 없이 대법원장 임기를 채우고 유유히 퇴임했다.

2차 조사: 기대가 무너지다

모든 관심은 김명수 대법원장에게 쏠렸다. 본인을 '평생 재판만 해온 사람'이라고 소개한 김명수 대법원장은 국제인권법연구회 초대회장 출신이다. 2차 사법파동으로 생긴 진보 성향의 판사 모임인 '우리법연구회'의 회장도 지냈다. 한결같이 법관의 독립과 사법부 개혁을 주장해오던 사람이 대법원장이 됐으니, 답답한 상황이 일거에 정리될 것이라 기대하는 사람들이 많았다.

하지만 김명수 대법원장은 기대만큼의 행보를 보여주지 않았다. 판사 블랙리스트에 대한 추가조사를 결정하는 데만 한 달 반 가까이 걸렸다. 추가조사위는 블랙리스트가 담겨 있을 것으로 지목된 법원행정처 컴퓨터를 11월 29일에야 확보했다. 하지만 임종헌 차장 컴퓨터와 암호가 걸려 있는 파일 460개는 여전히 조사하지 못했다. 진짜 문제가 될 만한 내용이 담긴 파일들이었다. 하지만 추가조사위는 이를 강제로 들여다보지 못했다. 보수 언론들은 조사위가 이를 들여다보는 것이 마치 법을 어기는 것처럼 보도하며 군불을 지폈다. 67일간의 조사를 끝내고, 추가조사위는 다음과 같은 결론을 내놓았다.

판사들 뒷조사는 했지만, 불이익은 주지 않았다.

추가조사위는 법원행정처가 행정처에 비판적인 판사들의 성향과 동향을 정리한 문건을 발견했고, 이를 '부적절한 사법행정권 행사'라고 표현했다. 또 원세훈 전 국정원장 항소심을 전후해 청와대와 대법원이 교감한 문건도 발견됐다고 발표했다. 대법원은 별도의 발표 없이 법원 내부 전산망에 추가조사위의 조사 보고서를 올리는 식으로 조사를 마무리했다. 대법원 발표와 질의응답이 없어서였을까? 같은 내용의 자료를 가지고 신문들은 제입맛에 맞는 기사를 써댔다. 2018년 1월 23일 기사 제목이다.

재조사만 두 달… 판사 PC까지 뒤졌지만 블랙리스트는 없었다
  _〈조선일보〉 12면

'판사 블랙리스트' 없었다 _〈중앙일보〉 1면

판사 동향파악 문건 발견… 인사상 불이익 조치는 없었다
  _〈동아일보〉 12면

양승태 대법, 청와대 요구로 원세훈 재판부 동향 보고 _〈한겨레〉 1면

양승태·청와대 '원세훈 재판' 검은 결탁 _〈경향신문〉 1면

양승태의 대법원, 청 요구에 원세훈 재판부 동향 살폈다
  _〈한국일보〉 1면

2차 조사 결과가 나온 다음 날, 대법관들이 모여 입장문을 냈다. "원세훈 재판에 대한 청와대 뒷거래는 사실이 아니다"라는 내용이었다. 사실상 〈한겨레〉, 〈경향신문〉, 〈한국일보〉의 기사 내용을 반박한 것이다. 대법관들은 "사법부 안팎의 누구로부터 어

떠한 연락도 받은 사실이 없다"면서 유감을 표명했다. 조사 결과를 무겁고 참담하게 받아들여야 할 대법관들이 오히려 역정을 낸 것이다. 13명 대법관 중 당시 재판에 관여했던 사람들은 7명뿐이었다.

이틀 후인 2018년 1월 24일, 김명수 대법원장이 입장을 내놓았다. 법원행정처의 판사 동향 파악에 대한 사과와 함께, 사실상 3차 조사를 하겠다는 내용이었다. 판사들은 다시 한 번 '성역 없는 조사'를 해달라고 목소리를 높였다. 그해 2월 김명수 대법원장 취임 후 첫 인사를 단행했다. 2월 13일 3차 조사를 실시할 특별조사단을 발족했다. 그리고 석 달 넘게 조사를 이어갔다.

3차 조사: 장고 끝 악수

3차 조사 결과가 발표된 건 2018년 5월 25일, 이탄희 판사가 사표를 낸 사실이 보도된 때로부터 1년 3개월 가까이 지난 후였다. 개인 PC가 아닌 법원 재산인 사무용 PC를 확인하는데, 개인 문서도 아니고 법원 업무 파일을 열어보는 데만 1년이 걸렸다. 그 과정에서 고위직 판사들은 에둘러 불쾌함을 내비쳤고, 문제 제기를 했던 판사들은 김명수 대법원장의 개혁 의지를 의심했다. 거듭된 장고에 기대를 가졌던 국민도 실망과 불만을 표시했다. 이런 상황이 부담이 됐던 것일까. 대법원은 3차 조사 결과를 금요일에 발표했다. 복잡하고 어려운 말로. 조사 결과를 요약하면 이렇다.

판사들 뒷조사도 했고, 청와대와 재판 거래도 시도했지만,
재판은 정상적으로 했다.

장고 끝에 악수를 뒀다. 대법원은 마지막 기회를 날려버렸다. 일주일 후 김명수 대법원장이 대국민 사과를 했지만, 이를 진심으로 받아들이는 사람은 없었다. 그동안 거듭된 부실조사 논란을 잠재우기에는 조사 결과가 턱없이 부족했기 때문이다. 그런 상황에 다음 날에는 양승태 대법원장이 경기도 성남 집 앞에서 기자회견을 자청했다. 그 유명한 놀이터 기자회견이다. 이 자리에서 양승태는 재판 거래와 판사 블랙리스트 의혹을 전면 부인했다.

2018년 6월 15일, 김명수 대법원장이 검찰 수사에 협조하겠다는 뜻을 밝혔다. 개혁의 칼자루는 검찰로 넘어갔다. 2017년 6월 19일, 시민단체의 고발로 사건이 검찰에 접수된 지 1년 만이었다. 검찰 입장에서는 법원 스스로 해결할 시간을 줬다는 명분도 거머쥐었다. 현실적으로는 박근혜 정부 국정농단 사건과, MB

수사로 이어진 탓에 수사에 투입할 인력이 모자란 탓이었지만. 대형 사건들을 정리한 검찰은 형사 1부에 배당된 사건을 특수 1부로 재배당했다. 그리고 본격적인 수사에 착수했다.

침묵 또 침묵

기자 시절 가깝던 판사 분들에게 느꼈던 생경한 기억이 떠오른다. 지방법원 부장판사 시절 상급심 판결에 대해 격 없이 이야기를 주고받던 분들이었다. 어느 대법관의 판결문 쓰는 실력이 어떻고 미심쩍은 판결은 뭐였고 하는 내용을 나눴을 정도로. 지방에 있는 법원으로 발령이 났을 때는 휴가를 내고 찾아가기도 했다. 하지만 시간이 지나 고등법원 부장판사로 승진한 후부터는 윗분들에 대한 대화를 피한다는 느낌이 들었다. 그래서 하루는 대놓고 특정 판결에 대해 어떻게 생각하시냐고 물었다. 하지만 전 같은 솔직한 대답은 나오지 않았다.

처음에는 내가 기자여서 말을 아끼는 것이라 생각했다. 그런데 기자를 그만두고 찾아갔을 때도 상황은 비슷했다. 올라갈 자리가 적어지니 생각도 상황에 맞게 변한 것인가 싶었다. 착잡했다. 무엇이 그분들을 그렇게 만들었을까. 못 본 척, 모른 척 하며 주어진 임무에만 성실하게 움직이는 판사가 비단 그들뿐이었을까? 법원 내부에 만연한 침묵의 카르텔은 누구 한 명의 노력만으로는 깨질 수 없다. 하지만 분명한 것은 그 한 명이 있어야 다른 이들도 움직일 수 있다는 사실이다. 이탄희 판사의 사표가 다른 판사의 분노를 끓게 만들었듯이.

검찰 수사 내내 법원은 기행을 거듭했다. 지난 5년간 검찰이 청구한 압수수색 영장의 발부율은 89% , 하지만 이번 사건의 영장 발부율은 10%가 안 됐다. 지적이 이어지자 "그동안 법원이 너무 무분별하게 영장을 발부해주었다"느니, "검찰 포토라인으로 인권이 심하게 침해된다"느니 하는 고위 법관들의 볼멘소리가 쏟아져 나왔다. 비루함의 끝이 어디인지를 보여주기 위한 경쟁이라도 하듯.

사법농단 사건이 드러나 전직 대법원장이 구속 수감되는 데까지만 2년 넘는 시간이 걸렸다. 재판을 받고 형이 확정되고, 관련자들의 재판이 모두 마무리되는 데까지 상당한 시간이 걸릴 것이다. 그 과정에서 말할 수 없이 치열한 수 싸움도 이어질 것이다. 다행인 것은 이번 일로 상당수 부당한 관행은 걸러질 것이다. 하지만 대중의 관심이 꺼진 이후 사건의 결말이 어떻게 되느냐에 따라 법원 내 공고한 침묵의 카르텔은 무너질 수도, 더 단단해질 수도 있다. 부디 이번 사건이 대한민국 사법사에 '아프지만 의미 있는 결말'로 기록되기만을 간절히 바랄 뿐이다.

말뿐인 개혁은 안 된다

사법농단 사건을 한마디로 정리하면 '법관의 독립과 재판의 독립을 훼손한 사건'이다. 누구는 개인의 영달을 위해서, 누구는 조직의 이익을 위해서 사법부의 독립을 망가뜨렸다. 절대로 드러나지 않을 것이라 확신했던, 어지간해서는 드러날 수 없었던 민낯이 만천하에 드러났다. 그렇게 **무너진 신뢰를 회복하는 방법은 하나뿐이다. 사법부 스스로 과거의 잘못을 인정하고, 진심으로 사죄하고, 행동으로 바로잡는 것. 그 행동은 썩은 환부를 도려내는 일로 시작되어야 한다.**

검찰 수사로 드러난 판사들의 비위는 각양각색이다. 청와대 뜻대로 재판을 끌고 가려고 애쓴 판사들, 국회의원들의 재판을 코치한 판사들, 영장심사 과정에서 알게 된 수사 정보를 윗선에 보고한 판사들… 그러나 김명수 대법원은 이런 법관이 수십 명에 달하는데도 아무 조치를 취하지 않고 있다. 법원행정처는 "추가 조사 및 징계의 필요성을 검토하고 있다"는 말만 반복하면서.

법관징계법상 징계시효는 고작 3년이다. 양승태 대법원장의 재임기간 동안 드러난 행위들에 법원이 징계의 필요성을 검토하는 동안, 매일매일 시효가 완성되고 있다. 거듭되는 장고가 신중함으로 포장되어서는 안 되는 이유다. 더구나 이들은 지금 이 순간에도 누군가의 신체와 재산에 대한 판단을 내리고 있다. 자신의 재판부가 사법농단에 관여했음을 알게 된 이들이 재판 결과에 순순히 승복할 것을 기대할 수 있을까? 그렇게 생겨나는 사법부에 대한 불신은 대체 어쩔 셈인가.

김명수 대법원장의 우유부단함은 사법부에 대한 신뢰를 다시 한 번 무너뜨리고 있다. 지금은 "재판 결과에 대한 과도한 비판은 헌법에 보장된 법관의 독립을 훼손하는 일"이라는 언급을 할 때가 아니다. 사법부는 재판에 대한 승복을 신성불가침의 영역인 것처럼 강요해서는 안 된다. 그것은 공정한 재판에 대한 오랜 경험, 그에 대한 사회적 합의가 전제된 상태에서만 요구할 수 있는 것이기 때문이다.

본인을 '평생 재판만 한 사람'으로 소개하던 원칙주의자, 평생을 사법부의 독립을 부르짖던 김명수 대법원장. 물론 법원 내부의 저항이 생각보다 거세게 느껴졌을 수 있다. 보수언론과 기득권 세력의 합공도 만만치 않았을 것이다. 그러나 그런 어려움이 우유부단함을 정당화하는 이유가 될 수는 없다. 어려움을 돌파하지 않고 이뤄지는 개혁이 있던가. 대법원장은 더 이상 사법

개혁을 주장하는 자리가 아니다. 그 자리는 개혁을 실행하고 완성하는 자리다.

대법원장을 비롯한 이 땅의 모든 판사들이여. 법관의 양심, 그 실존을 증명해주시라.

김요한

권력과 검찰, 그리고 언론

배고픔과 졸림은 인간을 얼마나 보잘것없는 존재로 만드는 것일까. 밤을 지새워 너절한 의식은 단지 고립에서 벗어나려 발버둥치고 있었다. 그 의식의 끝에선 어스름이 빨리 걷히길 바라고 있었다. '어차피 할 거잖아. 마을을 짓밟겠지. 그래, 빨리 끝내라.' 텃밭 옆에 주저앉은 나는 몽롱한 의식을 겨우 붙잡고 있었다.

새벽 6시, 귓가를 때린 존 레넌의 노래 'Imagine'이 아니었다면 나는 무너진 내 몸과 의식을 그대로 놔버렸을 것이다. 지금 여기서 'Imagine'을? 군·경은 경기도 평택시 대추마을 강제퇴거 집행의 팡파르를 'Imagine'으로 울렸다. 군·경의 발소리가 더없이 차분한 존 레넌의 음성을 타고 거칠게 들려왔다. 비극을 달래려는 가해자의 위로는 피해자에게 조롱일 뿐이다. 비극을 희극으로 만들 때 피해자의 고통은 더 커진다. 텃밭 흙을 밀치고 5월의 공기를 마시러 고개를 내민 푸른 것들은 군·경의 구두에

짓이겨졌다. 건너편 텃밭 고랑에 넋이 나간 표정으로 주저앉아 있던 할머니는 체념한 듯 이 비극을 응시하고 있었다.

나는 그때 기자라는 직업의 동기를 갖게 됐다. 권력은 누가 쥐고 있든 그 자체로 견제 받아야 할 괴물이다. 5년마다 왕을 뽑는 제왕적 대통령제 국가에서는 더욱 그렇다. 누군가 자신을 끊임없이 노려보고 있다는 사실을 권력이 인식하고 있다는 점만으로 우리는 괴물에 대한 억지력을 확보할 수 있다. 언론이 그 기능을 상실했을 때 민주주의가 얼마나 후퇴하고, 사회적으로 얼마나 큰 희생과 비용을 감수하는지 확인하는 데에는 그리 먼 과거의 사례가 필요하지 않다. 우리는 단지 그것을 쉽게 잊을 뿐이다.

2006년 5월 5일 어린이날 새벽에 시작된 그들만의 '여명의 황새울 작전'은 그렇게 저녁 무렵 공권력의 한판승으로 끝났다. 대추마을 주민들은 미군기지 이전 예정부지에 선정됐다는 이유만으로 오랜 삶의 터전에서 말 그대로 하루아침에 쫓겨나야 했다.

인문사회 서적을 몰래 찾아 읽던 고등학교 시절, 제헌국회에 설치된 반민족행위특별조사위원회 관련 책을 읽다 문득 기자를 꿈꾼 이후 나는 기자 외에 다른 직업은 생각해본 적이 없다. 마치 초등학교를 졸업하고 중학교에 진학했듯이, 대학 졸업 후 고민 없이 기자가 됐고, 현재도 세상에서 가장 좋아하고 잘하는

마치며

단 하나의 일을 직업으로 갖고 있다.

하지만 해를 넘길수록 취재와 기사 작성이 두렵고 고통스럽다. 세상일은 생각처럼 단순하지 않고, 반드시 선과 악으로 나뉘지도 않으며, 옳다고 여긴 일이 반드시 옳은 결과로 이어지지 않는 삶의 모순들을 너무 많이 봐온 탓일지도 모르겠다. 그래서 몇 가지 다짐을 매일 한다. 가능한 모든 팩트를 수집하기 전에는 그 어떤 판단도 하지 않을 것, 나의 취재가 절대적으로 옳다고 착각하는 때가 가장 위험한 순간이라고 생각할 것, 오류는 바로 인정하고 수정할 것 등이다. 이런 평범한 진리를 깨우칠수록 팩트가 점점 더 소중하게 다가온다. 팩트는 두려움과 고통을 없애준다. 부러지는 일도 없다.

2013년 여름은 유난히 더웠다. 서울중앙지검 기자실 에어컨은 야속하게 일주일 넘게 고장 나기도 했다. 한겨레 법조팀에서 서울중앙지검 반장을 하던 나는 항상 독기가 서려 있었다. 보이지 않는 누군가와의 싸움에 모든 신경을 곤두세웠다. 퇴근 후 아내와 밥상을 마주해서도, 텔레비전을 보면서도, 잠자리에 들어서도, 그 싸움만 생각했다. 그해 초 아내는 딸 지민이를 배에 품고 있었는데, 어느 날 산부인과 가는 길에 택시를 기다리다 정신을 잃고 겨우 의식을 되찾아 연락한 아내에게 나는 그만 취재에 정신이 팔려 "마감하고 전화할게"라며 전화를 끊기도 했다.

당시 내가 집중했던 건 국정원 댓글 사건이었다. 박근혜 정부는 정권의 정당성에 치명상을 입힐 이 사건을 무마하려 국정원, 검찰, 경찰 등 모든 권력기관은 물론, 언론까지 동원했다. 법원도 예외가 아니었다. 정치검사들은 권력의 하명에 줄을 섰고, 기꺼이 총을 받들었다. 특정 정치세력이 국가의 안보자원을 사유화해 선거에 개입한 사건이 조용히 묻혀가고 있었다. 나는 어떻게든 기록하려고 했다. 그렇게 해야 한다는 강박도 작용했다. 그 조각들이 언젠가는 진실 규명의 물꼬를 터줄 거라는 기대가 있었다.

사실 국정원의 정치개입은 과거의 악습처럼 우리 일상에 뿌리내려 있었다. 정보 업무를 담당했던 검찰 고위 관계자의 회고다. "과거 한 지방선거를 앞두고 국정원은 광역단체장 유력 당선 후보자 보고서를 만들어 청와대에 보냈다. 20권 분량이었다. 물론 공천 참고용으로 여당 쪽에도 전달됐다. 정치인들 입장에선 국정원에 밉보이면 공천도 못 받았다. 국정원의 정보정치는 여기서 끝나지 않는다. 국정원과 이해관계가 틀어진 정치인이 있으면 국정원은 정보력을 가동해 해당 정치인의 부정한 정보를 언론에 슬쩍 흘려 마타도어(matador, 흑색선전)를 한다." 특종에 목말라 있는 언론의 생리는 먹이를 주는 사람과 동기를 중요하게 여기지 않는다.

국정원 댓글 수사팀은 정보정치에 맛 들인 국정원이 정치권력의 머리에 앉아 민주주의를 훼손한 행태를 세상에 한 꺼풀씩 고발했다. 상부의 외압에 맞서 직을 걸고.

박근혜 정부는 대선 승리의 전리품인 검찰을 요리해 국정원 댓글 사건을 마사지할 수 있다고 판단했다. 거대한 체스판에서 말 움직임 하나하나에 민감하게 따라가기 십상인 언론 역시 관리 범위 안에 있다고 여겼다. 이 책에서 다룬 모든 사건은 이런 구조에서 크게 벗어나지 않는다. 바로 권력, 검찰, 언론의 불편한 삼각동맹이다.

새 정부가 들어설 때마다 마치 자판기에서 공약을 찍어내듯 검찰개혁안을 들고 나온다. 1980년대 초 검찰개혁의 한 방안으로 신설된 대검찰청 중앙수사부가 2013년 검찰개혁의 한 방안으로 사라진 아이러니는 검찰개혁이란 선언적 구호가 얼마나 정치적 도구로 변질해 있는지 보여주는 단적인 사례다. 정치가 아무리 가능성의 예술이라고는 해도 지금의 논의구조에서 만들어지는 검찰개혁의 유산은 대검 중수부처럼 언젠가 짐이 될 가능성이 농후하다. 그래서인지 '검찰을 왜 개혁해야 합니까'라고 물어보면 제대로 답하는 사람이 생각보다 많지 않다. 최선의 처방은 정확한 진단에서 나온다. 수사권을 경찰이 나눠 갖고, 고위공직자비리수사처(이하 고비처)를 신설하면 검찰은 새로 태어나는 것일까? 검찰개혁으로 우리가 달성하려는 목적은 무엇인가?

누군가 나에게 이런 질문을 한다면 검찰개혁의 필요성은 국민의 불신을 초래한 정치적 수사와 불공정 수사 그리고 권한을 사적으로 남용한 일부 검사의 비리에서 찾을 수 있다고 답할 것이다. 수사권 조정과 고비처 신설은 검찰 권한을 분산한다는 점에서 외과적 수술로 접근할 수 있는 방안이지만 검찰개혁의 근본적인 처방이 될 것으로 보이지는 않는다.

정치권이 어떤 검찰개혁안에 군불을 지피더라도 검찰은 이런 외과적 수술을 모면하는 나름의 역사적 지혜를 갖고 있다. 검찰은 특성상 외부의 공격으로 조직의 위기가 찾아오면 내적으로 똘똘 뭉치는 경향이 있다. 적당히 정치권을 달래며 시간을 끌다 권력 중·후반기에 그동안 수집한 범죄정보를 활용해 큰 수사로 검찰개혁 국면을 덮어버린다. 그리고 정권 말이 되면 잘 발달한 촉수로 미래권력을 찾아 도박을 건다. 그 정파가 새로 집권세력이 되면 똑같은 메커니즘이 반복된다. 이는 뫼비우스의 띠처럼 무한 반복된다.

검찰개혁은 무엇보다 내부 개혁에서 출발해야 한다.

첫째, 서로 불신하는 조직을 만들어야 한다. 서로 처리하는 사건을 이중삼중으로 견제하고 감시하는 구조를 만들어 부장검사, 차장검사, 검사장이 임의로 사건을 결정할 수 있는 여지를 줄여야 한다. 검찰청법상 사건의 최종 결정권이 총장에게 있는 것은 맞지만, 결재라인마다 각자의 의견을 문서로 남겨 사후 결정에 따른 책임도 질 수 있도록 해야 한다. 이 책임에서는 평검사도 자유롭지 않아야 한다. 선배 검사의 데스킹을 덮어놓고 외압으로 치부하는 것도 바람직하지 않다. 사건의 실체적 진실을 따질 때 검찰 안에서 치열하게 토론하고 부딪치는 과정은 자연스러운 현상이다. 사건 처리가 자기 뜻대로 되지 않았다고 검사가 개인적으로 언론에 얼굴을 내미는 순간 본인도 사건도 정치화된다.

둘째, 적격심사를 실효적으로 운영해 매년 1% 이상의 검사를 걸러내야 한다. 단, 전제조건은 투명하고 공정한 심사다. 검사는 위험한 직업이다. 마음먹기에 따라 공익의 대변자가 될 수도, 나쁜 칼로 돌변할 수도 있다. 검사들이 바른 검찰권을 행사할 수 있도록 조직 내에 긴장감을 불어넣어야 한다. 이 장치로 적격심사 제도를 적극적으로 활용해야 한다. 내가 들고 있는 칼이 잘못 사용될 때 나의 목을 향할 수 있다는 내적 견제장치가 검찰 안에서 작동해야 한다.

셋째, 공정한 인사 시스템을 안착시켜 인사권자의 재량을 최대한 줄여야 한다. 모든 공직이 마찬가지이겠지만, 검사에게 인사는 절대적이다. 정치적 수사가 발생하는 가장 큰 원인은, 권력의 입맛에 맞춰 사건을 재단함으로써 인사권자의 눈에 들어 승진하려는 검사들의 비뚤어진 욕망 탓이다. 어느 정부를 불문하고 이는 예외가 없었다. 인사권자의 재량이 클수록 정치적 수사가 재발할 위험성은 그만큼 높아진다.

검찰개혁의 핵심은 박용석 전 대검찰청 차장검사의 퇴임사 일부에 오롯이 새겨져 있다.

"공자도 정치가 무엇이냐는 물음에 '君君 臣臣'이라고 했습니다. 군주는 군주다워야 하고 신하는 신하다워야 한다는 뜻입니다. 마찬가지로 검찰은 '檢檢', 검찰다워야 합니다. 검찰다움의 내용은 검찰 CI에 다 새겨져 있습니다. 정의-진실-인권-공정-청렴, 이 핵심가치들이 한낱 국어사전 속의 단어에 머물지 않도록 적극적으로 실천해 나가야 할 것입니다.
검찰 CI의 다섯 대나무 막대기를 죽비로 생각하고 늘 스스로 채찍질하여 단단하고 건강한 검찰, 국민에게 신뢰와 사랑받는 검찰을 만들어주시기 바랍니다. 특히 외부 사람을 만날 때는 그 사람의 현재뿐만 아니라 과거와 미래도 함께 만난다는 사실을 명심하여 잘못된 만남으로 인한 신뢰추락은 더는 없어야 하겠습니다."

이 책은 지난 10년의 검찰, 법원 사건을 다루지만 과거의 이야기가 아니라, 현재와 미래의 이야기다. 권력과 검찰, 언론이 오작동할 때 우리 사회가 얼마나 퇴보하고 한 개인의 삶이 어떻게 무너질 수 있는지 직시하고, 정치적 수사라는 유령을 경계하고자 함이다. 과거의 잘못은 피하고 외면한다고 없어지지 않는다. 과거를 정확히 마주하고, 진실을 파헤치며, 있는 그대로의 사실을 부인하지 말아야 한다. 용서하되 잊어서는 안 된다. 이를 통해 양극화와 분열을 지양하고 미래를 지향함으로써 과거를 극복할 수 있다.

이 책은 과거 사건의 완벽한 진실을 담고 있지 않다. 출간 후 사실관계에 다른 의견이 있다면 언제든 필자에게 연락 주길 바란다. 아울러 내가 쓴 챕터는 서초동 생활을 함께한 한겨레 법조팀원들의 공동 성과물임을 밝혀둔다. 나는 그들이 없었다면 이 책을 쓸 수 없었다.

돌이켜보면 이 책은 2017년 여름 요한의 전화 한 통에서 시작됐다. 팟캐스트 〈김프로쇼〉에 출연해 '그때 그 사건'들을 이야기해달라는 요한의 제안을 처음에는 '나중'이라는 말로 에둘러 거절했다. 글만 써온 나는 말재주도 없고, 자칫 말이 왜곡될까 조심스러웠다. 그걸로 새로운 인생 출발점에 선 요한이에게 피해를 주고 싶지 않았다.

그런데 요한이는 비범한 재주가 있다. 상대가 거절을 못하게 만든다. 결국 그의 두 번째 요청에, 사실상 통보였지만, 나는 두 손을 들었다. 게으른 나를 책이라는 공간으로 끌고 나와, 지난 소중한 기록들을 정리할 기회를 준 요한이에게 진심으로 고맙다. 후배지만 존경하는 기자 김요한과 더는 기자생활을 함께할 수 없지만, 서초동에서 동고동락한 추억을 이 공간에 오롯이 담을 수 있어 기쁘다.

2013년 늦가을 태어난 지민이는 어느덧 6살이다. 지금 지민이는 잘 웃고, 잘 먹고, 잘 논다. 건강하고 밝게 자라줘 고맙다. 더는 바랄 게 없다. 무엇을 하든 본인이 행복을 찾아가는 삶을 살았으면 한다. 그리고 이 책이 나오면 항상 곁에서 조용히 나를 지켜봐주는 아내 김정아에게 가장 먼저 선물하고 싶다. 아내는 내가 검찰 취재에 지쳐 혼자 앓던 그 긴 시간을 묵묵히 함께 견뎌줬다. 고맙고, 또 고맙다.

2019년 3월 만리재에서
김정필

마치며